_____ 님

복음 멋나게 드시고.
성석으로 튼튼해지시길
기도합니다.

 배로 신부

일러두기

'매일 새롭게'는 맛있는 복음밥 네 번째 이야기로 복음밥 신부의 2025년 6월 9일 (250609), '교회의 어머니 복되신 동정 마리아 기념일'부터 2025년 11월 29일 (251129) '연중 제34주간 토요일'까지의 복음 묵상글이 담겨있습니다.

매일 새롭게

— 맛있는 복음밥 네 번째 이야기 —

매일 복음으로 갓지은 맛있는 복음밥
말씀을 묵상하고 실천할 수 있게 돕는
영적 요리책.

인디콤

목차

연중 시기 (연중 시기 둘째 부분)

250609	교회의 어머니 복되신 동정 마리아 기념일	12
250615	지극히 거룩하신 삼위일체 대축일	24
250622	지극히 거룩하신 그리스도의 성체 성혈 대축일	38
250629	성 베드로와 성 바오로 사도 대축일	52
250706	연중 제14주일	66
250713	연중 제15주일	80
250720	연중 제16주일	94
250727	연중 제17주일	108
250803	연중 제18주일	122
250810	연중 제19주일	136
250817	연중 제20주일	150
250824	연중 제21주일	164
250831	연중 제22주일	178

250907 | 연중 제23주일	192
250914 | 성 십자가 현양 축일	206
250921 | 성 김대건 안드레아 사제와 성 정하상 바오로와 동료 순교자들 대축일 경축 이동	220
250928 | 연중 제26주일	234
251005 | 연중 제27주일	248
251012 | 연중 제28주일	262
251019 | 연중 제29주일 민족들의 복음화를 위한 미사	276
251026 | 연중 제30주일	290
251102 | 죽은 모든 이를 기억하는 위령의 날 -둘째 미사-	304
251109 | 라테라노 대성전 봉헌 축일	318
251116 | 연중 제33주일	332
251123 | 온 누리의 임금이신 우리 주 예수 그리스도왕 대축일	346

프롤로그

예전에 '맛있는 복음밥3'이 나오고 어떤 신부님이 저에게 이런 말씀을 하셨습니다. "나도 써놓은 묵상 글을 모으면 책 10권은 나올 텐데" 그 말씀을 듣고 저는 이렇게 답을 드렸습니다. "신부님 제가 도와드릴 테니 출판해 보시는 건 어떨까요?" 그러자 그 신부님은 이렇게 답하셨습니다. "세상에 묵상집이 얼마나 많은데 나까지 내서 종이를 없애, 그냥 안 할래"

처음 '내 영혼의 탈곡기'를 출판할 때 아는 수녀님께서 이런 말씀을 하셨습니다. "신부님 세상에 신부님 정도로 글 쓰는 사람들은 많아요. 책으로 내려고 하지 마시고요. 그냥 잘 가지고 계셔요." 그 말씀을 듣고 생각이 참 많았었습니다. '남들과 같이 다른 사람의 판단에 따라 살아갈 것인가?', 아니면 '열정을 태워 그 열정을 보고 많은 사람이 모이게 할 모닥불이 될 것인가?' 나는 후자를 선택했습니다. 그렇게 2019년 세상에 나온 에세이를 시작으로 십자가의 길과 묵주기도를 쉽게 이해할 수 있게 돕는 '손으로 느끼는 컬러링 북 시리즈', 매일 복음 말씀을 읽고 자신만의 묵상집을 만들어가는 '맛있는 복음밥'에 이르기까지 수많은 책을 내고 그 책을 통해 많은 이들이 멀리 계신 주님을 조금 더 쉽게 이해할 수 있도록 돕고 있습니다. 매일 새로워진다는 것은 쉽지 않은 길입니다. 하지만 신앙인이 매일 새로워진다면 주님께서 원하시는 삶을 살아가는 것이란 생각이 듭니다.

그 마음을 담아 연중 시기 둘째 부분(성령강림 이후부터 연중 제34주간 토요일) 말씀으로 '맛있는 복음밥4'를 만들어 봤습니다. 특별히 이번 책부터는 여러분들 또한 말씀으로 매일 새로워지기를 바라는 마음으로 '매일 새롭게'라는 제목을 달아봤습니다. 복음이 여러분을 변화시키고 삶을 변화시키기를 두 손 모아 기도해 봅니다.

  이 책을 활용하시는 방법은 다음과 같습니다. 매일 미사에 담겨 있는 말씀을 읽어보십시오. 그리고 이 책 안에서 제가 만들어 놓은 복음밥을 맛보십시오. 마지막으로 다시 매일미사로 돌아가 읽어보며 '나만의 재료'와 '레시피'를 준비된 란에 써보시고 복음의 맛 더할 '신앙의 고명'을 얹어 음미하신 뒤에 '나만의 복음밥'을 지어보시길 바라봅니다.

  마지막으로 항상 격려로서 이 여정을 함께해 주시는 인천교구장 정신철 요한 세례자 주교님과 온 마음을 다해 사랑하고 존경하는 부모님 이현주 사도요한과 임주빈 안나, 그리고 책의 기획부터 편집 디자인까지 힘써주시는 인디콤 출판사의 마재작 안토니오와 황영숙 아녜스에게 감사의 마음을 드립니다.

  '맛있는 복음밥4'를 매일미사 책과 함께 가지고 다니시며 각자 머무시는 곳에 복음으로 밥을 짓는 은총의 향기가 가득하기를 성부와 성자와 성령의 이름으로 기도드립니다. 아멘.

연중 시기

(연중 시기 둘째 부분)

250609 | 교회의 어머니 복되신 동정 마리아 기념일

📖 재　　료 : 요한 19,27
🥣 레시피 : "이분이 네 어머니시다."

　　임종할 때 세상살이에 여러 가지 후회가 들지만, 사람들이 가장 많이 돌아보는 것 중의 하나는 부모님께 최선을 다하지 못한 것에 대한 아쉬움입니다. 부모님이 살아계실 때는 생각나지 않았던 것들이 돌아가시거나, 병중일 때 하나하나 기억으로 올라올 때면 왜 이렇게 죄송한 마음이 드는지 모르겠다고 하십니다. 그리고 남아 있는 이들에게 이런 말을 남깁니다. "부모님께 잘해! 부모님의 시간은 기다려 주지 않아." 이 말씀을 십계명 중의 4계명은 다음과 같이 풀이합니다. "부모님께 효도하라." 그 말씀의 시작은 탈출기 20장 12절에 나와 있습니다. "아버지와 어머니를 공경하여라. 그러면 너는 주 너의 하느님이 너에게 주는 땅에서 오래 살 것이다." 주님께서 이 말씀을 하신 이유는 무엇일까요? 그것은 바로 육신 즉, 눈에 보이는 것을 넘어 눈에 보이지 않는 영혼을 만드신 분을 흠숭한다면 주님께서 주신 땅에서 오래 살 것이라는 말씀입니다.

　　오늘 복음에서 예수님께서는 십자가 위에서 돌아가시며 당신의 제자에게 어머니를 부탁하십니다. **"이분이 네 어머니시다."** 살아가다 보니 어머니를 부탁한다는 것은 그만큼 믿고 있다는 의미라는 생각이 듭니다. 예수님께서 성모님을 우리에게 부탁하셨다는 것은 우리 인간을 믿으신다는 뜻으로 해석됩니다. 그 믿음에 합당하게 살아가기 위해서는 어떻게 해야 할까요? 성모 어머니를 섬기며 공경하고, 기도로서 함께 이 세상을 하늘나라로 만드는 것입니다. 오늘 하루 주님께서 맡기신 성모님과 함께 하늘나라를 완성하며 살아가고 있는지 돌아봅시다. 주님의 뜻을 기억하고 살아가며 완성하는 우리 모두가 되기를 성부와 성자와 성령의 이름으로 기도드립니다. 아멘.

나만의 복음밥

- 재　료 :
- 레시피 :
- 고　명 : 매일미사 (　), 복음묵상 (　), 성체조배 (　), 묵주기도 (　)
- 복음밥 :

250610 | 연중 제10주간 화요일

재　　료 : 마태 5,13-14
레시피 : "너희는 세상의 소금이다. 너희는 세상의 빛이다."

　1999년 수능을 망치고, 신학교 시험을 봤습니다. 수능을 못 봤기에, 당연히 신학교 시험을 잘 봐도 떨어질 각이었습니다. 당시에는 신학교에 합격하면 신학교에서 전화가 오고, 불합격하면 성소국에서 전화가 왔습니다. 일말의 희망을 갖고 집에 있는데, 아버지께서 성소국에서 온 전화를 받으셨고, 아버지는 불합격 소식을 저에게 알려주셨습니다. 그때 그 씁쓸한 표정을 감추시려고, 애쓰시며 아버지는 이렇게 말씀하셨습니다. "아들이 노력한 건 누구보다 아빠가 더 잘 알아. 잘했어, 살다 보면 다 그렇지 다음에도 기회가 있으니까. 그동안 시험 보느라 수고했으니 좀 쉬면서 다음 기회를 준비하자고," 아버지의 따스한 말씀에 얼마나 위로가 되었는지 모릅니다. 저는 그렇게 이듬해 신학교 시험을 다시 봤고, 합격을 했습니다. 아마 그때 아버지께서 응원의 말씀이 아니라 질타의 말씀을 하셨으면, 엄청 힘들지 않았을까 생각해봅니다.

　오늘 복음에서 예수님께서는 이 세상에 살아가는 당신의 자녀들이 힘을 **내기를 바라는 마음으로 응원의 말씀을 하십니다. "너희는 세상의 소금이다.** 너희는 세상의 빛이다." 우리 모두 소금으로 살아가야 하는 것과 빛으로 살아가야 하는 것을 알고 있습니다. 하지만 삶의 어려움과 고비들이 찾아와 소금으로 살고자 하지만 소금의 역할을 못 할 때도 있고, 빛이지만 빛의 역할을 못 할 때도 종종 있습니다. 하지만 주님께서는 우리를 질타하지 않으시고, 한결같이 소금과 빛이 될 수 있음을 말씀해 주십니다. 오늘 하루를 살아가며 우리가 이 세상의 소금이며, 빛이라고 알려주시는 주님의 말씀을 마음에 담고 빛과 소금으로 살아가는 우리가 되기를 성부와 성자와 성령의 이름으로 기도드립니다. 아멘.

나만의 복음밥

- 재　료 :
- 레시피 :
- 고　명 : 매일미사 (　), 복음묵상 (　), 성체조배 (　), 묵주기도 (　)
- 복음밥 :

250611 | 성 바르나바 사도 기념일

재　료 : 마태 10,8
레시피 : "너희가 거저 받았으니 거저 주어라."

　문득 잠자리에 누워 어렸을 적 제 모습을 떠올려 보면 철없이 행동한 부분이 보입니다. 특히 부모님이 무엇인가를 사주기로, 혹은 가주기로 약속하셨는데, 못 해주셨을 때 부모님 나름의 이유가 있으셨지만, 그것을 모르는 저는 엄청 떼를 썼습니다. 그리고 이런 말을 생각 없이 뱉곤 했습니다. "저에게 해준 게 뭐가 있어요?" 나이가 들어서 잠자리에 누워 그때를 돌아보면 문득 그때의 제 모습이 부끄러워졌습니다. 왜냐하면, 부모님이 저에게 해준 수많은 것들이 떠오르기 때문입니다. 학원비를 내어주셨기에 학원도 다닐 수 있었고, 학교 등록금도 내어주셨기에 학교도 다닐 수 있었으며, 소풍이면 도시락에, 용돈에 이것저것 안 해주신 게 없으셨습니다. 당시 그렇게 넉넉한 형편도 아니었는데, 어떻게든 그 모든 걸 마련해서 기죽지 않게 해주시려는 어머니와 아버지의 모습이 떠오를 때마다, 이불 킥을 하며 더 잘해 드려야겠다는 생각이 듭니다.

　오늘 복음에서 예수님께서는 제자들을 파견하시며 다음과 같이 말씀하십니다. **"너희가 거저 받았으니 거저 주어라."** 그리고 이어서 말씀하시는 것은 아무것도 지니지 말고 가라고 하십니다. 집 밖에만 나가도 무엇인가를 준비하고 가는 데 아무것도 지니지 말라니 제자들은 답답했을 것입니다. 하지만 예수님께서 제자들에게 아무것도 주지 않으신 것이 아니라 제자들은 눈앞의 어려움 때문에 자신이 주님께 받은 것을 기억하지 못하는 것입니다. 이 말씀은 자신의 한계에 부딪혀 어려움 속에 있을 때 주님의 목소리를 기억하라고 해주신 말씀입니다. 우리가 부모님께 받은 게 있듯이 주님께 받은 것도 무척 많습니다. 제 삶의 불편한 부분이 떠올랐을 때 그 말씀을 기억하며 제가 받은 것을 부모님과 주위 사람들과 거저 나누는 우리 모두가 되기를 성부와 성자와 성령의 이름으로 기도드립니다. 아멘.

나만의 복음밥

- 재 료 :
- 레시피 :
- 고 명 : 매일미사 (   ), 복음묵상 (   ), 성체조배 (   ), 묵주기도 (   )
- 복음밥 :

250612 | 연중 제10주간 목요일

📖 재　　료 : 마태 5,24
🍲 레시피 : "예물을 거기 제단 앞에 놓아두고 물러가 먼저 그 형제와 화해하여라."

　예전에 교도소에 갔다 온 분과 이야기를 나눌 일이 있었습니다. 저는 그분께 "교도소에 있는 분들이 죄를 뉘우치는 마음이 있던가요?"라고 여쭤봤습니다. 저의 질문에 그분은 이렇게 말씀을 하셨습니다.

　"신부님 무슨 죄를 지었든지 거기에 있는 분들은 모두 자신이 제일 억울하다고 생각해요." 그 말씀을 들으며 잘못의 기준이 명확해도, 그것을 법적인 잣대로 칼 자르듯 나눠져도, 그것을 받아들이는 사람의 마음은 상대적이구나 싶었습니다. 그러면 상대적인 것으로 잘못을 가려가며 받아들이는 세상에서 어떻게 화해를 할 수 있을까요?

　이것에 대해 오늘 복음을 천천히 읽어보면 화해는 누가 먼저 해야 하는지 나와 있습니다. 한 단락씩 읽어보겠습니다. "네가 제단에 예물을 바치려고 하다가, 거기에서 형제가 너에게 원망을 품고 있는 것이 생각나거든," 내가 미사에 나와 예물을 봉헌하려 하는데, 나와 불편한 마음이 있는 형제가 나에게 원망을 품고 있는 것이 생각나거든… **"예물을 거기 제단 앞에 놓아두고 물러가 먼저 그 형제와 화해하여라."** 내가 잘못을 하지 않고 상대가 잘못했더라도 그 불편한 마음으로 주님 앞에 나오지 말고, 물러가 그 형제와 화해하여라. "그런 다음에 돌아와서 예물을 바쳐라." 그런 다음 미사를 봉헌하여라. 즉, 주님의 말씀은 상대가 나에게 잘못을 해도, 주님 앞에 나아가려 한다면 그 상대와 화해를 하고 다시 나오라는 말씀인 것입니다. 잘못을 인정하지 않는 사람에게 다가가서 "내가 잘못했습니다."라고 말하는 것이 얼마나 힘든 것일까요?

　살아가며, 나이가 들어가며 사람과의 관계가 복잡해질수록 용서와 화해에도 난이도가 커진다는 것을 느낍니다. 그런데도 주님께서 우리에게 이 복음을 들려주시고, 먼저 화해하라고 말씀하시는 의도는 화해하고자 하는 마음을 포기하지 말라는 불주사를 놔주신 것이라는 생각이 듭니다. 용서와 화해도 상대적이라고 생각하는 사람이 많은 세상에 주님의 말씀을 위해 절대적으로 용서하는 우리가 되기를 성부와 성자와 성령의 이름으로 기도드립니다. 아멘.

나만의 복음밥

📖 재　료 :

🥣 레시피 :

🛎 고　명 : 매일미사 (　), 복음묵상 (　), 성체조배 (　), 묵주기도 (　)

🔔 복음밥 :

250613 | 파도바의 성 안토니오 사제 학자 기념일

📖 재　　료 : 마태 5,29-30

🥣 레시피 : "네 오른 눈이 너를 죄짓게 하거든 그것을 빼어 던져 버려라. 온몸이 지옥에 던져지는 것보다 지체 하나를 잃는 것이 낫다. 또 네 오른손이 너를 죄짓게 하거든 그것을 잘라 던져 버려라. 온몸이 지옥에 던져지는 것보다 지체 하나를 잃는 것이 낫다."

　　모래내 성당 구역 내의 아파트로 봉성체를 가다 보면 담 옆으로 꽃들이 심겨 있습니다. 삭막한 길거리에 심어진 꽃들을 보고 있으면 마음이 편해집니다. 그런데 자세히 보면 그 꽃들 사이에 이런 경고 문구가 붙어있습니다. "꽃을 가져가지 마십시오." 정말 가져갈까 싶어서 봉성체 운전 봉사해 주시는 자매님께 물어보니 자매님은 본인이 경험했다면서 다음과 같은 이야기를 해주셨습니다. 자기 집 앞에 자꾸 사람들이 쓰레기를 버려서 화단을 만들고 거기에 예쁜 꽃들을 심었습니다. 그런데 얼마 지나지 않아 꽃들이 하나둘씩 사라지는 것이었습니다. 어느 날 범인을 잡아야겠다는 생각에 유심히 보고 있었더니 어떤 할머니가 꽃을 하나 파서 가져가는 것이었습니다. 가는 할머니를 붙잡아 "왜 가져가십니까?"하고 물으니, 할머니는 이런 평계를 대셨습니다. "꽃이 너무 많은 것 같아서 솎아주려고 그랬지."

　　오늘 복음에서 예수님께서는 우리가 죄인 줄 알면서 죄를 저지를 때 그것을 피할 방법을 알려주십니다. "네 오른 눈이 너를 죄짓게 하거든 그것을 빼어 던져 버려라. 온몸이 지옥에 던져지는 것보다 지체 하나를 잃는 것이 낫다. 또 네 오른손이 너를 죄짓게 하거든 그것을 잘라 던져 버려라. 온몸이 지옥에 던져지는 것보다 지체 하나를 잃는 것이 낫다." 정말 눈을 뽑아 버리고 손을 잘라버리라는 이야기일까요? 아닙니다. 주님께서는 눈이 죄를 지으려고 한다면 눈을 감고, 손이 죄를 지으려고 한다면 손을 감춰서 죄를 지을 기회를 피하라는 말씀인 것입니다.

우리가 일상 안에서 무엇을 바라보고 있는가는 무척 중요합니다. 주님의 것을 생각하면 주님이 생각나지만, 세상의 것을 떠올리면 세상의 것이 눈에 아른거립니다. 오늘 하루 주님의 것을 떠올리며 아무리 가져도 탈이 나지 않는 하늘나라를 갖고자 노력하는 우리 모두가 되기를 성부와 성자와 성령의 이름으로 기도드립니다. 아멘.

나만의 복음밥

재 료 :
레시피 :
고 명 : 매일미사 (   ), 복음묵상 (   ), 성체조배 (   ), 묵주기도 (   )
복음밥 :

250614 | 연중 제10주간 토요일

재　　료 : 마태 5,37

레시피 : "너희는 말할 때에 '예', 할 것은 '예'하고, '아니요', 할 것은 '아니요.'라고만 하여라. 그 이상의 것은 악에서 나오는 것이다."

　　무슨 말을 할 때 살을 붙이는 사람들이 있습니다. 분명 같은 이야기인데 듣는 사람들이 재미있어하니 말에 인공감미료(MSG)를 넣어서 이야기를 더 재미있게 하려는 것입니다. 하지만 상대의 반응에 이렇게 말하다 보면 자신도 모르는 사이에 과장해서 말을 하게 되고, 결국 자신이 그 말을 증명하게 되어 망신을 당하는 경우가 생기게 됩니다.

　　우리가 알고 있는 안토니오 성인은 주님의 말씀을 전하는데 있어서, 자신의 뜻이 아니라 주님의 뜻을 온전히 전한 성인이셨습니다. 어려서부터 몸이 약한 성인은 친구들과 밖에서 어울리기도 힘들었고, 집에 머무는 시간이 길었습니다. 괴롭고 힘든 일이 있을 때 혼자 중얼대면 '불평'이지만 주님께 이야기하면 '기도'라는 말이 있습니다. 안토니오 성인은 답답한 일이나 힘든 일이 생기면 그것을 마음속에 쌓아두지 않고 아기 예수님께 말씀드렸습니다. 그는 자신의 말에 거짓이나 과장 없이 아기 예수님께 하나하나 말씀드렸고, 아기 예수님께서는 그의 거짓 없는 모습을 늘 예뻐하셨습니다. 그가 주님의 뜻을 이야기하고 강론을 듣고 변화하는 사람들이 안토니오 성인에게 "당신은 어떻게 주님의 말씀을 잘 전할 수 있소?"하고 물으니 성인은 이렇게 답을 했습니다. "성령께서 이르시는 대로 말합니다."

　　오늘 복음에서 예수님께서는 "너희는 말할 때에 '예', 할 것은 '예'하고, '아니요', 할 것은 '아니요.'라고만 하여라. 그 이상의 것은 악에서 나

오는 것이다."라고 말씀하십니다. 일상 안에서 내 입이 세상의 말을 전하는 도구가 아니라 주님의 말씀을 전하는 도구라고 생각한다면 우리는 성령이 이끄시는 대로 말을 하게 될 것입니다. 성인을 본받아 주님의 은총을 전하는 도구가 되기를 성부와 성자와 성령의 이름으로 기도드립니다. 아멘.

나만의 복음밥

- 재　료 :
- 레시피 :
- 고　명 : 매일미사 (　), 복음묵상 (　), 성체조배 (　), 묵주기도 (　)
- 복음밥 :

250615 | 지극히 거룩하신 삼위일체 대축일

📖 재　　료 : 요한 16,12-13

🥣 레시피 : "내가 너희에게 할 말이 아직도 많지만 너희가 지금은 그것을 감당하지 못한다. 그러나 그분 곧 진리의 영께서 오시면 너희를 모든 진리 안으로 이끌어 주실 것이다."

　　신학교 때 제일 힘들었던 수업은 철학 수업이었습니다. 인간과 하느님을 이성으로 설명하는 철학이 쉽게 이해가 되지 않았습니다. 너무나 이해가 되지 않는 수업이기에 교수 신부님께 여쭤봤습니다. "신부님 어떻게 해야 철학이 쉽게 이해될까요?" 신부님께서는 저의 물음에 이렇게 답을 하셨습니다. "다 때가 되면 알게 돼" 그때는 이 말씀을 들으며 막막한 느낌이었습니다. 시간이 흐르고 체험이 쌓이고 경험이 커지니, 이해가 되지 않았던 부분이 하나씩 이해가 되기 시작했습니다.

　　삼위일체 하느님도 그런 것 같습니다. 이해되지 않고, 알려고 해도 알지 못하는 하느님이 어렵게만 느껴질 것입니다. 이런 우리에게 예수님께서는 이렇게 말씀하십니다. **"내가 너희에게 할 말이 아직도 많지만 너희가 지금은 그것을 감당하지 못한다. 그러나 그분 곧 진리의 영께서 오시면 너희를 모든 진리 안으로 이끌어 주실 것이다."**

　　그때를 기다려 봅시다. 분명 주님께서 당신의 뜻을 알고자 하는 사람에겐 진리의 영을 보내주시어 모든 진리 안으로 이끌어 주실 것입니다. 그 진리 안에서 영적 자유를 누리는 우리 모두가 되기를 성부와 성자와 성령의 이름으로 기도드립니다. 아멘.

나만의 복음밥

📖 재　료 :

🥣 레시피 :

🍲 고　명 : 매일미사 (　), 복음묵상 (　), 성체조배 (　), 묵주기도 (　)

🍚 복음밥 :

250616 ㅣ 연중 제11주간 월요일

📖 재 료 : 마태 5,38-39

🍵 레시피 : "'눈은 눈으로, 이는 이로.'하고 이르신 말씀을 너희는 들었다. 그러나 나는 너희에게 말한다. 악인에게 맞서지 마라."

지난번 어떤 자매님께서 답답한 마음에 저를 찾아오셔서 이렇게 말씀하셨습니다. "신부님, 저에게 너무나 잘해줬던 사람이 있었어요. 그러던 어느 날 자신에게 투자하면 높은 수익을 주겠다고, 자신만 믿으라고 하는 말에 제 돈과 아들의 돈까지 모아서 가져다줬죠. 그런데 그게 사기였어요. 돈을 돌려줄 생각도 안 하고 제 돈으로 잘 먹고 호의호식하면서 잘 사는 그 꼴을 보니 화가 치밀어 올라서 고소했어요. 돈을 받겠다는 생각은 버렸고, 그냥 저 사람이 벌을 받았으면 좋겠어요." 저는 그 말씀을 듣고 이런 답을 드렸습니다. "자매님 저 사람은 변하지 않습니다. 자매님이 고소를 하든 안 하든, 사기를 치는 그 사람은 변하지 않을 거예요. 잃어버린 돈은 너무나 아깝지만 고소를 통해 온몸과 마음을 힘들게 하기보다는, 주님의 채찍으로 그 사람을 회개할 수 있게 기도하는 것이 더 빠를 수도 있으니 자매님의 생각을 바꿔봐요."

오늘 복음에서 예수님께서는 이렇게 말씀하십니다. "'**눈은 눈으로, 이는 이로.'하고 이르신 말씀을 너희는 들었다. 그러나 나는 너희에게 말한다. 악인에게 맞서지 마라.**" 우리는 보통 나에게 고통을 주거나 힘들게 한 사람이 똑같은 고통을 받거나, 그 이상의 어려움을 경험하면 바뀔 거라는 착각합니다. 하지만 그들은 바뀌지 않는다는 것을 알아야 합니다. 차라리 그들을 바꾸려고 노력하기보다는 내가 바뀌는 노력을 하는 것이 더 빠를 때가 있습니다. 주님께서는 문제를 일으키는 사람을 변화시키려 하지 말고 스스로를 변화시키고자 주님께 집중하라고 말씀하시는 것입니다.

　사랑하기에도 부족한 시간에 우리는 때때로 서로를 미워하고 증오하는 데 시간을 보낼 때가 있습니다. 그렇게 보낸 시간을 돌아봤을 때 기쁘기보다는 허무하고, 고통스러운 느낌이 더 많이 들 것입니다. 다른 사람의 삶을 변화시키려 노력하기보다는 자신의 삶을 변화시키고자, 그리고 주님께 조금 더 가까이 가고자 노력하는 우리 모두가 되기를 성부와 성자와 성령의 이름으로 기도드립니다. 아멘.

나만의 복음밥

- 재　료 :
- 레시피 :
- 고　명 : 매일미사 (　), 복음묵상 (　), 성체조배 (　), 묵주기도 (　)
- 복음밥 :

250617 | 연중 제11주간 화요일

📖 재   료 : 마태 5,44
🥣 레시피 : "너희는 원수를 사랑하여라."

교구청에 있을 때 본당신부로 있는 동기들이 가끔 모임에서 이런 이야기를 한 기억이 납니다. 본당 미사를 집전하러 들어와서 성호경을 긋고 "주님께서 여러분과 함께" 하며 손을 펼치며 사람들을 바라보게 되는데 그때 내 속을 뒤집었던 사람이 보이면 마음이 확 얼어붙어서 힘들다고 했습니다. 분명 불미스러운 일로 공동체에 문제를 일으켰고, 그 사실을 다 알면서도, 미사 안에서는 아무렇지 않게, 심지어 천사처럼 합장을 하고 정성스럽게 기도하는 모습을 정면에서 계속 바라봐야 하는 본당신부의 마음은 어떠할까요?

그러다 지난번 담당했던 단체에 기념 미사가 있어서 그곳에 갔다가 동기가 느꼈던 마음을 똑같이 느꼈습니다. 다 같이 입당해서 자리에 섰는데, 예전에 공동체를 뒤집어 놓고 분란을 일으켰던 사람이 눈에 확 들어왔습니다. 보고 싶지 않아도 연극 무대 주인공에게 조명이 켜진 것처럼 딱 그 사람만 보였습니다. 그 순간 제 몸과 마음이 얼어서 굳어버렸습니다. 그리고 이런 생각이 들어서 슬펐습니다. '기도하고 용서했다고 생각했는데, 아직도 수양이 아주 부족하구나. 외면하지 말고 마주하고, 더 용서하고 기도해야겠다.'

오늘 복음에서 예수님께서는 당신의 제자들에게 어려운 부탁을 하십니다. 하느님 보시기에는 다 똑같은 사람들이니, 인간의 눈으로 판단하려고 하지 말고, "너희는 원수를 사랑하여라."라고 하십니다. 이 말씀을 들을 때마다 '노력은 해보겠지만 아직은 불가능하다.'라는 생각이 듭니다. 하지만 포기하지는 않을 것입니다. 주님께서는 불가능을 가능하게 하시는 분이기 때문입니다. 오늘도 그 사람을 위해 기도해 봅니다. 용서는 못 하더라도, 더는 미워하지 않게 미움이 그친 그 순간, 그를 봤을 때 기쁘게 인사를 나눌 수 있기를 성부와 성자와 성령의 이름으로 기도드립니다. 아멘.

나만의 복음밥

재　료 :
레시피 :
고　명 : 매일미사 (　), 복음묵상 (　), 성체조배 (　), 묵주기도 (　)
복음밥 :

250618 | 연중 제11주간 수요일

재　　료 : 마태 6,4
레시피 : "숨은 일도 보시는 네 아버지께서 너에게 갚아 주실 것이다."

　　로마에서 공부하며 '가장 복되다.'라고 생각한 일은 같은 반에 있는 수도회 신부님들을 통해 실제 성인 성녀들이 돌아가시거나 묻혀 계신 곳을 가볼 수 있는 것이었습니다. 같은 반에 예수회 신부님이 계셨는데, 신부님은 기숙사를 방문한 우리에게 이냐시오 성당을 안내해 주겠다고 하셨습니다. 로마에서 예수회가 중심을 두고 활동했던 '이냐시오 성당' 안에는 많은 성인들의 무덤과 그들이 머물렀던 장소가 있었습니다. 신부님은 우리를 성당 지붕 아래로 데리고 가더니 한 장소에 멈춰 서게 했습니다. 그리고 이렇게 설명하셨습니다. "여기는 성 알로이시오 곤자가 성인이 선종을 준비하시던 방이었습니다. 위에 보시면 작은 성광이 있는데 이곳에는 성인의 심장이 모셔져 있습니다." 저는 그 말을 듣고 신부님께 물어봤습니다. "왜 심장을 따로 모셔놨나요?" 저의 질문에 신부님은 이렇게 답을 했습니다. "성인께서는 늘 가난하고 힘든 사람들을 위해 몰래 선행을 베푸셨어요. 특히 흑사병이 로마에 창궐했을 때도 힘든 사람들 곁에서 제일 가까이 머무르며 병간호하시다 병에 걸려 쓰러지셨어요. 선종을 얼마 안 남기고 환시 중에 주님께서는 성인에게 이런 말씀을 남기셨데요. '내 성심을 네 심장에 새겨주겠다.' 실제로 성인이 선종하시고 난 뒤 성인의 심장을 확인해 보니 성심의 흔적이 남겨져 있어서, 심장을 따로 보관한 것입니다."

　　오늘 복음에서 예수님께서는 선행에 대해서 다음과 같이 말씀하십니다. **"숨은 일도 보시는 네 아버지께서 너에게 갚아 주실 것이다."** 주님께서는 우리가 일상 안에서 당신의 일을 하고자 노력하고 그 안에 봉사하고 기쁨을 찾을 때마다 가슴을 뜨겁게 해주십니다. 그것은 돈을 주고도 살 수 없는 뜨거움이고 그 순간이 주님께서 우리 심장(마음)에 당신의 성심을 새겨주시는 순간이라는 생각이 듭니다. 오늘도 주님께서는 우리 모두에게 당신의 은총을 실천할 수 있는 힘을 주셨습니다. 그 힘으로 주님의 일을 하다 보면 인간적인 칭찬이 없음에 답답함과 먹먹함을 체험할 수도 있습니다. 그럴 때 성 알로이시오 곤자가의 심장에 새겨진 성심을 떠올려 봤으면 좋겠습니다. 그런 마음의 향함과 일치가 우리가 주님께 집중할 수 있도록 도와줄 것입니다. 주님의 뜻으로 살고 실천하여 은총을 얻는 우리 모두가 되기를 성부와 성자와 성령의 이름으로 기도드립니다. 아멘.

나만의 복음밥

재 료 :

레시피 :

고 명 : 매일미사 (　), 복음묵상 (　), 성체조배 (　), 묵주기도 (　)

복음밥 :

250619 | 연중 제11주간 목요일, 또는 성 로무알도 아빠스

재　료 : 마태 6,8
레시피 : "아버지께서는 우리가 청하기도 전에 무엇이 필요한지 알고 계신다."

지난번 한 할머니가 찾아오셔서 면담을 청하셨습니다. 면담실에 앉아 가만히 있다 보니 정적이 흘렀습니다. 할머니께서는 아무 말씀이 없으시고, 적막함이 어색했던 저는 할머니에게 질문을 던져봤지만 답은 항상 단답형이었습니다. 저는 답답하여 할머니에게 "어떤 답답한 일이 있어서 오셨어요? 말씀을 해주셔야 알 수 있을 것 같은데요." 그러자 할머니는 이렇게 답을 하셨습니다. "아버지께서는 청하기도 전에 무엇이 필요한지 아시는데, 신부님은 저를 보면 몰라요?"

할머니와 면담을 마치고 성당에 와서 앉아 이 말씀을 거듭 생각해 보았습니다. **"아버지께서는 우리가 청하기도 전에 무엇이 필요한지 알고 계신다."** 분명 하느님 아버지께서는 우리의 영혼과 육신을 꿰뚫고 계시고, 우리의 모든 것을 알고 계십니다. 그런데 성체를 바라보고 있으면 답답한 느낌이 들기도 합니다. 아버지 하느님께서 다 아시지만 제가 청하고자 하는 것을 말씀드리는 것도 필요하다는 생각이 듭니다. 그래서 저는 성체 앞에 앉게 되면 이렇게 말씀드립니다. "주님 제가 말씀드리지 않아도 이미 다 알고 계시지만 제가 더 자세하게 말씀드릴게요." 아마 이 말을 친구들 앞에서 했으면 뒷담화가 되지만 주님 앞에서 할 때는 기도가 되는 순간입니다. 그렇게 주님께 미주알, 고주알 말씀드리고 나면 주님께서 저에게 처방전을 하나 주십니다. 그것이 바로 오늘 복음에 나온 '주님의 기도'입니다. 용서와 은총을 청하는 방법이 들어있는

'주님의 기도'를 천천히 한 단어 한 단어에 집중하며 읽다 보면 주님의 뜻이 무엇인지, 이미 우리의 마음을 다 알고 계심을 느낄 수 있습니다.

　하루살이가 답답하고 힘들고 모든 사람이 나의 마음을 알아주지 않는 것 같은 순간일 때 잠시 눈을 감고 '주님의 기도'를 천천히 외워봅시다. 그러면, 주님께서 우리 안에 들어오시어 일용할 양식을 주시고, 용서할 마음을 주실 것입니다. 주님께 마음을 청하고 응답받는 하루가 되시기를 성부와 성자와 성령의 이름으로 기도드립니다. 아멘.

나만의 복음밥

- 재　료 :
- 레시피 :
- 고　명 : 매일미사 (　), 복음묵상 (　), 성체조배 (　), 묵주기도 (　)
- 복음밥 :

250620 | 연중 제11주간 금요일

재 료 : 마태 6,22-23

레시피 : "눈은 몸의 등불이다. 그러므로 네 눈이 맑으면 온몸도 환하고, 네 눈이 성하지 못하면 온몸도 어두울 것이다."

지난주 아버지의 생신 축하를 위해 가족들이 한자리에 모였습니다. 축하식을 마치고 모두 모여 이야기를 나누는 시간이 있었는데 보통 같았으면 정신없이 뛰어다녀야 할 조카들이 조용했습니다. 왜 그럴까 하고 주위를 보니 다들 핸드폰을 눈에 붙이고 열심히 짧은 영상을 보고 있었습니다. 이 모습을 어디서 봤나 했더니 성당에서도 봤습니다. 학생미사 전이나, 심지어 어른미사 때에도 주위를 둘러보면 핸드폰을 눈에 붙이고 짧고 자극적인 영상을 보고 있는 아이나 어른을 볼 수 있습니다. 저도 그 영상이 뭔가 하고 찾아봤습니다. 짧지만 자극적이고 한번 보기 시작하니, 끊임없이 눈으로 자극적인 마라탕을 먹는 것 같은 느낌이었습니다. 끊어야 하는데 끊지 못하고 한 삼십 분을 보고 거울을 보니 눈은 퀭해 있고, 이상하게 아무것도 하고 싶지 않았으며 자극적인 영상에서 봤던 장면이 눈앞에서 재생되는 것 같았습니다. 아주 쉽게 눈으로 재미를 얻을 수 있으니, 오랜 시간 노력해서 얻을 수 있는 기도의 느낌은 아이들이 생각도 못 할 것 같았습니다.

오늘 복음에서 예수님께서는 다음과 같이 말씀하십니다. **"눈은 몸의 등불이다. 그러므로 네 눈이 맑으면 온몸도 환하고, 네 눈이 성하지 못하면 온몸도 어두울 것이다."** 눈은 정보를 받아들이는 제일 첫 문입니다. 그 문에 세상의 즐거움을 담으면 세상의 즐거움이 남아 있을 것이고, 주님의 것을 담으면 주님의 것이 남아 있을 것입니다. 오늘 하루를 보내며 우리는 어디를 바라보고 있는지 돌아봐야 합니다. 아침에 눈을 뜨며 우리가 보는 제일 첫 번째가 핸드폰의 짧은 영상이 아니라 주님이 담겨있는 성경이기를, 묵주이기를 성부와 성자와 성령의 이름으로 기도드립니다. 아멘.

나만의 복음밥

📖 재 료 :

🥣 레시피 :

🍚 고 명 : 매일미사 (   ), 복음묵상 (   ), 성체조배 (   ), 묵주기도 (   )

🔔 복음밥 :

250621 l 성 알로이시오 곤자가 수도자 기념일

📖 재　료 : 마태 6,33
☕ 레시피 : "너희는 먼저 하느님의 나라와 그분의 의로움을 찾아라."

　　요즘 부모들을 만나보면 독특한 점이 한 가지 있습니다. 예를 들어 성당에서 "이런 피정과 저런 미사가 있으니 보내주세요."하면 이렇게 답을 합니다. "아이에게 물어보고요." 그런데 신기한 것은 성당에서 하는 행사와 미사에 가는 것은 아이의 의사를 물어보는데, 학원가는 것과 집에서 여행 가는 것은 아이의 의사와 상관없이 진행한다는 것입니다. 그것을 바라보며, 그런 부모들이 아이의 신앙생활에 대해서 걱정하는 모습을 보고 있으면 모래 위에 집을 짓고 있는 느낌이 들어 안타깝기만 합니다. 공부가 중요할까요? 신앙이 중요할까요? 아이를 키울 때는 모릅니다. 학원을 아무리 보내고, 과외를 아무리 시켜도, 하고자 하는 아이를 당해 낼 수 없다는 것을... 결국 아이가 하지 않는다면, 과외고 학원이고 다 헛돈 썼다는 것을... 차라리 그 돈으로 적금을 들어 아이 등록금을 만들었으면 더 이득이었을 것이라고 후회하는 목소리를 듣곤 합니다.

　　오늘 복음에서 예수님께서는 제자들에게 다음과 같이 말씀하십니다. **"너희는 먼저 하느님의 나라와 그분의 의로움을 찾아라."** 제가 신부여서가 아니라 삶의 쟁기에 돈과 공부와 권력을 다는 것이 아니라, 신앙과 주님을 단다면 삶의 어려움이라는 밭을 잘 갈아 나갈 수 있을 것이라는 생각이 듭니다. 주님께서는 제자들이 그 사실을 알기를 바라며 하느님의 나라와 그분의 의로움을 찾으라고 말씀하시는 것입니다. 부모가 자녀에게 물려줄 것은 돈과 명예가 아니라 신앙입니다. 하느님의 나라와 그분의 의로움을 찾는 방법을 알려주는 부모는 마르지 않는 생명수를 얻는 법을 알려주는 것입니다. 오늘 하루 자녀의 삶이라는 쟁기에 어떤 것을 붙여줬는지 돌아봤으면 좋겠습니다. 그 쟁기의 힘으로 아이들이 세상의 것을 추구하는 것이 아니라 주님의 것이 제일 좋은 것이라는 것을 깨닫기를 성부와 성자와 성령의 이름으로 기도드립니다. 아멘.

나만의 복음밥

- 재 료 :
- 레시피 :
- 고 명 : 매일미사 ( ), 복음묵상 ( ), 성체조배 ( ), 묵주기도 ( )
- 복음밥 :

250622 | 지극히 거룩하신 그리스도의 성체 성혈 대축일

📖 재　　료 : 루카 9,13
🍲 레시피 : "너희가 그들에게 먹을 것을 주어라."

　뉴스에서 이런 내용을 보았습니다. 어떤 폐지 줍는 할아버지 집에 불이 났는데, 항아리 속에 넣어두었던 전 재산이 모두 타서 없어져 버렸다는 것이었습니다. 이 뉴스의 내용을 동기들과 나눴는데, 어떤 동기가 이런 이야기를 했습니다. "돈은 주머니에 있을 때는 내 돈이 아닌 것 같아. 돈을 쓸 때에 내 돈인 것을 느껴. 나는 사람들이 돈을 모아 쌓아놓지 말고, 주변 사람들을 위해 쓰며 내 돈을 쓰는 재미에 빠졌으면 좋겠어."

　오늘 복음에서 예수님께서는 제자들에게 이렇게 말씀하십니다. "**너희가 그들에게 먹을 것을 주어라.**" 이 말씀을 묵상하면 예수님께서는 늘 자신의 곁에 있는 제자들이 예수님의 사랑을 느끼고 그 사랑을 세상에 전하라고 하시는 것이 느껴집니다. 주님의 사랑도 나만 가지고 있다면 그것은 자기만족인 사랑입니다. 주님께서도 그것을 원하지는 않으셨을 것입니다. 예수님께 받은 사랑을 씀으로써 사랑이 열매 맺기를 바라셨을 것입니다. 제자들은 예수님의 그 말씀에 망설이고, 주저했습니다. 그 마음 깊은 곳을 보면 돈을 모으기만 하지 쓰지 못하는 사람처럼 사랑을 받기만 했지 쓰는 법을 모르기 때문이 아닌가 싶습니다. 주님께서는 이런 제자들에게 오병이어의 기적을 보여주심으로써 배운 사랑을 실천하는 법을 가르쳐 주십니다.

　오늘날에는 성체 성혈의 기적을 보여주심으로써 당신께 배운 사랑을 실천하라고 하십니다. 사랑을 마음속에만 넣고 사랑한다고 말만 할 것인가? 아니면 사랑을 실천함으로써 사랑이 있음을 증명할 것인가?

주님의 사랑을 어떻게 증명할 것인지 고민하는 오늘이 되기를 성부와 성자와 성령의 이름으로 기도드립니다. 아멘.

나만의 복음밥

- 재 료 :
- 레시피 :
- 고 명 : 매일미사 (　), 복음묵상 (　), 성체조배 (　), 묵주기도 (　)
- 복음밥 :

250623 | 연중 제12주간 월요일

재　　료 : 마태 7,3

레시피 : "너는 어찌하여 형제의 눈 속에 있는 티는 보면서, 네 눈 속에 있는 들보는 깨닫지 못하느냐?"

　　유학 생활을 하면서 이런저런 생존 요리를 하던 저는 이상한 버릇이 하나 생겼습니다. 그것은 누군가가 저에게 요리를 해주면 그것에 대해서 평가를 하고 어쭙잖은 조언을 하는 것입니다. 예를 들어 라면을 끓여다 주면 "잘 먹겠습니다"가 아니라 "여기에 파도 좀 넣고 청량고추도 좀 넣으면 더 맛있을 텐데." 누군가가 김치볶음밥을 해주면 "여기에 계란프라이 노른자 반숙으로 된 거 올리면 더 맛있을 텐데."라고 말하는 식이죠. 지금 말을 하면서도 옆에서 내가 해주는 요리에 이런 말을 하면 짜증이 날 것 같습니다. 그러던 어느 날 이렇게 말하는 나를 두고 어머니께서 이렇게 말씀을 하셨습니다. "아들이 요리를 잘해도 상대의 자리를 인정해 주는 것도 중요한 거예요. 누가 밥을 해주면 아들 눈에 무엇인가 보이더라도, 그 자체를 인정해 주는 여유를 지니는 것이 중요한 것 같아요." 그다음부터는 누군가가 나에게 호의를 베풀어 주면 그것에 대해서 최대한 감사의 표시를 하고 영양가 없는 이야기는 하지 않으려고 노력을 합니다.

　　오늘 복음에서 예수님께서는 다음과 같이 말씀하십니다. **"너는 어찌하여 형제의 눈 속에 있는 티는 보면서, 네 눈 속에 있는 들보는 깨닫지 못하느냐?"** 무슨 일이든 내가 그 안에 있을 때보다 그 밖에 있을 때 부족하고 모자란 부분이 잘 보입니다. 분명 그것을 조언이랍시고 말하고 싶어서 입이 간지러울 때가 있을 것입니다. 그런데 내 눈에 보이는 상대의 들보를 이야기한다고 해도 요리를 더 맛있게 한다거나 관계를 더 좋게 한다거나 상황을 더 좋게 하는 적은 드뭅니다. 오히려 나와 이어진 관계를 어긋나게 하는 경우가 더 많습니다.

오늘 하루를 살면서 누군가에게 호의를 받는 경우가 있다면 감사한 마음으로 받아들이고, 부족한 부분은 기도로서 함께해 주는 우리가 되기를 성부와 성자와 성령의 이름으로 기도드립니다. 아멘.

나만의 복음밥

재 료 :
레시피 :
고 명 : 매일미사 (   ), 복음묵상 (   ), 성체조배 (   ), 묵주기도 (   )
복음밥 :

250624 | 성 요한 세례자 탄생 대축일

📖 재　료 : 루카 1,63
🥣 레시피 : "그의 이름은 요한"

　　예전에는 이름을 지을 때 작명소에 가서 이름을 받아왔습니다. 집에서 부모님과 이야기를 나누다가 이름에 대해 어머니께서 이런 말씀을 하셨습니다. "아들이 태어났을 때 큰아버지가 이름을 받아오셨는데 이름이 두 개였어." 저는 궁금하여 "어머니 지금 이름 말고 다른 이름이 있었다고요? 그 이름이 무엇인데요?"라고 여쭤봤습니다. 그러자 어머니는 한 번도 들어보지 못한 이름을 말씀해 주셨습니다. "너의 이름은 '이용걸'이었어." 그리고 이어서 말씀하셨습니다. "'이용현'과 '이용걸' 두 가지 이름과 그 풀이가 있었는데, 생김새를 보니 '이용걸'이라는 이름보다는 '이용현'이 더 잘 어울리더라고, 그래서 '이용현'으로 했지." 저는 그렇게 12월 1일에 태어나고 이듬해 1월 3일에 출생신고와 세례를 받으며 이용현이 되었습니다. '녹일 용' 자에 '호걸 걸' 자가 아닌 '녹일 용' 자에 '어질 현' 자로 정해진 나의 삶이 그 이름에 맞게 살아가고 있는지 돌아보게 됩니다.

　　오늘 복음에서 세례자 요한이 탄생하고 엘리사벳과 즈카르야는 아들의 이름을 정하고자 합니다. 유대 전통은 부모에게 이름을 받는 것이기에 그 이름을 주려 했지만, 엘리사벳과 즈카르야는 하느님께서 알려주신 대로 **"그의 이름은 요한"**이라고 정하려 합니다. '요한'의 이름에도 뜻이 있습니다. '주님은 자애로우시다'라는 뜻의 히브리어 이름 '요하난'에서 시작된 것입니다. 로마의 지배에서 벗어나는 방법이 폭력밖에 없음을 이야기하는 이들 사이에서 '회개'를 외치는 요한의 이름은 주님의 자비로우심을 드러내는 첫 시작으로 들립니다.

　우리 각자는 세례를 받음으로써 세례명을 받고, 태어남으로써 이름을 받습니다. 그 이름에는 뜻이 있을 것입니다. 그 뜻을 기억함으로써 주님의 섭리를 깨닫는 하루가 되기를 성부와 성자와 성령의 이름으로 기도드립니다. 아멘.

나만의 복음밥

- 재　료 :
- 레시피 :
- 고　명 : 매일미사 (　), 복음묵상 (　), 성체조배 (　), 묵주기도 (　)
- 복음밥 :

250625 | 민족의 화해와 일치를 위한 기도의 날

재 료 : 마태 18,21-22

레시피 : "형제가 저에게 죄를 지으면 몇 번이나 용서해 주어야 합니까? 내가 너에게 말한다. 일곱 번에 아니라 일흔일곱 번까지라도 용서해야 한다."

강론을 하면서 아이들에게 물어봤습니다. "누군가가 너에게 잘못을 하면 용서해 줄 수 있어?" 이 질문에 아이는 단박에 이렇게 답을 했습니다. "용서해야지 별수 있나요?" 그 의연함에 놀라게 되었고, 어렸을 때에는 미워했던 사람들을 오랫동안 미워하지는 않았던 기억이 났습니다. 그 이유를 돌아보면 아이였을 때의 마음은 살과 같이 부드러웠는데 나이가 들고 여러 번 상처받으며 상처 부위가 돌과 같이 굳어져 버린 것입니다. 그러기에 나이가 들수록 마음에 새겨지는 이름은 돌 위에 새긴 것처럼 지워지지 않고 오래 남아서 그것을 볼 때마다 그 상대를 미워하는 것 같다는 생각이 들었습니다.

오늘 복음에서 예수님께서는 **"형제가 저에게 죄를 지으면 몇 번이나 용서해 주어야 합니까?"** 이것에 대해서 예수님께서는 다음과 같이 답을 해주십니다. **"내가 너에게 말한다. 일곱 번에 아니라 일흔일곱 번까지라도 용서해야 한다."** 이 말씀을 묵상하고 있으면 주님께 마음을 모아 청하면 돌과 같은 마음을 살과 같이 바꿔주신다는 말씀으로 들립니다. 그리고 실제로 주님께 마음을 모아 청하면 주님께서는 돌과 같이 마음에 새겨진 미워하는 사람의 이름을 지워줄 것이라는 생각이 듭니다.

'미움이 그친 순간'이라는 말이 있습니다. 기도로서 돌처럼 굳어진 마음에 새긴 이름을 문지르고 또 문지른다면 미움이 그친 그 순간, 즉 그 이름이 지워져 있는 순간이 올 것입니다. 주님께 용서할 수 있는 마음을 청하고 기도하며 용서의 은총을 얻는 우리 모두가 되기를 성부와 성자와 성령의 이름으로 기도드립니다. 아멘.

나만의 복음밥

- 재　료 :
- 레시피 :
- 고　명 : 매일미사 (　), 복음묵상 (　), 성체조배 (　), 묵주기도 (　)
- 복음밥 :

250626 | 연중 제12주간 목요일

📖 재　료 : 마태 7,26
🍲 레시피 : "나의 이 말을 듣고 실행하지 않는 자는 모두 자기 집을 모래 위에 지은 어리석은 사람과 같다."

성당에서 생활하다 보면 가끔 하느님의 뜻을 자기 뜻으로 해석하는 분이 계십니다. "신부님 제가 잘못을 했을 때 뉘우치기만 하면 하느님께서 무조건 용서해 주지 않으시나요?", "신부님 가족 여행이 있어서 주일 미사에 갈 수 없었어요.", "신부님 아는 분들이랑 식사 자리에서 성호를 그으면 왠지 실례가 될 것 같아서 그냥 먹었어요." 그리고 항상 마지막에는 이런 말씀을 하십니다. "성당은 이런저런 작은 것들을 죄라고 해서 마음이 상당히 부담스러워요."

세례를 받고 하느님의 자녀로 태어나서 성체를 받아 모시는 것은 하느님과 약속하는 것입니다. 즉, '나는 한평생 세상의 법이 아니라, 그 위에 있는 하느님의 법을 따라 살겠다.'라는 다짐입니다. 이런 다짐들이 완성되기 위해서는 각자 마음속에 있는 주님의 집을 튼튼히 지어야 합니다. 집의 기초가 잘 만들어 졌다면 세상의 시련에서도 무너지지 않는 튼튼한 집이 될 것입니다.

반면에 우리가 세상의 유혹에 자꾸 쓰러지고 이 모든 것이 죄로 여겨져 부담스럽다면 이 말씀을 귀담아들어야 합니다. **"나의 이 말을 듣고 실행하지 않는 자는 모두 자기 집을 모래 위에 지은 어리석은 사람과 같다."** 신앙의 즐거움은 성당 안에서 좋은 행사를 하고 맛있는 것을 먹고, 좋은 사람을 만났을 때 느끼는 것이 아닙니다. 신앙의 즐거움은 하느님의 뜻에 벗어나는 것을 지키고자 노력하고, 함께 실행하는 사람과의 만남을 통해 기쁨을 얻는 것입니다.

 그런 과정이 반복되며 모래 위에 지은 집에 신앙이라는 철근을 넣고 주님이라는 콘크리트를 넣어서 단단하게 만드는 것입니다. 오늘 하루를 살아가며 주님의 말씀을 따라 살아가고자 노력하고, 모래 위에 지은 신앙의 집을 반석 위로 이사하는 우리 모두가 되기를 성부와 성자와 성령의 이름으로 기도드립니다. 아멘.

나만의 복음밥

- 재 료 :
- 레시피 :
- 고 명 : 매일미사 (　), 복음묵상 (　), 성체조배 (　), 묵주기도 (　)
- 복음밥 :

250627 | 지극히 거룩하신 예수 성심 대축일 (사제 성화의 날)

📖 재　료 : 루카 15,4

🥣 레시피 : "너희 가운데 어떤 사람이 양 백 마리를 가지고 있었는데 그 가운데에서 한 마리를 잃으면, 아흔아홉 마리를 광야에 놓아둔 채 잃은 양을 찾을 때까지 뒤쫓아 가지 않느냐?"

　모래내라는 공동체에 머무르면서 여러 사람의 여러 사정을 듣습니다. 그러면서 이곳에 오기 전까지만 해도 저와는 아무 상관도 없던 사람들이었는데, 신기하게 어느 순간부터 다 저의 가족 같고, 저의 어머니, 아버지 같고, 저의 자녀 같고, 아프고 힘들다는 이야기를 들으면 마음이 쓰이고, 기뻐하면 저도 기쁘고, 슬퍼하면 저도 슬프고, 뭐라도 좋은 게 있으면 같이 먹고 싶고, 나누고 싶고, 그런 마음이 듭니다. 그럼에도 불구하고 아직도 부족하다는 생각이 들고, 제가 하는 것이 정말 신자들이 원하는 것인가? 힘들게 하는 것은 아닌가 하는 자기 검열도 해봅니다.

　이런 저에게 주님께서는 사제로서의 능력을 의심하지 말고, 당신께서 맡겨주신 양 떼를 잘 돌볼 수 있는 방법을 오늘 복음을 통해 말씀해 주십니다. "너희 가운데 어떤 사람이 양 백 마리를 가지고 있었는데 그 가운데에서 한 마리를 잃으면, 아흔아홉 마리를 광야에 놓아둔 채 잃은 양을 찾을 때까지 뒤쫓아 가지 않느냐?"

　즉, 주님께서는 백 마리 양중에 잃어버린 한 마리 양을 소중히 여기며 찾아 나서는 용기 있는 사제가 되기를 바라십니다. 아파하는 한 마리 양의 목소리에 귀를 기울이고, 그 양이 공동체 안으로 돌아올 수 있게 이끄는 사제가 되기를 청하십니다. 사제 성화의 날을 보내며, 염치없지만 세상의 모든 사제들, 그리고 늘 부족한 저를 위해 기도 부탁드립니다. 우리들의 기도가 하늘에 닿는다면 세상의 모든 사제가 예수 성심을 닮은 사제, 사랑 넘치는 사제, 희생을 두려워하지 않는 사제가 될 것입니다. 이렇게 사제는 신자들을 위해, 신자들은 사제를 위해 기도하는 사랑의 공동체가 되기를 성부와 성자와 성령의 이름으로 기도드립니다. 아멘.

나만의 복음밥

- 재 료 :
- 레시피 :
- 고 명 : 매일미사 (   ), 복음묵상 (   ), 성체조배 (   ), 묵주기도 (   )
- 복음밥 :

250628 | 티 없이 깨끗하신 성모 성심 기념일

📖 재　　료 : 루카 2,51
🍲 레시피 : "그의 어머니는 이 모든 일을 마음속에 간직하였다."

　　본당 신부님이 마음이 들지 않아서 험담하려고 하는데 나의 이야기를 들어주지 않는 상황을 만났을 때, 자녀들이 나를 챙겨주기보다는 그들의 가족을 더 열심히 챙기는 모습을 바라봤을 때, 친한 줄 알았던 친구가 곤란한 상황에서 내 편이 되어주지 않고, 공평하게 이야기할 때, 우리의 마음속에는 '그들이 왜 그렇게 행동했을까?', '나에게는 잘못이 없을까?', '그 안에 하느님께서 어떤 은총을 숨겨 두셨을까?' 곰곰이 생각하기보다는 그 일에서 함께해 주지 않거나, 내 편을 들어주지 않은 사람들을 떠올리며 서운해합니다.

　　그런데 그런 서운함을 가지면 가질수록, 생각하면 생각할수록 마음을 살처럼 부드럽게 하기보다는 돌처럼 딱딱하게 만듭니다. 그러기에 우리에게 일어난 일을 잘 이겨 나가는 방법은 서운함을 꺼내서 바라보기보다는 그 안에 주님의 은총은 없는지 살펴보는 것입니다.

　　오늘 복음에서 예수님께서는 가족들과 떨어져 사흘 동안 부모를 헤매게 합니다. 예루살렘 성전에서 아들을 찾았을 때 당황스러운 부모는 애타게 찾았음을 이야기합니다. 이 말에 예수님은 다음과 같이 답합니다. "왜 저를 찾으셨습니까? 저는 제 아버지의 집에 있어야 하는 줄을 모르셨습니까?" 분명 일반적인 부모라면 당황하여 야단을 쳤을 텐데 **"그의 어머니는 이 모든 일을 마음속에 간직하였다."** 라고 복음은 전합니다. 성모님께서 야단을 칠 줄 몰라서 곰곰이 생각하셨을까요? 아닙니다.

곰곰이 생각한다는 것은 주님의 마음을 닮고자 노력하고 마음 깊이 헤아린다는 뜻이 있습니다.

　살아가다 보면 서운한 일이 참 많습니다. 내 마음을 몰라주는 본당 신부, 내 마음을 무시하는 이웃 신자, 부모보다 자기 가족을 더 챙기는 자녀, 그 모든 서운함을 입 밖으로 이야기한다고 서운함이 풀릴까요? 아닙니다. 곰곰이 생각하며 주님께 말씀드리는 과정이 더 중요하다는 생각이 듭니다. 성모 성심 기념일을 보내며 성모님의 마음을 닮아 주님의 뜻을 곰곰이 생각하고 헤아려 보는 우리 모두가 되기를 성부와 성자와 성령의 이름으로 기도드립니다. 아멘.

나만의 복음밥

재　료 :

레시피 :

고　명 : 매일미사 (　), 복음묵상 (　), 성체조배 (　), 묵주기도 (　)

복음밥 :

250629 | 성 베드로와 성 바오로 사도 대축일

📖 재　료 : 마태 16, 16

🥣 레시피 : "스승님은 살아 계신 하느님의 아드님 그리스도이십니다."

　세상에서 절대 진리가 점점 사라지고 있습니다. 하느님께서 당신의 아드님을 이 세상에 보내시어 십자가에 못 박혀 죽임을 당하게 한 이유는 무엇일까요? 그것은 인간을 너무나 사랑하시기 때문입니다. 그리고 너희도 이 십자가를 지고 가며 진정한 이웃사랑을 실천하라고 본을 보여주신 것입니다. 우리는 이 사실을 우리 머리로는 너무나 잘 알고 있습니다. 하지만 막상 이웃 때문에, 관계 때문에, 사람 때문에 십자가를 져야 할 상황이 생기면 여러 가지 핑계를 대며 십자가를 피합니다. 십자가를 지는 순간 그리고 십자가를 지고 끝까지 가본다면 주님께서 주시는 경험을 얻을 수 있을 텐데 하느님은 고통이 아니며, 하느님은 슬픔이 아니고, 하느님은 아픔이 아니라고 생각하며 십자가 지는 것을 피합니다. 그리고 십자가 말고 자신이 생각하는 하느님이 진짜 하느님이라고 말하며 살아가려고 합니다.

　오늘 복음에서 예수님께서는 제자들에게 당신의 신원에 관해서 물어보십니다. 이 질문에 제자들은 진정한 예수님의 가르침이 아니라 각자 이해하고 있는 예수님에 대해서 이야기합니다. 그런데 한 사람 베드로만이 주님께서 원하시는 답을 이야기합니다. **"스승님은 살아 계신 하느님의 아드님 그리스도이십니다."** 베드로는 주님께서 어떤 분인지 정확하게 알고 있었고, 결국 자신의 십자가를 지고 순교의 길을 통해 하늘나라의 영광을 얻게 되었습니다. 우리도 신앙생활을 하면서 우리 생각하는 신앙생활보다 주님이 말씀하시는 신앙생활을 따라야 한다는 생각이 듭니다. 즉 십자가를 지고 걸어가는 삶을 통해 부활을 향해가는 것입니다. 살아가다 보면 고통을 받아들이고 싶어하는 사람이 몇 명이나 있을까요? 그리스도인은 이 고통을 즐겁게 받아들이는 사람이라는 생각이 듭니다. 나의 뜻을 주님의 뜻으로 포장하지 말고 주님의 뜻을 내 뜻과 일치시키는 우리 모두가 되기를 성부와 성자와 성령의 이름으로 기도드립니다. 아멘.

나만의 복음밥

재 료 :
레시피 :
고 명 : 매일미사 (   ), 복음묵상 (   ), 성체조배 (   ), 묵주기도 (   )
복음밥 :

250630 | 연중 제13주간 월요일

📖 재　　료 : 마태 8,22

🥣 레시피 : "너는 나를 따라라. 죽은 이들의 장사는 죽은 이들이 지내도록 내버려두어라."

　　십계명 중에 제 4계명은 '부모에게 효도하여라.'입니다. 율법에 나와 있을 정도로 부모를 잘 섬기는 것은 하느님을 섬기는 것과 같이 꼭 해야 하는 의무사항이었습니다. 그러기에 부모의 명령에 불복종하거나, 부모를 위험에 빠뜨리는 행위를 한 자녀는 부모가 돌을 던져 죽게 할 수 있는 죄이기도 합니다. 그런데 오늘 복음에 나오는 예수님의 말씀은 우리의 귀를 의심케 합니다.

　　예수님의 제자들 가운데 어떤 이가, 집에 가서 아버지의 장례를 하고 싶다고 말합니다. 직장에서 부모님이 돌아가셨다고 하면 묻지도 따지지도 않고 장례를 하고 오게 합니다. 그런데 주님께서는 제자의 마음을 어루만져 주시기는커녕 다음과 같이 말씀하십니다. **"너는 나를 따라라. 죽은 이들의 장사는 죽은 이들이 지내도록 내버려두어라."** 예수님의 이 말씀을 들은 제자들은 어떤 느낌이었을까요? 아마 예수님이 왜 이렇게 말씀하시는지 그 의미를 생각하는 제자보다는 먼저 서운하다고 여길 수 있습니다. 그런데 예수님께서 이렇게 말씀하신 이유는 일상 안에서 주님을 바라보는 데 마음을 빼앗는 모든 것에서 마음을 돌이켜 주님만을 바라볼 수 있는 힘을 기르라는 뜻입니다.

　　우리는 살아가다 보면 주님을 따른다고 말은 하지만 나의 상황에 따라 주님의 뜻을 뒤로 놓을 때가 있습니다. 이런 우리에게 주님께서는 당신을 바라보는 데 방해되는 것들에서 마음을 돌이켜 주님만을 바라보도록 노력하라는 말씀으로 이해됩니다. 우리의 삶에서 온전히 주님을 바라보는 게 쉽지 않습니다. 하지만 주님 안에 영원한 생명이 있음을 깨닫는다면 주님의 것을 바라보고자 하는 노력을 게을리하지 않을 것입니다. 주님의 것보다 세상의 것이 더 복되다고 말하는 이때 주님의 목소리에 귀를 기울이고 따라 살아가는 우리 모두가 되기를 성부와 성자와 성령의 이름으로 기도드립니다. 아멘.

나만의 복음밥

- 재　료 :
- 레시피 :
- 고　명 : 매일미사 (　), 복음묵상 (　), 성체조배 (　), 묵주기도 (　)
- 복음밥 :

250701 | 연중 제13주간 화요일

재 료 : 마태 8,25
레시피 : "주님, 구해 주십시오. 저희가 죽게 되었습니다."

우리가 읽는 시편은 다윗이 하느님께 드린 찬미와 탄원과 간구가 시의 형식으로 들어있는 것입니다. 그중에서 상당 부분을 차지하고 있는 내용은 탄원입니다. 본인 스스로의 힘으로 어떻게든 해보려고 노력하다가 쓰러지고 넘어져서, 일어날 힘이 없을 때 하느님께 간절히 청하고 그분이 그 간구를 들어 구해주시는 내용입니다. 그래서 힘이 들 때 육신과 영혼이 괴로운 상황일 때 시편을 읽어보면 위대한 왕이라고 불리는 다윗도 인간적으로 지극히 부족했으며 그 부족함이 나와 비슷한 것을 느낄 수 있습니다. 구약에 다윗이 있었다면 신약에는 제자들이 예수님 앞에서 인간적으로 부족한 모습을 보여줍니다.

오늘 복음에서 제자들은 예수님께서 배에 오르자 철이 자석에 붙듯 배에 따라 오릅니다. 배가 얼마나 갔을까?...호수에 풍랑이 일어 배가 파도에 뒤덮이게 되었습니다. 이 정도의 풍랑이라면 배 안에 있는 사람은 혼비백산이 되어서 당황했을 것입니다. 그런데도 주님께서는 아무 일이 없다는 듯 주무시고 계십니다. 이런 예수님께 제자들이 다가와 간절히 청합니다. "주님, 구해 주십시오. 저희가 죽게 되었습니다." 신앙생활을 하다 보면 하느님이 계심을 알면서도 하느님이 계시다는 것을 종종 잊어버리고, 자신이 하고 싶은 행동을 하는 경우가 있습니다. 그런 우리들에게 주님께서는 풍랑을 경험하게 하십니다. 그 풍랑을 통해 우리는 나약하고 부족하며, 약한 사람이라는 생각을 하게 됩니다. 그리고 주님께 도움을 청하면 주님께서는 다음과 같이 말씀하십니다. "왜 겁을 내느냐? 이 믿음이 약한 자들아!" 주님의 말씀을 통해 믿음이 없는 것이 아니라, 자신의 교만과 불신과 나약함으로 잠시 약해졌음을 알게 됩니다. 오늘 하루 우리 의 모든 것이 주님에게서 나오며 주님을 통해 모든 것을 할 수 있음을 믿고 고백하는 하루가 되기를 성부와 성자와 성령의 이름으로 기도드립니다. 아멘.

나만의 복음밥

📖 재 료 :

🥣 레시피 :

🔔 고　명 : 매일미사 (　), 복음묵상 (　), 성체조배 (　), 묵주기도 (　)

🍚 복음밥 :

250702 | 연중 제13주간 수요일

재   료 : 마태 8,34

레시피 : "온 고을 주민들이 예수님을 만나러 나왔다. 그들은 그분을 보고 저희 고장에서 떠나가 주십사고 청하였다."

살아가다 보면 여러 사람을 만나게 됩니다. 아무 조건 없이 다가와서 자신의 행복한 부분을 나누고 이웃이 기뻐하는 모습만 봐도 좋아하는 사람, 필요한 게 있을 때만 다가와 자신이 필요한 부분을 취하고 나면, 사라졌다가 필요한 게 또 생기면 다시 찾아와 아무 일 없었다는 듯 또 요구하는 사람, 기도하면서 가만히 돌아보니 나에게도 위의 모습보다는 아래의 모습이 더 많이 있었다는 것을 깨닫게 됩니다.

사람과의 관계에서도 그렇지만, 하느님과 관계를 맺으며 하느님에 대해서 그런 모습이 더 많았음을 보게 되었습니다. 내가 아프거나, 가족이 아프거나, 누군가가 힘들어하거나, 돈이 급하게 필요한데 구할 길이 없고, 막막하고 힘이들면 성전에 찾아와 하느님께 기도를 드립니다. 그러면 주님께서는 우리의 기도를 들어주시고, 하나하나 해결해 주시는 은총을 주십니다. 그다음에도 평상시처럼 주님을 찾고 더 열심히 기도해야 함에도 내가 원하는 것을 취했으니 더 이상 기도하지 않는 모습을 봅니다. 그러다가 또 기도가 필요해지면 청을 드리고 내가 원하는 방법대로 되지 않으면 주님을 원망하는 모습을 보게 됩니다. 이런 모습은 우리만이 아니라 예수님 시대의 사람들에게서도 볼 수가 있습니다.

오늘 복음에서 고을 주민들은 마을에 피해를 주는 마귀 들린 사람을 쫓아내 주시기를 원했습니다. 예수님께서 마귀를 돼지 떼에 넣어서 처리해 주자, 사람들은 예수님께 감사하기는커녕 마을을 떠나주십사 청하는 모습을 볼 수 있습니다. 기도는 우리가 하는 것이고 그것을 완성하시는 분은 주님이십니다. 우리는 주님이 필요할 때만 기도하면서, 들어주시는 분께는 방향까지 정해달라고 하는 것은 교만이라는 생각이 듭니다. 우리가 해야 할 일은 늘 한결같은 마음으로 주님께 기도를 드리고, 주님, 당신께서 원하시는 방법대로 이루어주시기를 청하며 바라는 마음을 갖는 것이 중요하다고 생각합니다. 그렇게 주님께 온전히 우리를 내어드리며 주님의 말씀을 듣고 실천하는 우리 모두가 되기를 성부와 성자와 성령의 이름으로 기도드립니다. 아멘.

나만의 복음밥

- 재 료 :
- 레시피 :
- 고 명 : 매일미사 (   ), 복음묵상 (   ), 성체조배 (   ), 묵주기도 (   )
- 복음밥 :

250703 l 성 토마스 사도 축일

재　료 : 요한 20,26

레시피 : "여드레 뒤에 제자들이 다시 집 안에 모여 있었는데, 토마스도 그들과 함께 있었다. 문이 다 잠겨 있었는데도 예수님께서 오시어 가운데에 서시며, "평화가 너희와 함께!" 하고 말씀하셨다."

지난번 혼배미사에 초대받아서 참석하게 되었습니다. 평소에 아는 분의 아드님이라 참석하여 축하해 주고 싶었습니다. 주례 신부님은 따로 계시고 뒤에서 공동 집전을 하면 되는 것이기에, 큰 긴장은 하지 않고 성당으로 향했습니다. 제의실에서 인사를 나누는데 주례 신부님께서 이렇게 말씀하셨습니다. "강론을 특별히 준비 안 했으니까 여기 온 신부들이 한 말씀씩 하세요." 주례 신부님의 말씀을 듣고부터 얼마나 심장이 떨리던지 준비되지 않은 이야기를 어떻게 해야 할지 걱정이 되었습니다. 잘 알지도 못하는 사람에 대해 아무런 준비 없이 이야기하는 게 너무나 어렵게 느껴졌습니다. 복음 낭독이 끝나고 그곳에 온 신부들이 한 명 한 명 앞으로 나가서 한 말씀(?)씩 하기 시작했습니다. 드디어 제 차례가 되어서 앞에 나가며 신랑, 신부의 얼굴을 보았는데, 저를 향해 씽긋 웃고 있는 두 분의 모습에 마음이 편안해지며 나도 모르게 준비한 것처럼 이야기가 술술 나왔습니다.

오늘 복음에서 예수님께서는 당신의 부활을 의심하는 토마스에게 나타나십니다. 특히 토마스의 마음이 얼마나 완고하게 닫혀 있는지 복음은 이 상황을 다음과 같이 설명합니다. **"여드레 뒤에 제자들이 다시 집 안에 모여 있었는데, 토마스도 그들과 함께 있었다. 문이 다 잠겨 있었는데도 예수님께서 오시어 가운데에 서시며, "평화가 너희와 함께!"**

하고 말씀하셨다." 남들은 다 보았다고 하는데 자신만 예수님을 못 본 토마스의 마음은 어떠했을까요? 그를 향해 의심이 많다고 했는데 그 의심은 불안에서 나왔다는 생각이 듭니다. 불안함이 가득하면 마음에 평화가 깨지고 마음에 평화가 깨지면 의심이 그 틈을 파고듭니다. 문이 다 잠겨 있는 토마스의 마음에 예수님께서 들어가시어 평화를 주고자 하십니다. 신앙에 있어서 의심이 든다면 우리 마음에 불안함을 바라보고 평화를 깨는 부분이 보인다면 그 마음 안으로 주님을 초대해 봅시다. 우리 마음에 들어오신 주님께서 환하게 웃어주시며 인사하시는 순간 마음속 불안은 평화가 되고 의심이 걷히며 주님을 보게 될 것입니다. 주님을 마음에 품고 의심을 버리고 믿는 우리 모두가 되기를 성부와 성자와 성령의 이름으로 기도드립니다. 아멘.

나만의 복음밥

재 료 :
레시피 :
고 명 : 매일미사 (   ), 복음묵상 (   ), 성체조배 (   ), 묵주기도 (   )
복음밥 :

250704 | 연중 제13주간 금요일, 또는 포르투갈의 성녀 엘리사벳

재　료 : 마태 9,9
레시피 : "나를 따라라"

　　예수님께서 제자를 부르실 때 보이는 모습은 완벽한 사람이 아니라, 완전해질 가능성이 있는 사람을 찾는 것을 볼 수 있습니다. 다 가지고 있어서 하느님을 하나 더 갖는 것에 만족하는 사람이 아니라, 하느님 하나로서 충분히 만족할 사람을 찾아, 죄를 씻어 그의 빛나는 부분을 찾아주고, '네가 빛나는 사람이니 모든 이의 빛이 될 것'이라는 자부심을 심어주시는 것을 볼 수 있습니다. 결국, 그들은 교회에 어려움이 닥쳐 많은 이들이 교회를 떠날 때 홀로 남아 하느님을 증거했습니다.

　　오늘 복음에 나온 사도 마태오도 예수님이 찾으신 옥석이었습니다. 그는 세리로서 같은 민족에게 세금을 걷어다가 로마인에게 가져다주어, 유대인들에게는 죄인으로 불린 사람입니다. 세상 사람들의 눈에는 어디에도 쓸 수 없는 먼지 낀 도구처럼 보였지만 예수님께서는 마태오 안에 반짝이는 빛을 보셨습니다. 그러기에 그를 보시고 **"나를 따라라"** 하고 부르셨고, 그는 한 치의 망설임도 없이 주님을 따라나섰습니다.

　　마태오의 진가는 예수님께서 부활하고 승천하신 뒤에 나타났습니다. 곧이어 불어닥친 로마의 박해에 마태오는 교회와 신자들을 위해 무슨 일을 해야 할까 고민을 했습니다. 그 고민으로 마태오는 '당신들이 지금 박해를 받고 있지만, 예수님께서 늘 우리와 함께 계신다.'라는 주제의 글을 썼고, 그것이 우리가 알고 있는 마태오복음이 되어 오늘날까지도 주님을 증거하고, 우리들의 믿음을 돋우어 주고 있습니다. 사람을 만나 일을 하는 데 있어, 완벽한 사람은 없습니다. 그럼에도 우리는 무슨 일을 할 때 완벽한 사람을 찾으려 하다가 모든 것을 잃게 되는 경우를 많이 봅니다. "나는 의인이 아니라 죄인을 부르러 왔다." 완벽한 사람이 아니라 완전하게 될 수 있는 사람을 찾으신 예수님을 본받아, 주님의 눈으로 사람을 볼 수 있는 우리가 되기를 성부와 성자와 성령의 이름으로 기도드립니다. 아멘.

나만의 복음밥

- 재　료 :
- 레시피 :
- 고　명 : 매일미사 (　), 복음묵상 (　), 성체조배 (　), 묵주기도 (　)
- 복음밥 :

250705 | 한국 성직자들의 수호자 성 김대건 안드레아 사제 순교자

📖 재　료 : 마태 10,19

🍲 레시피 : "사람들이 너희를 넘길 때, 어떻게 말할까, 무엇을 말할까 걱정하지 마라. 너희가 무엇을 말해야 할지, 그때에 너희에게 일러 주실 것이다."

　순교자에 관련된 글을 보다가 순교의 순간이 적힌 내용을 읽어 보면, 정말 그 순간에 하느님을 담대히 전하는 모습이 경이롭게 느껴집니다. 사대문 안에서는 사람을 죽일 수 없기에 그들은 꼬리에 꼬리를 물고 성 밖으로 걸어 나갑니다. 그들의 걸음을 바라보는 사람들에게 수도 없는 비아냥을 들으며 그들은 걸어갑니다. 순교 장소에 도착하면 순교자들의 죄명을 읽고 곧이어 4명에서 5명이 되는 망나니들은 날이 무딘 칼을 들고 술에 취해 비틀거리며 순교자들의 주위를 돕니다. 그 순간에도 순교자들은 당황하지 않고 자신들의 신앙을 지키는 말들을 남겼습니다.

　순교자 최경환 프란치스코는 이렇게 말씀하셨습니다. "형제들, 용기를 내시오. 주의 천사가 손에 금으로 된 자를 쥐고 당신들의 모든 발걸음을 재고 세고 하는 것을 보시오. 우리 주 예수 그리스도께서 당신들 앞장을 서서 십자가를 지고 갈바리아로 나아가시는 것을 보시오." 순교자 김종한은 다음과 같이 말씀하셨습니다. "사람이 무엇 하러 이 세상에 태어났습니까. 사람의 가장 큰 도리는 천주를 공경하고, 자기 영혼을 구하고, 천국을 얻는 것입니다. 만약에 이 큰 본분을 채우지 않고 세월을 허송한다면, 살아서 무엇 하겠습니까."

　오늘 복음에서 예수님께서는 당신으로 인해 수난을 맞이할 제자들에게 다음과 같이 말씀하십니다. "사람들이 너희를 넘길 때, 어떻게 말할까, 무엇을 말할까 걱정하지 마라. 너희가 무엇을 말해야 할지, 그때에 너희에게 일러 주실 것이다." 오늘 축일을 지내는 김대건 안드레아 신부님 또한 죽음을 앞둔 순간 남아 있는 사람들에게 용기를 돋워주는 말씀을 남겨주셨습니다. "이 세상의 모든 것은 천주의 명령으로 이루어지는 것이고 모든 것이 천주께로부터 오는 상이나 벌입니다. 박해까지도 그의 허락으로만 오는 것이니 참을성 있게 또 천주를 위하여 견디십시오." 세상에 의미 없는 고통은 없습니다. 그 의미를 주님에게서 찾는다면 주님께서는 담대히 그 순간을 이겨낼 힘을 주실 것입니다. 순교 성인들의 증거와 신덕을 본받고 살아가고 기도하는 우리 모두가 되기를 성부와 성자와 성령의 이름으로 기도드립니다. 아멘.

나만의 복음밥

- 재 료 :
- 레시피 :
- 고 명 : 매일미사 (   ), 복음묵상 (   ), 성체조배 (   ), 묵주기도 (   )
- 복음밥 :

250706 | 연중 제14주일

재　　료 : 루카 10,20

레시피 : "더러운 영들이 너희에게 복종하는 것을 기뻐하지 말고, 너희 이름이 하늘에 기록된 것을 기뻐하여라"

저는 영웅이 나오는 영화를 좋아합니다. 그래서 어벤져스라는 영화를 다 봤습니다. 근 10여년 간의 일정에 결말이 났는데, 중심이 되는 주인공인 아이언맨이 자신을 희생하며 세상을 구하는 것으로 끝을 맺었습니다. 아이언맨은 무기 거래상을 하며 막대한 재산을 모아 그것으로 자신의 잘난 맛에 세상을 살던 사람이었습니다. 그런데 자신이 판 무기가 세상을 구하는 것이 아니라 나쁜 사람들이 세상을 더 어지럽히는데 사용되고, 실제로 자신이 납치되어 죽을 위험에서 다른 이의 희생으로 간신히 탈출하여 아이언맨으로 각성하게 됩니다. 하지만 아이언맨으로 활동하며 점점 자신이 왜 그렇게 살아야 하는지, 자신이 가지고 있는 힘이 어디에서 오는지 고민하는 내용이 이어집니다. 결국, 그는 아이언맨의 힘으로 악당들이 자신에게 복종하는 것이 아니라, 자신의 그 힘이 선한 곳에서 온다는 것을 이해하고 자신을 희생할 때 비로소 그 힘이 완전해진다는 것을 깨닫습니다. 그러기에 그는 자신을 희생함으로써 세상을 구합니다.

우리도 세례를 받음으로써 주님께 넘치도록 많은 은혜를 받습니다. 그 은혜는 눈에 보이지 않지만, 우리를 살아 움직이게 하고 우리를 은총 속에 머물게 합니다. 하지만 어느 순간 주님이 아니라 내가 힘의 주인공이 되려고 할 때 우리는 주님이 계신지 안 계신지에 대한 고민에 빠지게 되고 주님을 멀리하게 됩니다. 이런 우리들에게 주님께서는 이렇게 말쏨하십니다. "더러운 영들이 너희에게 복종하는 것을 기뻐하지 말고, 너희 이름이 하늘에 기록된 것을 기뻐하여라"

우리 안에 머물고 있는 힘이 어디에서 오는지 바라보는 한 주가 되셨으면 좋겠습니다. 주님에게서 오는 은총이 우리를 신앙의 아이언맨이 되게 도와주실 것이며, 각자의 삶에서 작은 희생을 통해 사랑을 실천하면 히어로가 되게 허락하실 것입니다. 주님의 명령을 세상에 전하는 히어로가 되기를 성부와 성자와 성령의 이름으로 기도드립니다. 아멘.

나만의 복음밥

재 료 :
레시피 :
고 명 : 매일미사 ( ), 복음묵상 ( ), 성체조배 ( ), 묵주기도 ( )
복음밥 :

250707 | 연중 제14주간 월요일

📖 재　료 : 마태 9,22
🍲 레시피 : "딸아, 용기를 내어라. 네 믿음이 너를 구원하였다."

　모래내 성당은 인천시 한가운데에 있습니다. 2008년, 모래내 시장 주위의 4개의 성당에서 일부씩 분가하여 하나의 성당이 되었습니다. 그때 당시 모였을 때는 아이들이 80여 명이 될 정도로 많이 있었습니다. 시간이 흐르고 지금은 초등학생 4명, 중·고등학생 7명이 있습니다. 작년에 왔을 때도 이 인원이었는데, 올해도 이 인원, 아니 더 줄어들고 있습니다. 원인을 분석해보니 우선 지역적으로 인구 유출이 심각한 것이 문제였습니다. 학년별로 한 명씩밖에 없기에 또래 문화를 느낄 수도 없습니다. 나름대로 노력하고 있기는 하지만, 미사에 아이들이 휴가를 가거나 학원의 일정으로 별로 나오지 않은 상태에서 초중고 다해서 10명을 앞에 놓고 미사를 할 때면 '무엇을 얼마나 더 해야 하나?' 하는 답답함이 생기곤 합니다.

　이런 제 모습이 오늘 복음을 묵상하는 하혈병을 앓는 여인과 마음이 비슷했습니다. 헌혈만 해도 기력이 없고 피곤하고, 힘든데 12년간 피를 쏟는 병에 얼마나 힘들었을까요? 그녀는 병을 앓으면서도 한 번도 자신의 병이 치유되지 않을 거라는 것은 생각조차 하지 않았습니다. 기도하고, 청하고, 바라고 믿으면 치유될 것이라고 믿었습니다. 그런 그녀의 믿음을 보시고 예수님께서는 다음과 같이 말씀하십니다. "딸아, 용기를 내어라. 네 믿음이 너를 구원하였다." 주님의 일을 하면서 자꾸 단기간에 결과가 나오기를 바라곤 합니다. 그런 생각을 피하고 믿고 기도하면 될 것이란 확신을 갖고 살겠다고 하면서도 의심이 들어 가끔 쓰러지곤 합니다. 하혈병을 치유 받은 여인의 믿음처럼 한결같은 믿음, 항구한 믿음이 우리를 구원으로 이끌기를 성부와 성자와 성령의 이름으로 기도드립니다. 아멘.

나만의 복음밥

- 📖 재 료 :
- 🥣 레시피 :
- 🔔 고 명 : 매일미사 ( ), 복음묵상 ( ), 성체조배 ( ), 묵주기도 ( )
- 🍚 복음밥 :

250708 | 연중 제14주간 화요일

재　　료 : 마태 9,37
레시피 : "수확할 것은 많은데 일꾼은 적다."

　　지난번 다큐멘터리를 보고 있는데, 북극에서 썰매를 끄는 개들의 이야기가 나왔습니다. 썰매 주인은 썰매를 끌기 위해 개들의 자리 배치를 하는데, 경험이 많은 개는 앞줄에, 경험이 없는 개는 뒷쪽에 배치하는 것이었습니다. 그리고는 썰매가 앞으로 나아가기 시작했는데 신기한 것을 발견했습니다. 그것은 다 같이 열심히 썰매를 끌 줄 알았는데 열심히 썰매를 끄는 개가 있는 반면, 썰매를 끄는 척하면서 힘을 안 주고 있는 개들도 있었습니다.

　　그 모습을 보면서 신학교 때의 모습이 생각났습니다. 공동과제를 가지고 수업을 할 때 저는 모두가 마음을 모아 함께 그 과제를 완성할 줄 알았습니다. 그런데 과제를 하다 보면 결국 일하는 사람만 일하고 요령을 피우는 사람은 이리저리 잘 피해 다니다가 결국 이름만 올리며 과제를 날로 먹는 모습을 봅니다.

　　오늘 복음에서 예수님께서는 고을과 마을을 두루 다니시며, 복음을 선포하시고, 허약한 이들과 병자를 모두 고쳐 주십니다. 그리고 제자들에게 이렇게 말씀하십니다. **"수확할 것은 많은데 일꾼은 적다."** 이 말씀인즉, 복음을 전할 곳은 많은데 진심으로 복음을 전하는 사람은 적다는 뜻으로 말씀하시는 것입니다. 주님의 뜻을 이루기 위해 성당에 모여 기도와 봉사하는 모습을 보면 이 안에서도 열심히 하는 사람과 덜 열심히 하는 사람이 눈에 들어옵니다.

　　모두가 열심히 할 수는 없습니다. 그래도 이 글을 읽는 분들은 마음을 돌이켜 주님의 나라를 이 땅에 완성하기 위해 조금 더 노력해 보기를 바라봅니다. 주님의 나라는 멀리 있는 것이 아니라, 우리가 주님의 뜻을 이루고자 하는 사람이 많아질 때 눈앞에서 완성할 수 있을 것입니다. 오늘 하루 복음이 세상에 전달되기 위해 다른 이가 이루어주겠지, 하고 뒤로 물러서는 것이 아니라 적극적으로 주님의 뜻을 완성하는 우리 모두가 되기를 성부와 성자와 성령의 이름으로 기도드립니다. 아멘.

나만의 복음밥

재 료 :
레시피 :
고 명 : 매일미사 ( ), 복음묵상 ( ), 성체조배 ( ), 묵주기도 ( )
복음밥 :

250709 | 연중 제14주간 수요일 또는 성 아우구스티노 자오룽 사제와 동료 순교자

재　료 : 마태 10,1

레시피 : "그들에게 더러운 영들에 대한 권한을 주시어, 그것들을 쫓아내고 병자와 허약한 이들을 모두 고쳐 주게 하셨다."

　　신학적인 용어로 인효성과 사효성이 있습니다. 이 용어가 나오게 된 배경은 다음과 같습니다. 초기 교회 때 로마의 박해를 받으며 많은 성직자가 배교했습니다. 박해의 시대가 끝나고 자유의 시대가 왔을 때 배교했던 성직자들이 교회로 돌아왔고, 그들이 베푸는 성사가 효과가 있느냐 없느냐에 대한 문제가 심각해졌습니다. 결론은 인간이 육신과 영혼이 아무리 더러워도 성사와 미사는 인간을 대리자로 하느님께서 하시는 것이기에 은총은 그대로 유지된다는 사효성이 인정되었고, 배교자들을 사랑으로 품게 되었습니다. 인효성은 칠성사가 아니라 준성사에 해당하는 것으로 준성사를 집행하는 사람의 정성이나, 준성사를 받는 사람의 마음에 따라 그 은혜가 다르다는 것입니다. 좀 더 쉽게 이야기하면 사효성은 수도꼭지의 물을 틀기만 해도 물이 나오는 것과 같은 것이고, 인효성은 그림을 그릴 때 종이의 질감과 상태 그리고 그리는 사람의 실력에 따라 모양이 달라지는 것과 같습니다.

　　오늘 복음에서 예수님께서는 열두 제자를 파견하시며 다음과 같은 능력을 주십니다. "**그들에게 더러운 영들에 대한 권한을 주시어, 그것들을 쫓아내고 병자와 허약한 이들을 모두 고쳐 주게 하셨다.**" 주님께서는 사제로서 나를 불러주시고, 오늘도 당신의 도구로 나를 사용하십니다. 주님께서는 신자들도 당신의 날개 아래로 부르시어 제자로 삼아주시고 힘을 주시어 세상으로 파견하십니다. 그 파견에 앞서 마음속에 어떤 것들이 남아 있는지 바라봐야 합니다. 우리는 은총의 통로로서 주님의 은총을 세상으로 잘 흐르게 하기 위해 부족하고 모자란 부분을 치우며 주님의 제자로서 은총을 증거하는 우리 모두가 되기를 성부와 성자와 성령의 이름으로 기도드립니다. 아멘.

나만의 복음밥

- 재 료 :
- 레시피 :
- 고 명 : 매일미사 (   ), 복음묵상 (   ), 성체조배 (   ), 묵주기도 (   )
- 복음밥 :

250710 | 연중 제14주간 목요일

재　료 : 마태 10,10
레시피 : "일꾼이 자기 먹을 것을 받는 것은 당연하다."

　　예전에 평화방송의 미사 촬영을 위해 서울에 다녀왔습니다. 지난 1월, 제가 해야 한다는 이야기를 듣고 잊고 지냈는데, 방송 미사 담당 수녀님께 이번 주에 와야 한다는 얘기를 듣고 정신이 번쩍 났습니다. 미사에 관련된 강론 준비를 해서 1시 반까지 서울을 갈 생각을 하니 짜증이 났습니다. 본당의 10시 미사를 마치고 부랴부랴 짐을 챙겨 서울로 갔습니다. 2시간이나 걸려 도착하니 기운도 빠지고 이게 뭐 하는 것인가 싶었습니다.

　　1시 반 촬영을 앞두고 뭐라도 먹어야 기운이 날 것 같아서 돈까스 덮밥을 파는 집에 들어갔습니다. 입구에 들어서며 "안녕하세요"라고 인사를 하니 나와 눈이 마주친 주인 같아 보이는 분이 정중히 목례를 하는 것이었습니다. 돈까스 덮밥을 주문했고, 맛있게 먹으며 기운을 보충하고 있는데, 제 앞에 작은 그림자가 드리웠습니다. 고개를 들어보니 주인아저씨였고, 제 식탁에 무엇인가를 놓으시며 이렇게 말씀하셨습니다. "신부님 저는 명동성당을 다니는 신자입니다. 저의 가게에 들어오시는 신부님의 얼굴이 지쳐 보이기에 뭐라도 힘이 되어드리고 싶어서 저희 가게의 별미인 '닭 껍질 튀김 만두'를 서비스로 드립니다. 부담 갖지 말고 드셔요." 사장님의 말씀과 서비스 덕에 서울로 향하며 불편했던 저의 마음은 눈 녹듯이 녹았고, 방송 미사를 힘차게 잘 마무리할 수 있었습니다.

　　오늘 복음에서 예수님께서는 제자들을 파견하시며 다음과 같이 말쓸하십니다. "일꾼이 자기 먹을 것을 받는 것은 당연하다." 주님께서는 당신의 일을 하는 우리 모두를 위해 선물을 준비해 놓고 계십니다. 하지만 삶이 지치고, 힘들어 주님의 선물을 알아보지 못하고, 때로는 하기 싫어 그 일들을 피하고자 합니다. 그러다 보니 주님께서 준비해 주신 선물이 눈앞에 있어도 보지 못하는 경우가 생기는 것입니다. 혹시 주님께 받은 일과 사명이 있다면 나의 사정을 살피는 것도 중요하지만, 주님의 일을 먼저 해보는 용기를 가져보았으면 좋겠습니다. 그런 마음의 자세로 살아간다면 주님께서 숨겨 두신 서비스 받는 재미에 폭 빠질 것입니다. 주님의 말씀을 실천하고 은총을 체험하는 우리 모두가 되기를 성부와 성자와 성령의 이름으로 기도드립니다. 아멘.

나만의 복음밥

재 료 :
레시피 :
고 명 : 매일미사 (   ), 복음묵상 (   ), 성체조배 (   ), 묵주기도 (   )
복음밥 :

250711 | 성 베네딕토 아빠스 기념일

📖 재　료 : 마태 10,16
🥣 레시피 : "뱀처럼 슬기롭고 비둘기처럼 순박하게 되어라."

　사제 서품을 받고 난 뒤에 동기들과 함께 박찬용 신부님을 찾아 뵌 적이 있습니다. 신부님께서는 함께 미사를 봉헌하고 난 뒤, 이런 말씀을 해주셨습니다.

　"나는 너희가 뱀처럼 슬기롭고 비둘기처럼 순박했으면 좋겠어. 성당에 가면 너희의 순수함을 보고 그 순수함을 지켜주기 위해 노력하는 신자들도 있어. 그들의 모습은 소중하니 힘들 때면 그들을 위해서 산다고 생각해. 반면에 너희의 순수함을 깨트리고, 흔들려고 하는 사람들도 있어. 그들 중에는 자의로 그러는 사람도 있고, 타의로 그러는 사람도 있어. 양의 모습을 한 이리와 같은 신자가 보인다면, 상처받지 않게 잘 피해야 해. 내가 성경 공부를 하며 이해한 뱀과 비둘기의 특성은 다음과 같아. 뱀과 같은 슬기로움은 어려운 상황일 때 상대를 물고 같이 죽으려는 생각보다는 구렁이 담 넘어가듯, 너의 감정을 드러내지 않고 평정심을 유지하라는 뜻이야. 비둘기같이 순박해지라는 것은 길을 가다가 비둘기는 차가 오든 사람이 오든 어떻게 하지? 사람과 차에 맞서려고 하지 않고, 다가오면 스리슬쩍 날아가잖아. 그리고 사람과 차가 가면 다시 원하는 자리에 오고, 그런 모습을 가지라는 거야. 신자들과 맞서려고 하지 마! 그냥 잠깐 피해서 날아갔다가 다시 날아와서 그 자리에 오면 돼. 그렇게 나는 너희가 뱀과 같은 슬기로움과 비둘기 같은 순박함으로 상처받지 않고, 무너지지 않고, 사제생활을 잘하기를 바랄게".

　신부님의 이 말씀은 마음속에 남아서 지금도 어려운 일을 겪을 때

지혜가 되어줍니다. 신앙생활을 하다 보면 세상 사람들이 우리를 세상의 방법으로 괴롭힐 때가 있습니다. 그럴 때 그들에게 맞서지 말고, 뱀과 같은 슬기로움과 비둘기 같은 순박함을 가지기를 바랍니다. 그것들을 마주하여 맞서 앞으로 나아가는 것보다, 슬기롭게 피하고 순박함으로 웃어보는 것, 그것이 더 복되게 어려운 상황을 극복할 수 있을 것입니다. 오늘 하루 주님의 가르침을 마음에 새기고 실천하며 살아가는 우리 모두가 되기를 성부와 성자와 성령의 이름으로 기도드립니다. 아멘.

나만의 복음밥

- 재 료 :
- 레시피 :
- 고 명 : 매일미사 (   ), 복음묵상 (   ), 성체조배 (   ), 묵주기도 (   )
- 복음밥 :

250712 | 연중 제14주간 토요일

📖 재　　료 : 마태 10,27

🍲 레시피 : "내가 너희에게 어두운 데에서 말하는 것을 너희는 밝은 데에서 말하여라. 너희가 귓속말로 들은 것을 지붕 위에서 선포하여라."

　'가족 모두가 신앙생활을 한다면 얼마나 좋을까요?' 냉담하는 사람 없이 함께 하느님의 성전으로 가서 주님을 섬긴다면 그보다 더 좋은 일은 없을 것입니다. 하지만 집마다 한두 명씩 냉담하는 사람이 꼭 있습니다. 제 동생과 제수씨도 결혼하기 전에 교리교사도 하고 열심히 신앙생활을 했는데, 삶이 바쁘다 보니, 냉담을 하게 되었고, 아이들이 첫영성체하면 좋아질까 했지만, 그때만 가고 함께 냉담을 이어갔습니다. 명절이나, 틈틈이 성당에 가보는 게 어떨지 이야기를 해봐도, "바쁜 것 끝나면 갈게요."라는 답에 더는 잔소리를 하지 않습니다. 그런데 신기한 건 자신들이 힘들거나, 잘돼야 하는 일이 있을 때는 꼭 기도해 달라는 이야기를 합니다. 처음에는 그 말에 "너희가 직접 기도해"라고 답을 했는데, 요즘은 그들을 위해 기도합니다. 왜냐하면, 제가 기도라는 거울을 통해 주님의 빛을 동생네 가족에 비춘다면 언젠가 하느님을 보러 나오지 않을까 싶기 때문입니다.

　오늘 복음에서 예수님께서는 제자들에게 말씀을 선포할 사명을 주시고 파견하시며 하시는 말씀이 나옵니다. "아무것도 지니지 않고 떠나는 발걸음이 얼마나 두려울까요?" 그런 제자들의 마음속에 주님께서는 다음과 같이 말씀하십니다. **"내가 너희에게 어두운 데에서 말하는 것을 너희는 밝은 데에서 말하여라. 너희가 귓속말로 들은 것을 지붕 위에서**

선포하여라."

우리 각자의 관계 안에서 하느님을 멀리하는 사람이 있을 것입니다. 그 사람들이 우리가 주님의 복음을 선포해야 하는 사람들입니다. 그들에게 직접적인 이야기보다는 주님이라는 밝은 빛을 '기도'라는 거울을 통해 비춰줬으면 좋겠습니다. 그들이 그 빛을 통해 주님을 알고 주님을 보기 위해 성전으로 다가오기를 성부와 성자와 성령의 이름으로 기도드립니다. 아멘.

나만의 복음밥

- 재　료 :
- 레시피 :
- 고　명 : 매일미사 (　), 복음묵상 (　), 성체조배 (　), 묵주기도 (　)
- 복음밥 :

250713 ㅣ 연중 제15주일

📖 재　　료 : 루카 10,25
🍵 레시피 : "스승님, 제가 무엇을 해야 영원한 생명을 받을 수 있습니까?"

　사람의 마음이라는 것이 참 희한한 게 불행하고 슬퍼하고, 나보다 못난 사람들에게는 위로하고 격려해주는 마음이 큽니다. 그런데, 이상하게 잘 나가고 좋은 일이 많은 사람에게는 축하해주기보다는 시기하고 깎아내리려고 하는 마음이 더 생깁니다.

　저도 누군가가 잘 나가면 칭찬해주기보다는 이상하게 그의 모자란 부분을 찾아내려고 합니다. 돌아보면 그렇게 이야기한다고 해서 저에게 좋은 것이 없는데도, 제 마음에 뭔가 답답한 감정이 일어 제가 이루지 못한 것을 이룬 상대의 모습에 불편해합니다.

　오늘 복음에서 율법학자는 예수님께 여쭈어봅니다. **"스승님, 제가 무엇을 해야 영원한 생명을 받을 수 있습니까?"** 이 질문에 예수님께서는 다음과 같이 답하십니다. "네 마음을 다하고, 네 목숨을 다하고, 네 힘을 다하고, 네 정신을 다하여 주 너의 하느님을 사랑하고, 네 이웃을 너 자신처럼 사랑해야 한다."

　마음을 다하고 정신을 다하고 힘을 다하여 이웃을 네 몸과 같이 사랑하려면 자신의 마음에 상대의 좋은 점을 진심으로 기뻐해 줄 힘과 정신과 마음이 있어야 할 것입니다. 오늘도 주님께 청해 봅니다. 주님 저에게 이웃의 기쁨을 진심으로 기뻐하고 이웃의 슬픔을 진심으로 슬퍼할 수 있는 마음과 정신과 힘을 주소서. 그럼으로써 주님의 은총을 온몸으로 전하는 우리 모두가 되기를 성부와 성자와 성령의 이름으로 기도드립니다. 아멘.

나만의 복음밥

- 재　료 :
- 레시피 :
- 고　명 : 매일미사 (　), 복음묵상 (　), 성체조배 (　), 묵주기도 (　)
- 복음밥 :

250714 | 연중 제15주간 월요일, 또는 성 가밀로 데 렐리스 사제

재　료 : 마태 10,34

레시피 : "내가 세상에 평화를 주러 왔다고 생각하지 마라. 평화가 아니라 칼을 주러 왔다."

　　사람과의 관계가 깊어지다 보면 불편한 것을 피하고 싶은 순간을 만나게 됩니다. '이런 행동을 하면 저 사람이 불편할 텐데, 이런 말을 하면 저 사람이 힘들어할 텐데.' 이렇게 선을 지키는 것은 나쁜 것은 아니지만, 뭔가 불편한 상황이 생겼을 때 그것을 고쳤으면 하는 말을 하지 못하게 되는 경우를 만나게 됩니다.

　　그러다 보면 불편한 것을 참다가 관계가 끊어지거나 자신의 마음이 끊어질 것 같은 고통을 경험하곤 합니다. 그럼 어떻게 해야 관계를 잘하는 것일까요? 이것에 대해서 예수님께서는 다음과 같이 말씀하십니다. **"내가 세상에 평화를 주러 왔다고 생각하지 마라. 평화가 아니라 칼을 주러 왔다."**

　　예전에는 이 말씀이 이해가 되지 않았습니다. 평화가 칼보다 훨씬 좋은 건데 평화가 아니라 칼을 주러 왔다고 말씀하시는 것일까요? 그런데 살아가다 보니 평화보다는 끊어야 할 때 확실히 끊어 버리는 영적인 칼이 필요하다는 것을 느끼게 됩니다. 신앙생활 안에서도 평화를 추구하다 보면 상대의 잘못에도 눈을 감고 자신의 잘못에도 눈을 감으며 좋은 게 좋은 거라고 생각할 때가 생깁니다.

　　하지만 잘라야 할 때를 놓치고 자르지 못하면 익숙함이라는 줄에 걸려 고통의 수렁 속으로 빨려 들어가게 됩니다. 주님께서는 우리가 평화를 추구한다는 핑계로 죄의 불편함을 끊지 못하고 살아가는 것을 주님의 영적 칼로 자르고, 자유로워지기를 바라십니다.

주님을 믿는다는 것은 무작정 평화를 추구하는 것이 아닙니다. 주님의 것이 아닌 것을 잘라버리고, 가벼운 몸과 마음으로 주님을 찾는 것입니다. 주님께서 주신 영적인 칼로 불완전한 관계를 끊어버리고, 죄의 사슬을 끊어버리며 영적 자유로움을 체험하는 우리 모두가 되기를 성부와 성자와 성령의 이름으로 기도드립니다. 아멘.

나만의 복음밥

- 재　료 :
- 레시피 :
- 고　명 : 매일미사 (　), 복음묵상 (　), 성체조배 (　), 묵주기도 (　)
- 복음밥 :

250715 | 성 보나벤투라 주교 학자 기념일

📖 재　　료 : 마태 11,20

🍵 레시피 : "그들이 회개하지 않았기 때문이다."

　본당신부로 있으면서 이런저런 것들을 많이 봅니다. 미사 중에 핸드폰이 울리는 것, 캠핑 가는 복장으로 성당에 오는 것, 감실 앞에서 다리 꼬고 앉는 것 예전에 이것에 대해서 이렇게 돌려서 이야기했습니다. "성당에 오는 것이 추기경님과 만난다고 하면 어떻게 할까요? 분명 소중한 만남을 위해 핸드폰은 꺼둘 것이고, 집에서 제일 좋은 양복을 꺼내 입을 것이며, 단정한 자세로 앉아 있을 것입니다. 하지만 주님께서는 추기경님처럼 눈에 보이지 않기에 가끔은 성당 안에 있으면서도 하느님께서 안 계신 것처럼 핸드폰이 울리고, 반바지에 양말도 안 신고 와서 감실 앞에 다리를 꼬고 앉아 있는 것을 봅니다. 이럴 때면 '한마디 해야 하나?' 하다가 문득 이런 생각이 들었습니다. '지난 14년간 모래내 성당에 4명의 신부님이 지나가면서 이와 같은 이야기를 안 했을까?' 분명 엄청 혼내기도, 타이르기도, 조곤조곤 이야기하기도 했을 것입니다. 그런데도 여전히 핸드폰이 울리고, 캠핑 복장으로 성당을 오는 것을 보면 '바뀌기 힘들겠다.'는 생각이 듭니다.

　오늘 복음에서 예수님께서는 기적을 가장 많이 일으키신 고을들을 꾸짖기 시작하십니다. **그 이유는 그들이 회개하지 않았기 때문입니다.** 성당 안에서도 수도 없는 말씀을 들으면서도 변화하는 사람은 소수이고, 다수가 회개를 통한 변화를 어려워합니다. 그러기에 평소에 하던 대로 행동합니다. 저는 이런 행동을 보며 잔소리보다는 기도합니다. 성전에 들어오면 하느님의 공간 안에 들어왔음을 믿고 핸드폰을 끄고 들어오기를, 하느님의 공간을 청와대보다 더 크게 생각하기를, 단정하게 옷을 입음으로써 마음가짐을 새롭게 하기를 바랄 뿐입니다. 이런 기도와 바람을 통해 많은 신자분들이 회개의 마음으로 주님 대전 앞에 나와 은총의 월계관을 쓰는 우리 모두가 되기를 성부와 성자와 성령의 이름으로 기도드립니다. 아멘.

나만의 복음밥

재 료 :

레시피 :

고 명 : 매일미사 (   ), 복음묵상 (   ), 성체조배 (   ), 묵주기도 (   )

복음밥 :

250716 | 연중 제15주간 수요일, 또는 카르멜산의 복되신 동정 마리아

📖 재　　료 : 마태 11,25

🥣 레시피 : "아버지, 하늘과 땅의 주님, 지혜롭다는 자들과 슬기롭다는 자들에게는 이것을 감추시고 철부지들에게는 드러내 보이시니, 아버지께 감사드립니다."

　　오늘 복음을 이탈리아어 성경으로 보면 철부지라고 번역되지 않고 삐꼴리(piccoli) 즉, '작은 이들'로 번역됩니다. 그러면, 이 작은 이들이 의미하는 것은 무엇일까요? 성당에서 일하다 보면 사람들에게 직무를 부여하고 대표되는 사람들이 함께해 나가야 하는 일들이 생깁니다. 사람들을 추천받아 당사자를 만나 이야기를 나누며 봉사해 주십사고 청하면 두 가지 모습이 나옵니다. 한 가지는 다음과 같습니다. "제가 몸이 안 좋고, 하는 일이 바쁘고, 저보다 더 잘하는 사람이 많습니다"라고 하십니다. 하지만 그 말 이면에는 부딪히기 싫고, 상처받기 싫고, 시간 빼앗기기 싫고, 편하게 신앙생활을 하고 싶은 이기적인 마음에서 나오는 대답임을 보게 됩니다. 반면 봉사에 대한 청을 하면 "제가 아주 부족하지만 신부님이 도와달라고 하시니 한번 해보겠습니다."라고 두말없이 수락하시는 분도 계십니다. 그런데 신기한 건 여러 번 설득해서 수락하는 사람들보다 한 번에 하겠다고 하시는 분들이 끝날 때까지 묵묵히 일을 하십니다.

　　주님께서는 하늘나라의 신비를 누구에게 알려줄지 다음과 같이 말씀하십니다. "아버지, 하늘과 땅의 주님, 지혜롭다는 자들과 슬기롭다는 자들에게는 이것을 감추시고 철부지들에게는 드러내 보이시니, 아버지께 감사드립니다." 하늘나라의 신비는 자신의 안위를 챙기는 지혜로움과 슬기로움을 가지고는 볼 수 없습니다. 어디든 쓰일 수 있는 작지만, 큰 겸손을 지닌 분들을 통해 하늘나라의 신비가 드러나기도 하고 보이기도 합니다. 오늘 하루를 살아간다면 주님 앞에서 슬기롭고 지혜로운 척을 하는 것보다 주님 나라에 작은 이가 되기를 청하며 부르심에 응답하는 우리 모두가 되기를 성부와 성자와 성령의 이름으로 기도드립니다. 아멘.

나만의 복음밥

재 료 :

레시피 :

고 명 : 매일미사 (　), 복음묵상 (　), 성체조배 (　), 묵주기도 (　)

복음밥 :

250717 | 연중 제15주간 목요일

📖 재　료 : 마태 11,28-30

🥣 레시피 : "고생하며 무거운 짐을 진 너희는 모두 나에게 오너라. 내가 너희에게 안식을 주겠다. 나는 마음이 온유하고 겸손하니 내 멍에를 메고 나에게 배워라.

　멍에는 무엇일까요? 예전에 민속촌에 가서 본 적이 있지만 기억나지 않아서 사전을 찾아보니 다음과 같은 설명이 있었습니다. 멍에는 'ㅅ'자로 깎은 나무에 아래로 가죽끈을 대어 늘어뜨려 소나 말의 목에 넣어 고정해 움직이지 않게 하고, 멍에 옆으로 줄을 걸어 수레나 쟁기를 달아 일을 시키는 보조도구입니다. 소나 말이 평소에 자유롭게 다니다가 이 멍에를 쓰는 순간 소나 말은 자유를 잃고 주어진 일을 완수해야 잠시 벗겨지는 것입니다.

　세상에 태어난 우리는 이 멍에를 벗을 수 있을까요? 나는 죽을 때까지 벗을 수 없다고 봅니다. 세상이라는 굴레, 가족이라는 굴레, 직장이라는 굴레, 관계라는 굴레, 돈이라는 굴레, 하나를 벗으면 하나를 쓰고 또 하나를 벗으면 또 하나를 쓰는, 결코 벗을 수 없고, 매일 져야 할 굴레이기에 힘들고 지칠 때가 많습니다.

　이런 인간적인 어려움을 주님께서 아시기에 우리에게 다음과 같이 말씀하십니다. **"고생하며 무거운 짐을 진 너희는 모두 나에게 오너라. 내가 너희에게 안식을 주겠다. 나는 마음이 온유하고 겸손하니 내 멍에를 메고 나에게 배워라. 그러면 너희가 안식을 얻을 것이다. 정녕 내 멍에는 편하고 내 짐은 가볍다."** 주님께서는 세상이라는 굴레를 쓰고 살아가는 우리가 그 굴레를 가지고 주님께 다가오기를 바랍니다.

즉 하루에 지치고 힘들고 답답한 것이 있을 때 술이나, 친구, 오락을 향해 가지 말고, 성당으로 와서 미사에 참여하고 당신을 찾으라고 하시는 것입니다. 주님 앞에 다가온다면 세상의 멍에를 벗겨주시고, 하늘나라로 향해 가는 은총을 가질 수 있는 주님의 멍에로 바꿔주실 것입니다. 그러기에 힘든 가운데에서도 성당에 가 주님 앞에 서면 고통스러움이 가라앉고, 또다시 세상의 멍에를 질 수 있는 힘이 생기는 것입니다. 이번 한 주 주님이 주신 가벼운 멍에를 지고 은총을 향해 나아가는 우리 모두가 되기를 성부와 성자와 성령의 이름으로 기도드립니다. 아멘.

나만의 복음밥

재 료 :
레시피 :
고 명 : 매일미사 (   ), 복음묵상 (   ), 성체조배 (   ), 묵주기도 (   )
복음밥 :

250718 | 연중 제15주간 금요일

재 료 : 마태 12,7

레시피 : "'내가 바라는 것은 희생 제물이 아니라 자비다.' 하신 말씀이 무슨 뜻인지 너희가 알았더라면, 죄 없는 이들을 단죄하지는 않았을 것이다."

안식일을 히브리어로 하면 '사밧'이라고 합니다. 사밧의 뜻은 '멈추다'입니다. 그렇다면 무엇을 멈추는 것일까요? 하느님께서는 세상을 창조하시고 제7일에는 창조를 멈추셨습니다. 자신이 창조한 것을 바라보시며 기뻐하시기 위해서였습니다. 주님께서는 모세를 통해 이스라엘 백성을 이집트에서 이끌어내신 뒤에 일곱 번째 날에는 사밧, 즉 안식일을 지키며 멈춰 서서 '주님께서 자신들을 종살이에서 구해주신 순간을 기억하며 살아가라'는 의미를 되새겼습니다.

자신의 인생을 살아가며 안식일 즉, 잠시 멈춰서 주님의 뜻을 생각하는 것은 쉽지 않습니다. 친구들과 놀려면 주일밖에 없는데, 성당에 나가게 되면 만나기가 쉽지 않습니다. 사업을 하려면 주일에도 일을 해야 돈을 버는데 성당에 가면 그 돈을 벌지 못합니다. 회사에서 5일간 힘들게 일을 하여 주일에는 쉬고 싶은데 성당에 가면 쉬지 못한다는 생각이 드니 가지 않게 됩니다. 이처럼 자신의 시간으로 달려오다 단 하루 잠시 멈춰서 주님의 시간으로 들어가야 하는데 그것을 우리는 힘들어합니다.

오늘 복음에서 예수님께서는 우리가 왜 멈춰야 하는지 다음과 같이 말씀하십니다. "'내가 바라는 것은 희생 제물이 아니라 자비다.' 하신 말씀이 무슨 뜻인지 너희가 알았더라면, 죄 없는 이들을 단죄하지는 않았을 것이다." 우리가 주일에 쉬는 것은 노예가 아니라 사람이라는 것을 기억하는 것이고, 자신을 만드신 하느님께 감사를 드리기 위한 날입니다. 그런 감사를 드리기 위해 자신의 시간을 멈추고 주님의 시간으로 들어온다면 주님께서는 그 안에 자비를 넣어주실 것이며, 일터에서 가정에서, 만나는 사람들을 단죄하지 않게 될 것입니다.

멈춘다는 것은 대단한 용기가 필요한 일입니다. 하지만 자신의 시간을 멈추고 주님의 시간으로 들어간다면 주님께서 보여주시고자 하시는 것을 체험하게 될 것입니다. 주님께서 주시는 은총을 받아 자비로워지는 우리 모두가 되기를 성부와 성자와 성령의 이름으로 기도드립니다. 아멘.

나만의 복음밥

- 재 료 :
- 레시피 :
- 고 명 : 매일미사 (　), 복음묵상 (　), 성체조배 (　), 묵주기도 (　)
- 복음밥 :

250719 | 연중 제15주간 토요일

재 료 : 마태 12,21
레시피 : "민족들이 그의 이름에 희망을 걸리라."

　외국에서 공부를 시작하면서 즐거운 시간도 많았지만 고통스러운 순간도 많이 있었습니다. 특히 수업 때마다 인종차별적인 발언을 하며 시험을 볼 때마다 무시하는 말을 하여 사람을 주눅 들게 하는 교수가 있었는데, 한 학기 그 교수와 수업하며 고통스러웠고, 시험을 볼 때는 이탈리아 말을 못 한다고 어찌나 괄시하던지, 다 때려치우고 싶은 심정이 들었습니다. 역시 시험 점수도 보나 마나였고, 저도 모르게 그 교수에게 트라우마 비슷한 것이 생겨버렸습니다.

　다행히 방학이 있어 그동안 기도하며 나름 치유했다고 생각했습니다. 그런데 불행히도 다음 학기 들어야 하는 필수 과목 교수가 아픈 바람에 나를 힘들게 했던 그 교수로 대체되었다는 메일을 받고 저는 또다시 공포에 빠졌습니다. 나를 무시하는 사람을 또 봐야 하는데, 내가 이 순간을 잘 넘길 수 있을까 하는 두려움에 저는 한 학기를 쉴까하는 생각까지 했습니다. 그 고민을 같은 학과 선배 신부에게 말했고, 저의 말을 들은 신부님은 이런 조언을 해줬습니다. "신부님, 세상 어디를 가나 그런 사람 천지로 많아요. 여기서 피한다고, 다른 데서 안 만난다는 보장이 없잖아요. 마주할 수 있다면 마주하세요. 그리고 기도하며 넘어가세요. 우리에겐 예수님이 있잖아요. 저는 힘들 때마다 '예수님' 이름을 반복해요. 그것만으로도 힘이 나더라고요. 피하지 말고 마주하시면 실패해도 배우는 게 있고, 성공하면 더 많은 것을 배우니 도망가지 마세요." 그 신부님의 말씀을 듣고 '예수님의 이름'으로 버티고 버텼습니다. 그 교수의 행동은 똑같았지만 저의 마음이 달라지니 주는 상처도 받아넘길 수 있는 힘이 생겼고, 그 학기를 잘 넘길 수 있었습니다.

오늘 복음에서 예수님께서는 자신을 공격하는 사람들의 위험에도 불구하고 열심히 하느님의 능력을 보여주십니다. 그리고 이렇게 말씀하십니다. **"민족들이 그의 이름에 희망을 걸리라."** 우리의 삶 안에서 힘든 일이 찾아오면 우리는 주님의 이름 안에서 끝까지 인내하며 세상의 어려움을 이겨보길 바라봅니다. 주님의 이름으로 인내하고 구원의 월계관을 쓰는 우리 모두가 되기를 성부와 성자와 성령의 이름으로 기도드립니다. 아멘.

나만의 복음밥

재 료 :

레시피 :

고 명 : 매일미사 (　), 복음묵상 (　), 성체조배 (　), 묵주기도 (　)

복음밥 :

250720 | 연중 제16주일

재　　료 : 루카 10,41
레시피 : "마르타야, 마르타야 너는 많은 일을 염려하고 걱정하는구나."

　　신학생들은 1학년 때 영성관에서 지내며, 앞으로의 생활을 위한 준비과정을 갖습니다. 저도 영성관에서 지도신부님 두 분과 부제님 두 분, 동기들 스무 명과 함께 지냈습니다. 그곳에서는 자체적으로 생활을 하기에 청소도 각자 담당구역을 배정받습니다. 영성관에 들어와 산지 두 달 즈음 되었을 때 영성관 담당 부제님께서 영성관 청소 왕을 뽑는다면서 각자의 담당 자리를 열심히 정리하는 사람에게 월말에 상을 주겠다는 것이었습니다.

　　저는 상이라는 말에 기뻐하며 정말 열심히 했습니다. 제가 담당한 구역은 친교실이었는데, 모여서 티브이도 보고 탁구도 치는 곳이었습니다. 모두가 함께 쓰는 곳이기에 치워도 치운 것 같지 않고 정리를 해도 정리한 것 같지 않았습니다. 매일 정리해도 제자리인 것 같아 저는 갑자기 짜증이 났습니다. 그리고 사용 후 정리를 안 하는 동기들에게 짜증을 냈습니다. 그렇게 한 달이 지나고 청소 왕 시상을 했는데, 제가 그 상을 받았습니다. 그러나 하나도 기쁘지 않았습니다. 왜냐하면, 상을 받았지만 부족한 저의 모습이 보였기 때문이었습니다. 청소를 하는 것은 공동체에 봉사하기 위해서 하는 것인데, 그것을 나를 위한 일로 만들어 버린 제 자신이 작아 보였습니다. 그 후로는 그런 일들이 있을 때 좀 더 크게 보려고 노력을 합니다. 그 일이 정말 나에게 주는 것이 무엇인지 바라보려고 할 때 더 많은 것을 주님께서 주심을 알 수 있었습니다.

　　우리도 마르타처럼 주님을 초대하고서도, 자신의 일에 매몰되어 주님을 왜 초대했는지조차 잊을 때가 있습니다. 그런 우리들의 마음을 예수님께서는 이 말로 깨워주십니다. **"마르타야, 마르타야 너는 많은 일을 염려하고 걱정하는구나."** 일상 안에서 주님의 일을 한다면서 나의 일을 하고 있다면, 잠시 멈추고 나는 무엇을 위해 그 일을 하고 있는지 바라보는 한 주가 되시기를 성부와 성자와 성령의 이름으로 기도드립니다. 아멘.

나만의 복음밥

- 재 료 :
- 레시피 :
- 고 명 : 매일미사 ( ), 복음묵상 ( ), 성체조배 ( ), 묵주기도 ( )
- 복음밥 :

250721 | 연중 제16주간 월요일, 또는 브린디시의 성 라우렌시오 사제 학자

📖 재 료 : 마태 12,39

🍳 레시피 : "악하고 절개 없는 세대가 표징을 요구하는구나!"

　인생은 롤러코스터를 타는 느낌입니다. 평지를 지나며 아름다운 풍경만 보나 했는데, 어느샌가 갑자기 고꾸라지며 풍경은 눈에 들어오지 않고 발만 쳐다보며 걷느라 정신이 없는 경우도 만납니다. 이런 것과 비슷합니다. 십정동에서 열심히 생선 장사를 하시는 부부가 있었습니다. 돈도 부지런히 벌어서 집도 사고 자녀들도 잘 크고 남부럽지 않게 지내고 있었습니다. 그렇게 돈을 모아 이제 좀 편해지나 했는데, 엄마가 뇌출혈로 쓰러지고 전신 마비 상태에서 돌아가셨습니다. 그리고 그 충격으로 아빠도 술로 시간을 보내시다 당뇨 합병증으로 유명을 달리하셨습니다.

　그 집에는 아들과 딸이 있었는데, 병간호하느라 그간 모아놓은 재산을 다 써 버리고 둘 만 남게 되었습니다. 시간이 흘러 그 집 아들과 우연히 만나 그간의 안부를 물으니 그는 이렇게 답을 했습니다. "세상 사는 것이 나만 그런 것이 아니고, 다 그럴 텐데, 힘들다고 지금 사는 것을 내려놓을 수는 없잖아요. 꾸준히 하던 대로, 앞을 향해 걸어가야죠." 그의 말에 마음이 숙연해졌습니다. '신앙이 없는 사람도 이렇게 삶에 있어서 항구한데, 신앙을 가지고 있는 우리는 어떤 모습을 취해야 할까?' 하는 생각이 들었습니다. 우리는 살아가며 힘들고 황당하고 어려운 상황에 부닥치면 주님께 하소연합니다. "주님 제가 이렇게 열심히 살고 주님만을 바라보며 지냈는데, 왜 저에게 이런 일을 벌이십니까? 당신의 표징을 보여주십시오."

그런데 오늘 복음을 보면 주님의 뜻은 명확합니다. **"악하고 절개 없는 세대가 표징을 요구하는구나!"** 이 말씀의 뜻은 십자가를 향해 걸어가는 너의 발걸음을 멈추지 말라는 것으로 들립니다. 신앙을 갖는 우리의 삶의 목표는 명확합니다. 십자가의 고통을 배우고 그 삶을 따라 부활에 이르는 것입니다. 분명 악마는 우리의 삶을 흔들 것입니다. 그리고 끊임없이 주님의 능력을 의심하게 만들 것입니다. 우리 삶의 어려움이 닥쳐와 주님의 뜻을 왜곡하려 할 때 주님의 목소리에 귀를 기울이며 앞으로 나아가는 우리가 되기를 성부와 성자와 성령의 이름으로 기도드립니다. 아멘.

나만의 복음밥

재　료 :
레시피 :
고　명 : 매일미사 (　), 복음묵상 (　), 성체조배 (　), 묵주기도 (　)
복음밥 :

250722 | 성녀 마리아 막달레나 축일

📖 재 료 : 요한 20,16
🥣 레시피 : "마리아야!"

　자신의 이름이 불린다는 것은 정체성을 찾게 되는 것이란 생각이 듭니다. 나이가 들고 성장하며 누구는 알바, 누구는 기사님, 누구는 신부님, 누구는 수녀님이라는 소리를 듣습니다. 자연스럽게 이름이 사라지고 명칭으로 불리면서 우리는 명칭에 몸과 마음을 맞추려고 노력합니다. 그러다 보니 마음속 저 깊은 곳, 아이와 같은 순수함으로 주님을 찾았던 모습이 기억나지 않습니다. 친구와 싸우고, 주일 미사를 빠지고 난 뒤 고해성사를 봐야 한다는 말을 들으면 덜덜덜 떨면서 고해소에 들어가 성사를 봤던 모습은 이제, 무슨 죄를 고할지 말지를 고민하는 교만함이 되었습니다.

　주님을 찾고자 아침저녁 동안 기도로서 매달렸던 시간은 하루에 주어진 일을 처리하느라 기도보다는 일이 우선시 되어가고 있습니다. 그러던 어느 날 모든 일을 자신의 힘으로 할 수 있다고 여기며 살아갈 때 갑자기 자신도 모르게 막혀버리는 순간과 만납니다. 그때 이런저런 방법을 해도 안될 때 결국 성전에 가서 앉습니다. 그리고 "주님, 도와주세요. 너무나 힘이 듭니다."라고 청하면 주님께서 이렇게 말씀하시는 것이 느껴집니다. "용현아!", 그 순간 자신의 부족함을 바라보고 어렸을 적 순수한 마음으로 주님을 찾았던 시간이 떠오르게 됩니다.

　오늘 복음에서 마리아 막달레나는 무덤에서 사라진 예수님을 간절히 찾아다닙니다. 당황하면 눈앞에 익숙한 것이 와도 못 알아보는 것처럼 늘 뵈던 주님이 있음에도 알아보지 못합니다. 이에 주님께서는 막달레나를 향해 그녀의 이름을 부르십시다. **"마리아야!"** 주님의 목소리에 마리아는 주님을 알아보게 됩니다. 삶은 우리가 주님께 순수하게 향했던 모습을 잊게 만듭니다. 그리고 주어진 역할에 쫓겨 주님께 향하지 못하게 합니다. 그런 순간에 마음을 돌려 주님이 계신 성전으로 가보십시오. 그리고 주님을 찾으십시오. 그럼, 주님께서 우리의 이름을 불러주실 것입니다. 주님께 마음을 향하며 일치를 체험하는 우리 모두가 되기를 성부와 성자와 성령의 이름으로 기도드립니다. 아멘.

나만의 복음밥

- 재 료 :
- 레시피 :
- 고 명 : 매일미사 (   ), 복음묵상 (   ), 성체조배 (   ), 묵주기도 (   )
- 복음밥 :

250723 | 연중 제16주간 수요일, 또는 성녀 비르지타 수도자

📖 재　료 : 마태 13,3
🍲 레시피 : "예수님께서 그들에게 많은 것을 비유로 말씀해 주셨다."

　예전에 어느 단체와 식사하게 되었는데 제 앞에 앉아 계신 자매님께서 식사시간 외에 무엇을 먹기만 하면 성호를 긋고 식사 기도를 하시는 것이었습니다. 그래서 너무 궁금하여 자매님께 여쭤보니 주님께서 내려주신 모든 은혜에 감사하기 위해 계속 기도하신다는 것이었습니다. 인간의 눈으로 보기에는 내가 안 하기에 불편해 보이는 것이지 주님께서 보시기에는 분명 좋은 모습일 것이란 생각이 듭니다.

　오늘 복음에서 **"예수님께서 그들에게 많은 것을 비유로 말씀해 주십니다."** 이것을 쉽게 설명하면 식사 때 기도하는 모습으로 말할 수 있습니다. 먼저, 길바닥에 떨어진 씨앗은 밥이 나오자, 식욕에 못 이겨 숟가락부터 드는 사람입니다. 그는 밥을 입에 넣고 기도할 생각이 들기는 했지만 이미 밥을 넘겼기에 기도도 넘어갑니다. 둘째로, 돌밭에 떨어진 씨앗인 사람은 밥이 앞에 있을 때 기도는 해야겠지만 주변에서 보는 것이 창피하여 가슴 한구석이나 허벅지에 십자가를 긋고 밥을 먹는 사람입니다. 늘 불안하기에 기도하는 것을 어려워합니다. 셋째로, 가시덤불에 떨어진 씨는 식사 전 기도는 잘 마쳤지만, 포만감에 식사 후 기도를 까먹는 사람입니다. 마지막으로 좋은 땅에 떨어진 씨는 어떤 것일까요? 어떤 상황에서도 기도를 멈추지 않는 사람입니다. 식사 전 기도를 주위 눈치 보지 않고 정성 들여서 하며, 식사 후 감사의 기도를 드리며 물 한 잔을 먹어도 성호를 긋고 주님의 은총을 드러내는 사람입니다.

　우리는 주님 보시기에 어떤 사람인가요? 좋은 밭도 처음부터 좋은 밭은 아니었습니다. 처음에는 길이었고, 돌밭이었고, 가시밭이었습니다. 그럼에도 열심히 땅을 파고 돌을 고르고 잡초를 뽑고, 거름을 주어 좋은 밭으로 만든 것입니다. 주님께서는 우리가 각자 마음 상태를 바라보고 좋은 밭이 되기 위해 노력하라고 말씀하시는 것입니다. 오늘 하루 기도로서 좋은 밭을 준비해 봅시다. 그러면 주님께서 그 위에 좋은 씨를 뿌려주시어 백 배, 예순 배, 서른 배로 열매를 맺어 주시기를 성부와 성자와 성령의 이름으로 기도드립니다. 아멘.

나만의 복음밥

재　료 :

레시피 :

고　명 : 매일미사 (　), 복음묵상 (　), 성체조배 (　), 묵주기도 (　)

복음밥 :

250724 | 연중 제16주간 목요일, 또는 성 사르벨리오 마클루프 사제

📖 재 료 : 마태 13,11

🥣 레시피 : "너희에게는 하늘 나라의 신비를 아는 것이 허락되었지만, 저 사람들에게는 허락되지 않았다."

예전에 설날이나 추석 혹은 명절이 되면 볼 수 있는 프로그램이 있었습니다. 그것은 바로 '마술'입니다. 그런데 요즘은 그 마술을 유튜브를 통해서도 쉽게 볼 수 있습니다. 그 안에서 마술사는 자신이 하는 마술을 사람들에게 가르쳐 주기도 합니다. 하나하나 순서를 알려주고 따라 하라고 이끌어 줍니다. 사람들은 그의 마술을 배워가며 하나씩 알아가는 재미에 쏙 빠져갑니다. 그런데 어느 순간이 되니 일반인들은 아무리 노력을 해도 알 수 없는 부분이 나오고, 그것이 일반인과 마술사를 구분하는 한계임을 알게 되었습니다.

그것은 일반인이 알고 싶다고 알 수 있는 것도 아니고 마술사가 알려준다고 해도 쉽게 알 수 없는 부분이었습니다. 그 나머지를 알기 위해서는 꾸준한 연습과 실전 경험 그리고 그것을 통해서 나도 모르게 깨닫게 되는 순간을 만나는 것입니다.

오늘 복음에서 제자들은, 예수님께서 사람들에게 비유로 알려주는 것에 대해 불편해합니다. 이에 예수님께서 제자들을 향해 다음과 같이 말씀하십니다. **"너희에게는 하늘 나라의 신비를 아는 것이 허락되었지만, 저 사람들에게는 허락되지 않았다."** 아무리 알려주고 설명해도 우리가 하늘나라의 신비를 아는 것은 쉽지 않습니다. 왜냐하면, 하늘나라의 신비를 알기 위해 부단히 노력해도 주님께서 알려주지 않으시면 알 수 없는 것이기 때문입니다. 그럼 알 수 없는 것이라고 포기해야 하는 것일까요? '아닙니다.' 복음을 통해, 성사를 통해 미사를 통해 드러내 보여주시는 수많은 비유를 보고 하늘나라의 신비를 깨닫기 위해 부단히 노력해야 하는 것입니다. 그 노력의 끝에 주님께서 보여주시는 하늘나라의 신비를 만나기를 성부와 성자와 성령의 이름으로 기도드립니다. 아멘.

나만의 복음밥

- 재 료 :
- 레시피 :
- 고 명 : 매일미사 (   ), 복음묵상 (   ), 성체조배 (   ), 묵주기도 (   )
- 복음밥 :

250725 | 성 야고보 사도 축일

📖 재　료 : 마태 20,22
🍲 레시피 : "너희는 너희가 무엇을 청하는지 알지도 못한다. 내가 마시려는 잔을 너희가 마실 수 있느냐?"

　　신학교에 입학할 때 면접을 보는데 당시 면접관이셨던 최기산 신부님께서 이렇게 물어보셨습니다. "자네는 신학교에 들어와서 신부가 되는 교육을 받을 텐데 어떤 신부가 되고 싶은가?" 이 질문에 제가 가지고 있는 신부에 대한 생각을 대략 이렇게 말씀드렸습니다. "신부는 사랑으로 가득 차 신자들을 보살펴 주고, 자신을 희생하여 이 땅을 하늘나라로 만들어야 합니다." 대답을 가만히 듣고 있던 신부님께서는 입을 열어 한마디 하셨습니다. "이놈 말만 청산유수네"

　　그때는 이 말이 혼내는 것처럼 들려서 주눅이 들었지만 지금 와서 생각해 보면 신부님께서 살아보시니 신부의 삶이 그리 녹록한 것이 아닌데, 그것을 저리 당당히 표현하니 '정신 차려'라는 말씀으로 한마디 하신 것 같습니다. 신부가 되어 15년을 살며 사람과 사건으로 좌충우돌하는 시간을 경험하며 최기산 주교님의 말씀 "말만 청산유수네"라는 말씀이 가볍게 들리지 않습니다.

　　오늘 복음에서 예수님께서는 당신을 따르는 삶이 어떤 결과를 만들지 알지 못하고 자신이 바라는 대로 답하는 제베대오의 두 아들의 어머니에게 다음과 같이 말씀하십니다. **"너희는 너희가 무엇을 청하는지 알지도 못한다. 내가 마시려는 잔을 너희가 마실 수 있느냐?"** 주님을 따른다는 것은 달콤함이 가득한 삶이 아닙니다. 저의 뜻을 이루기 위해 주님의 것을 취하는 것이 아니라 주님의 뜻을 이루기 위해 저의 뜻 또한 주님께 봉헌해야 하는 것입니다.

그런 순간과 상황을 만나면 지금도 수도 없이 고민합니다. 주님은 잠시 뒤에 계시고, "제가 하고 싶은 대로 하고 올게요." 혹은 "잠시 모른 척해 주세요."라는 말을 더하고 싶어 합니다. 오늘도 주님께서는 우리에게 물어보십니다. "내가 마시려는 잔을 너희가 마실 수 있느냐?" 이 질문에 "주님께서 주시는 대로 마시겠습니다."라고 말씀드리는 우리 모두가 되기를 성부와 성자와 성령의 이름으로 기도드립니다. 아멘.

나만의 복음밥

- 재 료 :
- 레시피 :
- 고 명 : 매일미사 (　), 복음묵상 (　), 성체조배 (　), 묵주기도 (　)
- 복음밥 :

250726 ㅣ 복되신 동정 마리아의 부모 성 요아킴과 성녀 안나 기념일

재　료 : 마태 13,29

레시피 : "아니다. 너희가 가라지 들을 거두어 내다가 밀까지 함께 뽑을 지도 모른다."

　　　신학생 때 방학을 마치고 신학교에 돌아오면 학교 가운데에 있는 잔디 운동장에 잡초들이 웃자란 것을 볼 수 있습니다. 얼마 뒤 사무처장 신부님께서는 작업 시간을 빌어 잡초를 뽑을 것을 말씀하셨습니다. 신학생들은 연장을 가지고 운동장에 앉아 잡초를 뽑기 시작했습니다. 한참을 뽑고 있는데 사무처장 신부님이 오셨고, 잡초 뽑기를 잘하고 있는지 둘러보셨습니다. 잠시 후 저쪽에서 이런 소리가 들렸습니다. "야, 잡초를 뽑으랬더니 잔디를 뽑았어. 너 잡초랑 잔디랑 구별도 못해?" 그 동기는 신부님의 말씀에 이렇게 답을 했습니다. "신부님 제 눈에는 잔디랑 잡초가 구별이 되지 않아요. 뭐가 다른 건가요?" 그 질문에 신부님께서는 차분히 설명을 해주셨고, 그 친구는 그 설명 이후에 잡초를 잘 뽑을 수 있게 되었습니다.

　　　오늘 복음에서 하늘나라는 좋은 밭에 씨를 뿌리는 사람에 비길 수 있다고 말씀하십니다. 하지만 원수 즉, 악마가 어느새 그 밭 한가운데 가라지를 즉, 죄를 심어놓고 가버립니다. 죄는 자라났지만, 어느 게 죄인지 아닌지 구별이 쉽지 않았고, 우리의 노력으로 그 죄를 뽑아 버리려 하자 주인은 이렇게 말합니다. **"아니다. 너희가 가라지 들을 거두어 내다가 밀까지 함께 뽑을지도 모른다."**

　　　신앙생활 안에서 우리는 식별이라는 것을 해야 합니다. 어느 게 하느님의 것인지 어느 게 악마의 것인지 정확하게 바라보는 방법을 식별이라고 합니다. 식별이 잘 되더라도, 내 의지가 아니라 주님의 뜻 안에 맡길 힘이 필요합니다. 그것을 '기도'라고 합니다. 기도 안에서 주님의 뜻을 기억하고 식별하다 보면 죄를 멀리하고 우리가 사는 자리에서 하늘 나라를 완성할 힘이 생길 것입니다. 오늘 하루 기도로서 악마의 뜻은 거르고 주님의 뜻을 완성하는 우리 모두가 되기를 성부와 성자와 성령의 이름으로 기도드립니다. 아멘.

나만의 복음밥

재 료 :
레시피 :
고 명 : 매일미사 (   ), 복음묵상 (   ), 성체조배 (   ), 묵주기도 (   )
복음밥 :

250727 | 연중 제17주일

재 료 : 루카 11,13

레시피 : "너희가 악해도 자녀들에게 좋은 것을 줄 줄 알거든, 하늘에 계신 아버지께서야 당신께 청하는 이들에게 성령을 얼마나 더 잘 주시겠느냐?"

고통으로 모든 것이 멈춘 것 같아도, 조금씩 성장하는 사람들이 있습니다. 그들은 다른 사람들이 다 안 된다는 것을 실행하는 사람들입니다. 끊임없이 생각을 하고 계획을 하는데 멈추는 것이 아니라, 몸을 움직여 그 계획을 이루어 내는 사람들이 성장하는 것을 보게 됩니다. 그런데 발을 딛어야 발자국이 생기고, 요리를 해야 밥을 먹을 수 있는데, 우리의 모습은 발을 디디면 코로나가 묻을까 봐 제자리에 있고, 쌀은 있지만 잘못해서 타버릴까 봐 가만히 두고 고사를 지내고 있는 형국입니다.

분명 내 앞만 바라보면 문이 하나인 것처럼 느껴집니다. 하지만 주위를 둘러볼 수 있는 여유를 잠깐만이라도 갖는다면 내 뒤에 수도 없이 많은 문이 있다는 것을 알게 될 것입니다. 그 문 앞으로 가서 우선 두드려봅시다. 무엇이 되었던, 어떤 것이 되었던, 청하고, 바라고, 두드리면 언젠가 문이 열릴 것입니다.

예수님께서는 두드리고 하고자 하는 이들의 마음에 힘을 주시고자 다음과 같은 말씀을 이어서 하십니다. **"너희가 악해도 자녀들에게 좋은 것을 줄 줄 알거든, 하늘에 계신 아버지께서야 당신께 청하는 이들에게 성령을 얼마나 더 잘 주시겠느냐?"**

주님께서는 당신께 희망을 두고 청하는 이들의 기도는 단 하나도 흘려 듣지 않으십니다. 고통이 아무리 우리의 삶을 가로막아도 우리가 가고자 하는 길을 멈추지는 말았으면 좋겠습니다. 용광로가 멈춰 쇳물이 식어버리면 무슨 수를 써도 그 안에 있는 것은 쓸 수 없게 됩니다. 주님이라는 용광로 안에 담겨있는 우리의 신앙도, 기도도, 사랑도, 희생도, 식게 놔두어서는 안 됩니다. 오늘 하루, 우리의 신앙을 점검해보고, 앞으로 반의반 발자국이라도 걸어가는 우리가 되기를 성부와 성자와 성령의 이름으로 기도드립니다. 아멘.

나만의 복음밥

재 료 :
레시피 :
고 명 : 매일미사 (   ), 복음묵상 (   ), 성체조배 (   ), 묵주기도 (   )
복음밥 :

250728 | 연중 제17주간 월요일

📖 재　료 : 마태 13,32

🍲 레시피 : "겨자씨는 어떤 씨앗보다도 작지만, 자라면 어떤 풀보다도 커져 나무가 되고 하늘의 새들이 와서 그 가지에 깃들인다."

　예전에 성당에서 아이들을 데리고 캠프를 위해 산속에 위치한 피정의 집에 갔습니다. 그곳에서 하는 프로그램은 하느님께서 만드신 자연을 지키고 살리는 방법을 알려주는 과정이었습니다. 캠프에서 사용하는 모든 것들은 재활용을 위해 이렇게까지 해야 하나 싶을 정도로 분리수거를 했습니다. 요즘 집에서 하는 분리수거보다는 조금 더 세밀하게 하다 보니 아이 중에 이런 말이 나왔습니다. "다른 사람들은 대충해서 버리는데 저희가 이렇게 한다고 세상이 뭐 달라지겠어요." 그 말을 듣고 있던 프로그램 담당 수녀님은 이렇게 말씀하셨습니다. "세상은 우리만 사는 것이 아니야. 하느님께서 만드신 모든 것과 함께 사는 것이지. 우리가 자연을 지킨다고 세상이 금방 달라지지 않지만, 이런 마음을 가진 사람들이 늘어나면 언젠가 세상이 바뀌겠지. 힘들지만 함께 살아간다는 마음으로 해보자."

　오늘 복음에서 예수님께서는 다음과 같이 말씀하십니다. **"겨자씨는 어떤 씨앗보다도 작지만, 자라면 어떤 풀보다도 커져 나무가 되고 하늘의 새들이 와서 그 가지에 깃들인다."** 나 하나 변한다고 세상이 달라질까요? 나는 나 하나 변하는 사람이 많아지면 세상이 변할 것이라 믿습니다. 왜냐하면, 주님께서는 당신을 믿는 우리를 세상의 겨자씨로 불러주셨고, 주님의 뜻을 품은 채 세상에 뿌려진다면 분명 당신의 뜻을 완수한 뒤에, 즉 열매를 맺게 해주실 거라는 생각이 듭니다. 겨자씨는 혼자 서있는 힘보다 겨자씨 가지와 가지가 합쳐져 덤불을 이루고 힘을 받아 하늘의 새들이 와서 깃들이게 해줍니다. 이 세상은 나 혼자 살아가는 것이 아니라 모두 함께 살아가는 것입니다. 신앙에서도, 삶에서도 '나 하나 변한다고 세상이 변할까?'라는 생각보다는 '나 하나 변함으로써 세상이 언젠가 하느님의 나라로 변할 거야'라는 마음으로 이 세상을 하느님의 나라로 만들어 가는 우리 모두가 되기를 성부와 성자와 성령의 이름으로 기도드립니다. 아멘.

나만의 복음밥

재 료 :
레시피 :
고 명 : 매일미사 (   ), 복음묵상 (   ), 성체조배 (   ), 묵주기도 (   )
복음밥 :

250729 | 성녀 마르타와 성녀 마리아와 성 라자로 기념일

재 료 : 요한 11,23
레시피 : "네 오빠는 살아날 것이다."

본당 여름 캠프가 마무리되었습니다. 아이들과 함께 어울려 지내면서 이런저런 이야기를 나누고, 조금이지만 깊어진 느낌이 듭니다. 캠프를 준비하며 여러 가지 걱정이 있었지만, 무엇보다 비가 올 것에 대한 염려가 컸습니다. 기상청에서 같은 정보를 받아 올린다고 해도, 캠프 당일 어디에서는 비가 온다고 하고 어디에서는 폭염주의보가 있을 거라고 했습니다. 날이 맑다면 그늘에서 쉬면 되지만 비가 온다면 프로그램 진행에 여러 가지 어려움이 있기에 매일 날씨를 확인했습니다. 이 걱정을 동기 신부에게 말했더니 그는 이렇게 답했습니다. "비가 와도 비가 오지 않아도 모든 것을 주님께 맡겨, 주님께서 다 알아서 해주실 거야." 그러고 보니 비가 오고 안 오고는 주님께서 결정하실 일이지 내가 바란다고 되는 일도 아닌데, 기도도 하기 전에 온전히 믿어보지 못하고 걱정부터 한 저 자신이 부끄러웠습니다.

오늘 복음에서 예수님께서는 오빠 라자로의 죽음을 슬퍼하는 마르타에게 **"네 오빠는 살아날 것이다."** 라고 말씀하십니다. 이에 마르타는 예수님의 말씀을 마음으로 믿지 못하고 머리로 믿기에 다음과 같은 답을 합니다. "마지막 날 부활 때에 오빠도 다시 살아나리라는 것을 알고 있습니다." 마르타의 대답에 예수님께서는 당신의 정체를 말씀하시며 자연스럽게 믿을 수 있도록 초대하십니다. 이 초대에 마르타는 머리로 아는 부활을 마음으로 내리며 다음과 같이 답을 합니다. "예, 주님! 저는 주님께서 이 세상에 오시기로 되어 있는 메시아시며 하느님의 아드님이

심을 믿습니다." 캠프를 시작하며 '주님께서 주시는 대로 받겠습니다.'
라고 고백했습니다. 그 고백에 맞는 좋은 날씨와 좋은 사람들과 함께 캠
프를 할 수 있게 허락해 주셨습니다. 늘 주님께 믿음을 두고 의탁하며
믿음을 머리에서 가슴으로 내리는 우리 모두가 되기를 성부와 성자와
성령의 이름으로 기도드립니다. 아멘.

나만의 복음밥

- 재 료 :
- 레시피 :
- 고 명 : 매일미사 (   ), 복음묵상 (   ), 성체조배 (   ), 묵주기도 (   )
- 복음밥 :

250730 | 연중 제17주간 수요일, 또는 성 베드로 크리솔로고 주교 학자

📖 재　료 : 마태 13,44

🍲 레시피 : "하늘 나라는 밭에 숨겨진 보물과 같다. 그 보물을 발견한 사람은 그것을 다시 숨겨 두고서는 기뻐하며 돌아가서 가진 것을 다 팔아 그 밭을 산다."

　　도시가 오래되고 노후화되면 사람들이 더 잘 살 수 있게 개선 사업을 하면 되는데, 우리나라는 재개발이라는 명목으로 다 허물고 새로 짓습니다. 그 과정에서 많은 사람이 어려움을 겪습니다. 모래내라는 동네가 형성된 지 오래되었습니다. 요즈음, 이 지역 중 한 곳인 모래울 언덕 지역이 재개발지역으로 선정되었다는 현수막이 걸렸습니다. 선정되었으니, 재개발 조합장을 중심으로 개발 도장을 받고 보상까지 짧게는 10년 길게는 20년의 세월이 걸릴 것입니다. 예전에 어느 성당에서 이 과정 안에서 신자가 조합장이 되었는데, 그 사람은 신앙이라는 보물보다는 돈이라는 보물이 우선이었기에 재개발에 반대하는 신자들을 모함하고, 겁박했습니다. 그리고 재개발에 찬성하는 신자들을 모아서 반대하는 신자들을 지역 발전을 저해하는 나쁜 사람들로 몰아갔고, 결국 같은 성당 안에서 분열이 시작되었습니다. 결론은 재개발이 되었고, 마친 뒤 신자 조합장은 돈이라는 보물을 취한 뒤 아무 일이 없었다는 듯 성당에 나와 신자로서의 위세를 드러내고 있다는 것입니다. 그런데 돈이라는 보물을 쫓는 게 이 사람만의 모습일까요? 아니라고 봅니다. 성당에 나와 미사를 하면서도 수시로 주식정보를 핸드폰으로 확인하는 사람도 있고, 모여서 이야기를 나누면 신앙으로 시작해서 땅이나 집으로 끝나는 경우도 많습니다.

오늘 복음에서 예수님께서는 다음과 같이 말씀하십니다. **"하늘 나라는 밭에 숨겨진 보물과 같다. 그 보물을 발견한 사람은 그것을 다시 숨겨 두고서는 기뻐하며 돌아가서 가진 것을 다 팔아 그 밭을 산다."** 하늘 나라는 우리가 집중하는 것, 우리가 바라보는 것에서 벗어날 때 눈에 들어옵니다. 돈과 하늘나라, 욕망과 하늘나라, 명예와 하늘나라는 같이 볼 수 없습니다. 왜냐하면, 인간은 하나의 욕망에만 충실하게 만들어졌기 때문입니다. 오늘 하루 하늘나라라는 보물을 찾는다고 하지만 하늘나라가 보이지 않는다면 우리는 어디에 더 집중하고 있는지 살펴봤으면 좋겠습니다. 하늘나라를 찾기 위해서는 가진 것을 다 팔아야 볼 수 있는 것임을 깨닫는 오늘 하루가 되기를 성부와 성자와 성령의 이름으로 기도드립니다. 아멘.

나만의 복음밥

- 재 료 :
- 레시피 :
- 고 명 : 매일미사 (   ), 복음묵상 (   ), 성체조배 (   ), 묵주기도 (   )
- 복음밥 :

250731 | 성 이냐시오 데 로욜라 사제 기념일

📖 재　　료 : 마태 13,49-50

🥣 레시피 : "세상 종말에도 그렇게 될 것이다. 천사들이 나가 의인들 가운데에서 악한 자들을 가려내어 불구덩이에 던져 버릴 것이다. 그러면 그들은 거기에서 울며 이를 갈 것이다."

　　갑자기 '전쟁이 날지 모른다.'라는 뉴스가 나오거나 '큰 지진이 터질지 모른다.'라는 방송이 나오면 사람들은 누구나 할 것 없이 생존 물품을 사러 마트로 갑니다. 갑작스러운 상황에서 제일 중요한 것은 먹고 마실 것이라는 생각이 들기 때문입니다. 그렇게 물건을 사놓고 전쟁의 위협이 가시거나 지진의 위험이 지나가면 다시 마음은 언제 그랬냐는 듯이 평온을 되찾고 물건을 사서 쌓아놓는 행위를 하지 않습니다. 미사를 봉헌하거나 말씀을 들을 때 주님께서는 우리에게 종말의 순간은 언제 닥쳐올지 모르니 늘 준비하면서 살아가라고 말씀하십니다. 하지만 우리는 그 종말이 나의 일은 아니겠지 하며 늘 하던 방식대로의 삶을 살아가곤 합니다.

　　그렇게 준비하지 못한 삶을 살아가다 갑자기 삶의 마지막이 얼마 남지 않았다는 소식을 들으면 어떻게 될까요? 주님 앞에 섰을 때 어떤 모습을 갖춰야 할지 나의 삶이 좋지 못했다면 좋은 모습을 취할 수 있게 노력해야 함에도, 더 살기 위한 노력만을 취하곤 합니다.

　　오늘 복음에서 예수님께서는 다음과 같이 말씀하십니다. **"세상 종말에도 그렇게 될 것이다. 천사들이 나가 의인들 가운데에서 악한 자들을 가려내어 불구덩이에 던져 버릴 것이다. 그러면 그들은 거기에서 울며 이를 갈 것이다."** 각자의 종말이 언제 올지 안다면 우리는 늘 준비하며 살아갈 것입니다. 하지만 그 순간만을 위해 살기에는 삶이 무척 슬퍼질 것입니다. 그러기에 그 순간을 알려주지 않으시는 것은 매 순간 최선을 다해 행복하게 살고, 주님의 뜻을 이루고자 노력하는 삶이 되기를 바라시기 때문이 아닌가 싶었습니다. 오늘도 우리는 잠이 들며 죽음을 맞이합니다. 그 순간 내일 눈을 떴을 때 하늘나라에 머물길 청하며 주어진 하루에 최선을 다하는 우리 모두가 되기를 성부와 성자와 성령의 이름으로 기도드립니다. 아멘.

나만의 복음밥

- 재 료 :
- 레시피 :
- 고 명 : 매일미사 ( ), 복음묵상 ( ), 성체조배 ( ), 묵주기도 ( )
- 복음밥 :

250801 | 성 알폰소 마리아 데 리구리오 주교 학자 기념일

📖 재　료 : 마태 13,54
🍲 레시피 : "그런데 저 사람이 어디서 저 모든 것을 얻었지?"

어제 후배에게서 문자가 왔습니다. "형, 저 이번에 성인성녀 관련 방송 프로그램을 하나 하게 되었어요. 너무 좋아서 형에게 제일 먼저 알려드릴려고 문자를 드렸어요." 문자를 받는데 제 심장이 다 두근거리고 설렘이 느껴졌습니다. 그 마음을 담아 후배의 성장을 축하해주고 싶었습니다. "네가 그동안 해오는 과정이 성실했으니까 더 잘 될 거야. 나도 계속 기도할게." 몇 년 전부터 후배는 방송과 관련된 일을 했습니다. 모든 이가 방송에 대해서 잘 모를 때 시작한 그 모습을 보고, 축하해주기보다는 의심의 눈초리, 질투의 눈길로 그 모습을 바라보고, '잘 되기를 바란다.'라는 눈길이 아니라 '네가 얼마나 가나 보자.'하는 눈길로 바라보는 것 같았습니다. 그런데 그 후배는 보란 듯이 매일 꾸준히 자신의 길을 갔고, 그 몇 년간의 노력이 지금에 와서 열매를 맺는 것입니다.

오늘 복음에서 예수님은 자신이 살던 고향 회당에 들어가십니다. 사람들은 예수님의 말씀에 기뻐하지만 한편 자신들의 자녀들보다 잘 성장한 그의 모습을 부러워합니다. 그들은 예수님의 모습을 인정하지 못하고, 이렇게 말합니다. "그런데 저 사람이 어디서 저 모든 것을 얻었지?" 세상을 살다 보니 그냥 얻어지는 것은 없다는 것을 깨닫게 됩니다. 입으로 매일 꾸준히 생각을 말하며, 남을 비판하고, 잘 되는 것을 험담할 시간에 몸을 움직여 생각을 매일 실천하는 사람이 얻는다는 것을 알게 되었습니다. 오늘도 우리 모두에게 예수님도 속해 있으셨던 시간을 선물로 받았습니다. 이 시간을 입으로 소비하지 말고, 몸으로 실천하며 하느님이 주시는 은총을 갈고닦는 우리가 되기를 성부와 성자와 성령의 이름으로 기도드립니다. 아멘.

나만의 복음밥

🗒 재　료 :

🥣 레시피 :

🔔 고　명 : 매일미사 (　), 복음묵상 (　), 성체조배 (　), 묵주기도 (　)

🍚 복음밥 :

250802 | 연중 제17주간 토요일

📖 재　　료 : 마태 14,2

🍲 레시피 : "그 사람은 세례자 요한이다. 그가 죽은 이들 가운데에서 되살아난 것이다. 그러니 그에게서 그런 기적의 힘이 일어나지."

　며칠 전 자동차를 타고 약속 장소를 향해 갈 때였습니다. 요즘은 보행 신호 시 우회전할 때 정지선 앞에 잠깐 멈춰 섰다가 가야 합니다. 그런데 이게 기준이 모호해서 아직도 헷갈립니다. 보행 신호를 앞두고 우회전해야 하는데 급한 나머지 잠깐 멈추지 못하고 회전하게 되었습니다. 그런데 하필이면 그 너머에 경찰차가 서 있는 것이었습니다. 위반한 부분이 있기에 붙잡으면 어떡하지 하는 걱정이 있었는데, 지나가면서 보니 자동차 안이 비어 있었습니다. 그 장소를 지나가면서 '도둑이 제 발 저리다.'라는 속담이 떠올랐습니다.

　오늘 복음에서 헤로데는 예수님께서 이루신 일들을 듣고 당황하여 이런 말을 합니다. **"그 사람은 세례자 요한이다. 그가 죽은 이들 가운데에서 되살아난 것이다. 그러니 그에게서 그런 기적의 힘이 일어나지."** 하고 말하였습니다. 헤로데가 통치하면서 세례자 요한은 눈엣가시였습니다. 왜냐하면, 자신의 잘못에 대해서 늘 이야기했기 때문입니다. 그러면 잘못한 부분을 수정하면 되는 것을 그는 자신을 향한 옳은 목소리를 없애 버립니다. 그러자 그 소리는 마음속으로 들어가 헤로데의 마음을 괴롭혔던 것입니다.

　우리 마음속에 주님께서는 양심이라는 경찰을 넣어주셨습니다. 늘 주님의 일을 하고 그 테두리를 벗어나려 하지 않는다면 불안할 일이 없습니다. 하지만 주님의 테두리를 벗어나서도 아닌 것처럼 행동하려니 불안한 마음이 들 때가 있습니다. 우리 마음 안에서 불안함과 답답함이 있다면 우리 안에 주님 보시기에 부족한 모습은 없는지 돌아봤으면 좋겠습니다. 그런 바라봄을 통해 주님께서는 우리를 통제하시는 것이 아니라 자유롭게 해주신다는 것을 느끼게 될 것입니다. 주님을 마음에 넣고 자유로움을 경험하는 우리 모두가 되기를 성부와 성자와 성령의 이름으로 기도드립니다. 아멘.

나만의 복음밥

재 료 :
레시피 :
고 명 : 매일미사 (　), 복음묵상 (　), 성체조배 (　), 묵주기도 (　)
복음밥 :

250803 | 연중 제18주일

📖 재　　료 : 루카 12,15

🥄 레시피 : "너희는 주의하여라. 모든 탐욕을 경계하여라. 아무리 부유하더라도 사람의 생명은 그의 재산에 달려있지 않다."

　아는 형제님 중에 불우한 이웃을 위해 헌신하는 분이 계십니다. 그분의 삶이 넉넉해서 누군가를 돕는 게 아닙니다. 그분도 살기 넉넉하지 않지만 일을 해서 돈이 생기면 같은 동네에 사는 분 중에 밥을 굶는 사람들, 학원비를 못 내는 사람들, 병원비가 없는 사람들을 찾아가서 소소하게 도와줍니다. 저는 그분과 만나서 이야기를 나누며, "형제님 그동안 번 돈을 모으기만 했어도, 지금 번듯한 집 하나는 있을 텐데 아쉽지 않으세요?"라고 여쭤봤습니다. 저의 질문에 그분은 이렇게 답을 주셨습니다. "돈이 내 주머니에 있으면 그 돈은 남의 돈을 보관하는 거지 제 돈이 아니에요. 제 돈이라고 말할 수 있는 것은 가지고 있는 게 아니라 써야지 제 돈이죠. 남들이 차나 집을 사면 좋아하듯, 저는 가까운 이웃들을 도와주는 게 좋고 그 안에서 기쁨을 느끼니까 그걸로 좋아요, 죽을 때까지 후회는 안 해요!" 저는 그분의 답을 들으며 머리를 한 대 맞은 것 같았습니다.

　오늘 복음에서 예수님께서는 다음과 같이 말씀하십니다. "**너희는 주의하여라. 모든 탐욕을 경계하여라. 아무리 부유하더라도 사람의 생명은 그의 재산에 달려있지 않다.**" 하느님의 은총도, 하느님의 사랑도 제가 저 혼자 그 사랑과 은총을 품고 나누지 않고 살아간다면, 그것은 하느님의 은총과 사랑을 잠시 맡아놓고 있는 것이지, 받은 게 아닙니다. 그 은총과 사랑을 나눌 때 그것이 진정한 은총과 사랑이 되는 것입니다.

주님은 늘 탐욕을 경계하라고 하십니다. 탐욕은 돈을 나누지 못하고 모으게 하고 은총을 나누지 못하고 썩혀두며 사랑을 나누지 못하고 미움으로 바꿔버립니다. 사람의 생명은 그의 재산에 달려있는 것이 아니라 하느님에게 있음을 기억해야 합니다. 돈도 모으기만 하면 내 돈이 아니듯 은총도 사랑도 나만 가지고 있으면 아무것도 아닌 것입니다. 이번 한 주를 보내며 제가 받은 사랑과 은총이 있다면 그것이 필요한 곳으로 흘려보내는 우리 모두가 되기를 성부와 성자와 성령의 이름으로 기도드립니다. 아멘.

나만의 복음밥

재 료 :

레시피 :

고 명 : 매일미사 (   ), 복음묵상 (   ), 성체조배 (   ), 묵주기도 (   )

복음밥 :

250804 | 성 요한 마리아 비안네 사제 기념일

📖 재　　료 : 마태 14,17
🍳 레시피 : "저희는 여기 빵 다섯 개와 물고기 두 마리밖에 가진 것이 없습니다."

　우리의 뇌는 신기하게 '어떻게'와 '왜'라는 질문에 따라 스스로 답을 찾아간다고 합니다. 가령 예를 들어 작년에 큰 문제가 되었던 잼버리를 하는 데 있어서 온열 질환 문제가 생기면 지금의 정부 사람들은 '어떻게' 그 문제를 해결할 생각보다 '왜'라는 질문을 던집니다. 그러다 보니 자신들에게 충분한 시간이 있었음에도 지금 생긴 문제를 전 정부 탓으로 돌리는 변명을 찾습니다. 아마 그들이 '어떻게' 안에서 답을 찾고자 했으면 1년의 주어진 시간 안에, 아니 3개월, 아니 한 달 만에도 만들 수 있는 임시 시설로 좌우 1km 길이의 냉방 터널을 만들 수도 있었을 것이고, 배수 문제가 되지 않았다면 그 위에 구역별로 플라스틱 패널을 미리 가져다 놓았을 수도 있었을 것입니다. 이처럼 '왜'라고 생각하는 사람은 남 탓을 할 것이고, '어떻게'라고 생각하는 사람은 발전과 성공을 거두는 것을 보게 됩니다.

　오늘 복음에서 예수님께서는 제자들에게 자신을 따라온 사람들에게 빵을 '어떻게' 먹일 수 있는 것인지 말씀하십니다. 이에 제자들은 방법을 물어보는 예수님께 답은 찾지 않고 '왜'냐는 식의 답을 합니다. **"저희는 여기 빵 다섯 개와 물고기 두 마리밖에 가진 것이 없습니다."** 이 말을 다르게 하자면 "우리에게 '왜' 이것밖에 없는데 '어떻게' 하라고 하지 마십시오."라고 들립니다. 우리도 신앙생활 안에서 주님께 기도하며 '어떻게' 자신에게 주어진 어려움을, 고통을, 또는 슬픔을 이겨낼 방법을 알려달라고 청하기보다는 '왜' 나에게 이런 일이 있는지 따질 때가 있습니다. 기도한다는 것은 '왜'라는 물음을 '어떻게'로 바꿀 힘을 청하는 것입니다. '왜'가 아니라 '어떻게'라는 물음으로 이 세상의 은총을 나누는 우리 모두가 되기를 성부와 성자와 성령의 이름으로 기도드립니다. 아멘.

나만의 복음밥

재 료 :
레시피 :
고 명 : 매일미사 ( ), 복음묵상 ( ), 성체조배 ( ), 묵주기도 ( )
복음밥 :

250805 | 연중 제18주간 화요일 또는 성모 대성전 봉헌

📖 재　　료 : 마태 14,31
🍲 레시피 : "이 믿음이 약한 자야, 왜 의심하였느냐?"

　제가 신학교 다녔을 때는 일 년에 한 번 '문화 외출'이라는 것이 있었습니다. 강화도에 살며 문화 예술을 접할 기회가 적은 신학생들을 위해 신부님들이 논의한 결과였습니다. 9월 최대한 날이 좋을 때로 잡았지만, 날씨를 예측할 수 없기에 그날 비가 오는 경우도 많이 있었습니다. 그날도 '문화 외출'을 하는데 하늘이 꾸물거렸고, 심지어 예보 또한 비가 온다고 했습니다. 아침에 다들 대학로로 출발하는 관광버스를 타기 위해 모였습니다. 다들 손에는 우산이 하나씩 들려 있었고, 그것을 보신 교수 신부님께서는 이렇게 말씀하셨습니다. "이 믿음이 없는 자들아, 비가 두려워 우산을 가지고 나왔느냐? 비가 오지 않는다는 믿음을 갖는다면 비가 오지 않을 것이다."라고 하셨습니다. 다들 그 말이 장난이라고 생각했지만, 그날 정말 비가 오지 않았습니다. 교수 신부님은 신학교에 돌아와서 이렇게 말씀하셨습니다. "무엇이든 주님께 뿌리를 두고 된다고 생각하고 살아가, 그러면 모든 게 잘 될 거야."

　오늘 복음에서 베드로는 물 위에 뜬 예수님을 보고 자신도 물 위를 걸을 수 있게 명령을 내려 달라고 합니다. 주님께서 명령을 내리시자 그는 물 위를 걷기 시작하십니다. 하지만 예수님 등 뒤에서 거센 바람과 그 뒤에 파도를 보고 죽을지도 모른다는 생각에 주님의 기적을 몸으로 체험하면서도 의심했고, 물속으로 가라앉습니다. 그런 베드로의 모습을 본 예수님께서는 다음과 같이 말씀하십니다. "이 믿음이 약한 자야, 왜 의심하였느냐?"

베드로의 모습을 보며 복음 묵상을 할 때마다 내 모습이 보입니다. 주님께 온전히 의탁한다고 하면서도 두려움이 찾아오면 주님 안에 머무는 것이 아니라, 세상적인 방법을 찾아다니는 우리의 모습, 그런데 그 모습의 결과는 물 위에 떠 있는 것이 아니라 자꾸 물속으로 가라앉을 것입니다. 오늘 하루를 살아가며 우리 안에 있는 모든 불안과 걱정을 주님께 온전히 맡겨봅시다. 그러면 주님께서 우리를 물 위에 뜨게 해주시고, 그대로 육지까지 올 수 있게 해주실 것입니다. 주님을 통해 힘을 얻고 앞으로 나아가는 우리 모두가 되기를 성부와 성자와 성령의 이름으로 기도드립니다. 아멘.

나만의 복음밥

재 료 :

레시피 :

고 명 : 매일미사 (　), 복음묵상 (　), 성체조배 (　), 묵주기도 (　)

복음밥 :

250806 | 주님의 거룩한 변모 축일

📖 재　　료 : 루카 9,35
🥣 레시피 : "이는 내가 선택한 아들이니 너희는 그의 말을 들어라."

　교회 안에서 직무를 맡는다는 것은 어려움을 마주하는 것과 같습니다. 우선 내가 해보지 않은 것에 대한 두려움, 그리고 직무를 맡았을 때 다른 모습으로 만나는 이웃들, 그리고 곧 만나게 될 실망들, 실수하면 어떡하지, 그래서 '욕먹으면 어떡하나?'라는 걱정, 이런 것들을 마음속에 가득 채우기에 교회 안에서 맡겨지는 직무를 기쁘게 받아들이는 사람들은 거의 없습니다. 그런데도 사람들의 추천으로 혹은 사제의 추천으로 단체의 장이 되고, 그것을 못하겠다고 하지 않고 한번 해보겠다고 말하는 이들의 모습을 보면 그들이 거룩하게 빛나는 것을 볼 수 있습니다. 왜냐하면, 자신의 뜻을 내려놓고 주님의 뜻을 받아들인 이는, 달이 해를 받아 빛을 내듯, 주님이라는 빛을 받아 반짝이는 것을 봅니다.

　오늘 복음에서 예수님께서는 아버지의 뜻을 따르기로 결심 하시고, 제자들 앞에서 자신의 모습을 변화시키십니다. 그것은 자신이 스스로 변화한 것이 아니라 아버지의 뜻을 받아들인 예수님을 하느님께서 거룩하게 변화시켜 주신 것입니다. 그리고 이렇게 말씀하십니다. **"이는 내가 선택한 아들이니 너희는 그의 말을 들어라."**

　우리도 신앙 안에서 변화할 때가 있습니다. 그것은 내가 나를 드러내는 것이 아니라 주님께서 드러나실 수 있게 그 자리를 내어 드리는 것입니다. 세상은 내가 중심이고 내가 행복해야 한다고 말합니다. 그 말도 틀린 것은 아닙니다. 그런데 우리가 성장하는 힘을 주님을 통해서 얻는다면 유한한 행복이 무한한 행복으로 변화될 것입니다. 하느님 아버지의 사랑받는 자녀인 예수님의 말씀을 듣고 따른다면 우리 또한 변화될 수 있음을 믿고 내 뜻을 내려놓고 주님의 뜻을 받아들여 봅시다. 그런 노력이 한 번 두 번 이어질 때 우리 또한 일상 안에서 거룩하게 변화될 수 있을 것입니다. 주님의 뜻을 따르며 그 안에서 거룩하게 변화되는 우리 모두가 되기를 성부와 성자와 성령의 이름으로 기도드립니다. 아멘.

나만의 복음밥

- 재 료 :
- 레시피 :
- 고 명 : 매일미사 (   ), 복음묵상 (   ), 성체조배 (   ), 묵주기도 (   )
- 복음밥 :

250807 | 연중 제18주간 목요일

📖 재　　료 : 마태 16,23

🥣 레시피 : "사탄아, 내게서 물러가라. 너는 나에게 걸림돌이다. 너는 하느님의 일은 생각하지 않고 사람의 일만 생각하는구나!"

　　신학교에 입학하면 각 학년에 맞는 영성 서적을 읽어야 합니다. 정해진 권수와 책의 종류가 있는데, 특히 일학년 때는 성인전을 많이 읽게 합니다. 일학년 때 꼭 읽어야 하는 성인전은 프란치스코도 아니고 오상의 비오도 아닙니다. 그분은 바로 성 요한 마리아 비안네 신부입니다. 프랑스 혁명 이후 무너진 교회 안에서 사제가 된 비안네 신부님은 라틴어가 어려워 신부가 못될 뻔했습니다. 하지만 그분의 한결같은 노력과 하느님을 향한 신심을 본 주위 성직자들의 도움으로 성직자의 길을 가게 됩니다. 신부가 되고 난 뒤 프랑스의 작은 마을 아르스에 본당신부로 부임하고 그곳에서 신자들을 위해 10시간이 넘는 고해성사와 면담, 그리고 극기의 생활 안에서 주님의 사랑을 신자들에게 드러냈고, 결국 본당신부로서 최초의 성인이 됩니다. 신학생으로 그분의 성인전을 읽으며 확실히 알 수 있는 것은 비안네 신부님의 하느님을 향한 한결같은 마음이었습니다. 보통의 신부님들과 다르게 고해소에 자신을 가두고 그 시간을 나눠 고해성사를 주고, 어떤 일이 있더라도 자신에게 주어진 기도 시간을 허투루 보내지 않았습니다. 그런 그의 모습을 보고 주위 신부들은 비아냥거리고, 오히려 그의 모습을 깎아내리기 일쑤였습니다. 그런데도 비안네 신부님은 인간의 일이 아니라 하느님의 일을 생각했기에 흔들리지 않고 앞으로 나아갔습니다.

　　오늘 복음에서 베드로는 예수님의 인정을 받아 하늘나라의 열쇠와

교회의 반석이라는 칭호를 받습니다. 하지만 이어 예수님의 수난에 대한 이야기에서는 혹여나 자신의 명예가 사라질까 봐, 반대하다 예수님께 혼이 납니다. "**사탄아, 내게서 물러가라. 너는 나에게 걸림돌이다. 너는 하느님의 일은 생각하지 않고 사람의 일만 생각하는구나!**" 신앙생활을 한다는 것은 하느님을 위해 자신의 시간과 재물을 아낌없이 봉헌하겠다는 마음입니다. 하지만 하느님을 위해 한다면서 문득 인간의 마음이 들어오면 봉사고, 기도고, 미사고 망설일 때가 있습니다. 그런 마음이 들어올 때 비안네 신부님의 한결같음을 기억하고, 예수님의 말씀을 통해 마음속의 나약함에 호통쳤으면 좋겠습니다. 그러므로 영적 항구함으로 주님의 뒤를 따라가는 우리 모두가 되기를 성부와 성자와 성령의 이름으로 기도드립니다. 아멘.

나만의 복음밥

📖 재 료 :

🥣 레시피 :

🔔 고 명 : 매일미사 (   ), 복음묵상 (   ), 성체조배 (   ), 묵주기도 (   )

🍱 복음밥 :

250808 | 성 도미니코 사제 기념일

📖 재　료 : 마태 16,25

🥄 레시피 : "정녕 자기 목숨을 구하려는 사람은 목숨을 잃을 것이고, 나 때문에 자기 목숨을 잃는 사람은 목숨을 얻을 것이다."

　　몇 해 전 임진왜란 중 이순신 장군의 활약을 다룬 '명량'이라는 영화를 보았습니다. 명량의 배경은 모든 것이 원균의 교만함으로 소실된 후, 이순신 장군 밖에 이 상황을 극복할 사람이 없음을 깨달은 선조는 다시금 이순신 장군을 임명합니다. 하지만 이미 두려움이라는 전염병에 걸려버린 군인들은 도망갈 생각, 피할 생각, 내가 아니어도 된다는 생각으로 가득 차 있습니다. 그들의 마음을 느낀 이순신 장군은 군인들을 모아놓고, 배를 제외한 목숨을 기댈 것들을 다 태워버립니다. 그리고 이런 대사가 나옵니다. "아직도 살고자 하는 자가 있다니 통탄을 금치 못할 일이다. 우리는 죽음을 피할 수 없다. 정녕 싸움을 피하는 길이 우리가 사는 길이냐? 육지라고 무사할 듯싶으냐? 똑똑히 봐라. 나는 바다에서 죽고자 육지를 불태운다. 더 이상 살 곳도 물러설 곳도 없다. 목숨에 기대지 마라! 살고자 하면 필히 죽을 것이고, 또한 죽고자 하면 살 것이니, 병법에 이르기를, 한 사람이 길목을 잘 지키면 천명의 적도 떨게 할 수 있다고 하였다. 바로 지금 우리가 처한 형국을 두고 하는 말이 아니더냐."

　　오늘 복음에서 예수님께서는 주님을 온전히 따르는 법을 말씀해 주십니다. **"정녕 자기 목숨을 구하려는 사람은 목숨을 잃을 것이고, 나 때문에 자기 목숨을 잃는 사람은 목숨을 얻을 것이다."** 우리는 주님을 따라 살아야 한다는 것을 알면서도, 내 삶에 어려움이 닥쳐오면 주님께 끝까지 의탁하기 보다는 눈에 보이는 것에 의지하려고 합니다. 그것이 어떤 사람은 돈이고, 어떤 사람은 친구고, 어떤 사람은 명예입니다. 그것들이 크고 강할수록 주님께 마음을 향하기보다는 내가 의탁할 수 있는 것을 찾습니다. 주님께서는 우리가 의심하지 않고, 모든 것을 걸어 당신께 끝까지 의탁하기를 바라십니다. 오늘 하루를 살아가며 우리는 어디를 바라보고 있는지 생각해 봅시다. 주님인지, 세상인지, 주님의 눈을 바라보고, 끝까지, 한결같은 믿음을 봉헌하기를 성부와 성자와 성령의 이름으로 기도드립니다. 아멘.

나만의 복음밥

재　료 :
레시피 :
고　명 : 매일미사 (　), 복음묵상 (　), 성체조배 (　), 묵주기도 (　)
복음밥 :

250809 | 연중 제18주간 토요일

재　　료 : 마태 17,19
레시피 : "어찌하여 저희는 그 마귀를 쫓아내지 못하였습니까?"

아버지께서 대장암 치료를 받으며 힘드셨을 때 이런 말씀을 하셨습니다. "내가 수술이 끝나고 건강해진다면 매일 운동하고 나를 살려주신 하느님께 자주 기도할 거야." 그런데 수술이 잘 되고 항암도 잘 마치고 난 뒤 아버지는 말씀하신 대로 매일 운동과 기도를 하지 않으셨습니다. 운동을 자주 하지 않는 이유는 밖은 무지하게 덥고 손발이 저리기 때문이라고 말씀하시고, 성당은 코로나에 걸릴 수 있기에 무섭다고 하셨습니다. 제가 아무리 "새벽에 운동하면 안 덥고, 성당은 마스크 쓰고 가면 돼요."라고 말씀을 드려도 아버지는 뿌리를 깊게 내린 나무처럼 움직일 생각을 하지 않으셨습니다. 그런데 돌아보면 아버지의 모습 안에서 저의 모습도 있었습니다. 저도 간절할 때는 주님께 무엇이라도 하겠다고 기도하고 간절하지 않으면 기도를 덜 했습니다. 참 교만한 건 기도가 응답받을 때는 하느님께 감사하지만, 응답이 없을 땐 '하느님은 왜 가만히 계시냐?'라며 투정을 부릴 때가 있었습니다.

오늘 복음에서 예수님께서는 간질병에 걸려 고생하는 아들을 고쳐주기를 청하는 아버지의 부탁을 들어주십니다. 그 모습을 바라보며 제자들은 예수님께 물어봅니다. **"어찌하여 저희는 그 마귀를 쫓아내지 못하였습니까?"** 이 질문에 예수님은 너무나 간단하게 말씀을 하십니다. "너희의 믿음이 약한 탓이다." 믿음이라는 것은 한 번에 생기는 것이 아닙니다. 매일 꾸준히 주님께 마음을 향하는 발걸음을 멈추지 않는 것, 비록 믿음을 흔드는 일도 있고, 쓰러져 넘어지게 하는 일도 있지만 포기하지 않고, 한결같이 그 길을 걸어가는 것, 그런 마음으로 살아갈 때 믿음이 강해질 것입니다. 오늘 하루 주님께서 우리가 하라는 대로, 우리가 부탁하는 대로 해주시는 분이라는 생각을 버립시다. 우리가 기도해야 하는 것은 당연한 것이고, 그 꾸준한 기도를 통해 산도 옮길 수 있는 믿음이 생길 것입니다. 주님께 믿음의 뿌리를 내리고 마음을 향해 앞으로 나아가는 우리 모두가 되기를 성부와 성자와 성령의 이름으로 기도드립니다. 아멘.

나만의 복음밥

- 재 료 :
- 레시피 :
- 고 명 : 매일미사 (   ), 복음묵상 (   ), 성체조배 (   ), 묵주기도 (   )
- 복음밥 :

250810 | 연중 제19주일

재　료 : 루카 12,34
레시피 : "사실 너희의 보물이 있는 곳에 너희 마음도 있다."

　　정신이 팔려 정작 자신이 해야 할 일을 대충 할 때 이런 속담을 말합니다. '마음이 콩밭에 있네' 이 속담은 원래 '비둘기 몸은 나무에 있어도 마음은 콩밭에 있다.'를 줄여서 한 말입니다. 비둘기는 다른 새들보다 콩을 좋아해서 콩밭을 망치기도 하고, 갓 파종한 콩도 파헤쳐서 먹습니다. 이렇게 한번 콩 맛을 본 비둘기는 콩 생각만 할 것입니다. 우리의 몸과 마음은 나약해서, 제일 쉬운 것, 제일 편한 것, 제일 좋은 것을 찾아 나섭니다. 그러기에 가만히 기도하기 위해 성전에 몸을 놓기보다는 친구들과 카페에 앉아 수다 떨기를 좋아하고, 대답이 없는 주님께 나의 답답함을 하소연하기보다 공감해주는 친구에게 불편한 친구에 대한 뒷담화를 하게 됩니다.

　　예수님께서는 주님의 나라를 눈앞에 두고도 찾지 못하는 우리들에게 이렇게 말씀하십니다. **"사실 너희의 보물이 있는 곳에 너희 마음도 있다."** 잠시 제 마음의 콩밭 즉, 보물은 주님인지 아니면 세속적인 즐거움인지 한번 생각해 봅니다. 이번 한 주만이라도 콩밭에 주님을 심어봐야겠습니다. 그리고 기도로 물을 주고 열매 맺기를 기다리는 날들이 되기를 성부와 성자와 성령의 이름으로 기도드립니다. 아멘.

나만의 복음밥

📋 재 료 :

🥣 레시피 :

🔔 고 명 : 매일미사 ( ), 복음묵상 ( ), 성체조배 ( ), 묵주기도 ( )

🍚 복음밥 :

250811 l 성녀 클라라 동정 기념일

재　　료 : 마태 17,27

레시피 : "우리가 그들의 비위를 건드릴 것은 없으니, 호수에 가서 낚시를 던져 먼저 올라오는 고기를 잡아 입을 열어 보아라. 스타테르 한 닢을 발견할 것이다. 그것을 가져다가 나와 네 몫으로 그들에게 주어라."

성당 주위에 체험방이 점점 늘어나고 있습니다. 체험방은 어떤 곳일까요? 노인들을 불러 모아 즐겁고 재미있는 일, 대가 없어 보이는 선물을 주며 호의를 사는 일, 이런 것을 반복하며 마음을 얻습니다. 이렇게 체험방을 떠날 수 없게 만들어 놓고, 그때부터 노인들에게 저렴한 건강 관련 제품을 고가에 팝니다. 안 사면 무시하고, 대우를 못 받게 만들며, 어떻게든 사게 만드는 신종 사기 수법입니다. 자녀들도 살기 바빠 부모에게 돈으로만 도리를 다하려 하고, 그 돈을 노리는 사기꾼들의 모습을 보면 답답하기만 합니다. 저도 이 일에 제가 아는 신자분이 관련되지 않았다면 몰랐을 것입니다. 그분과 이야기를 나누다가 체험방에 가는 것을 알게 되었고, 저렴한 건강식품을 몇 백만 원에 샀다는 말씀에 이런 답을 드렸습니다. "제가 신부로 더 살뜰히 챙기지 못하고, 마음에 위로를 드리지 못해서 죄송합니다. 세상 사람들만큼은 못하더라도, 조금 더 노력해 보겠습니다. 그러니 더 큰 어려움을 당하기 전에 가지 않기를 간곡히 부탁드립니다." 제 말에 "안 가시겠다."라고 하셨고 그분이 마음을 주님께 돌릴 수 있도록, 마음을 다해 인사말을 건네고, 그분께 강건한 마음을 주기를 청하며 기도했습니다.

오늘 복음에서 성전 세를 거두는 이들이 왜 성전 세를 내지 않느냐고 물어봅니다. 이 말에 예수님께서는 세상의 방법으로는 세상 사람들을 이길 수 없음을 아시고 다음과 같이 말씀하십니다. **"우리가 그들의 비위를 건드릴 것은 없으니, 호수에 가서 낚시를 던져 먼저 올라오는 고기를 잡아 입을 열어 보아라. 스타테르 한 닢을 발견할 것이다. 그것을 가져다가 나와 네 몫으로 그들에게 주어라."** 신앙인이 세상 사람들을 이기는 방법은 없습니다. 돈으로 사람을 엮어서 꼼짝 못 하게 하는 재능은 세상 사람들을 따라갈 자가 없습니다. 그러면 우리는 어떻게 해야 할까요? 하느님의 음성을 들을 수 있게 세상 사람들의 꾀임에 넘어가지 않게 기도와 응원, 그리고 사랑의 마음을 전해 주어야 한다고 생각합니다. 신앙인으로써 서로의 삶을 어렵게 하는 존재가 아니라 하느님께서 주시는 은총을 드러내는 우리 모두가 되기를 성부와 성자와 성령의 이름으로 기도립니다. 아멘.

나만의 복음밥

재 료 :
레시피 :
고 명 : 매일미사 (   ), 복음묵상 (   ), 성체조배 (   ), 묵주기도 (   )
복음밥 :

250812 | 연중 제19주간 화요일

📖 재 료 : 마태 18,4
🍳 레시피 : "누구든지 이 어린이처럼 자신을 낮추는 이가 하늘 나라에서 가장 큰 사람이다."

　그리스도인이 가져야 할 덕목이 여러 가지가 있는데 그중에 으뜸은 겸손이라고 말하고 싶습니다. 겸손은 사람이 가질 수 있는 가장 큰 무기라는 것을 알면서도 종종 겸손하지 못해서 교만에 걸려 넘어집니다. 무슨 큰일을 마쳤을 때, 그 일을 자랑하지 않아도, 알아주지 않아도, 알만한 사람들은 표현을 하지 않는 것이지 다 알고 있습니다. 하지만 그것에 대한 표현이 없다는 이유로, 알아 달라고 말하며 자신이 한 공을 입으로 다 까먹습니다. "내가 이번 일하는데 얼마나 힘 들었는지 알아?" "내가 이런 것을 했는데 아무도 안 알아주고" "안 알아주면 내가 알리고 다녀야지" 이렇게 표현하며 알아주기를 바라는 이를 주위 사람들은 쉽게 알아챕니다. 그리고 그에게 표현하지는 않지만, 알아주기를 바라는 행동을 하면 진심이 아닌 '쟤 또 저런다. 우쭈쭈 해 줘.'라는 말은 숨긴 체 거짓 칭찬을 해줍니다. 그렇게 자신이 한 일을 만나는 사람마다 자랑하고, 그들이 그것에 칭찬을 해 줄수록 하늘나라에 쌓여야 할 겸손의 열매는 사라지게 됩니다.

　오늘 복음에서 예수님께서는 때때로 겸손하지 못한 모습을 보이고 교만해지려 하는 우리에게 이렇게 말씀하십니다. **"누구든지 이 어린이처럼 자신을 낮추는 이가 하늘 나라에서 가장 큰 사람이다."** 어린이가 어떻게 자신을 낮출까요? 어린이는 몸이 약하기에 부모에게 의지하고, 부모님이 주는 칭찬을 제일 좋아하며 온몸과 마음을 의지하는 존재입니다. 주님께서는 오늘을 살아가는 우리에게 그런 어린이가 되라고 하시는 것입니다. 세상의 칭찬에 목말라하는 사람이 아니라, 눈에 보이지는 않지만 주님의 칭찬만으로도 온전히 기뻐하며, 겸손의 열매를 봉헌할 수 있는 자가 되기를 원하십니다. 우리는 일상 안에서 여러 가지 일을 혼자 하기도 하고 함께 해 나가기도 합니다. 그 일을 해 나가는 데 있어, 주위 사람들에게 인정받고자 돌아다니지 말고, 부모님께 의지하는 어린이처럼 주님께만 그 일을 보여드리고 보이지 않는 칭찬에 기뻐하는 우리가 되기를 성부와 성자와 성령의 이름으로 기도드립니다. 아멘.

나만의 복음밥

재 료 :
레시피 :
고 명 : 매일미사 (   ), 복음묵상 (   ), 성체조배 (   ), 묵주기도 (   )
복음밥 :

250813 | 연중 제19주간 수요일

📖 재　　료 : 마태 18,18
🍲 레시피 : "너희가 무엇이든지 땅에서 매면 하늘에서도 매일 것이고, 너희가 무엇이든지 땅에서 풀면 하늘에서도 풀릴 것이다."

　책을 읽다가 이런 문구를 본 적이 있습니다. '마음, 마음이여! 알 수가 없구나. 너그러울 때는 온 세상을 받아들이다가도, 한번 옹졸해지면 바늘 하나 꼽을 자리가 없구나.' 사람과의 관계 안에서 상대에게 마음을 다해 잘해주면 상대방은 더 잘할 것이라는 마음을 품습니다. 하지만 '호의가 계속되면 권리인 줄 안다.'라는 말처럼 상대의 호의를 당연한 것으로 여기고 더 많은 것을 요구함으로써 관계가 파행으로 가는 모습을 보게 됩니다. 마음이 그렇게 돌아서 버리면 다른 사람과의 관계도 의심하게 되고, 너그러울 때는 모든 것을 받아들이다가도, 한번 옹졸해지니 어느 사람도 들어갈 수 없는 처지가 됩니다.

　오늘 복음에서 예수님께서는 상대가 잘못했을 때 어떻게 해야 하는지 우리에게 알려주십니다. 먼저 상대를 만나서 이야기를 나누라고 합니다. 우리는 대부분 불편한 일이 생기면 상상합니다. '내가 이렇게 하면 저 사람이 저렇게 할 거야. 그래서 만나는 게 어려워', '나는 이렇게 생각하는데 말해봤자 저 사람은 듣지 않을 거야.' 이런 생각으로 만나기보다는 같은 마음을 가지고 있는 사람들을 모아 걱정으로 포장한 뒷담화를 합니다.

　이런 우리에게 주님께서는 꼭 다가가라고, 가서 진심으로 이야기하는 노력이 서로의 마음을 열어줄 것이라고 다음과 같이 말씀하십니다. "너희가 무엇이든지 땅에서 매면 하늘에서도 매일 것이고, 너희가 무엇이든지 땅에서 풀면 하늘에서도 풀릴 것이다." 마음을 너그럽게 하는 것도 마음에 바늘 하나 들어가지 못하게 만드는 것도 남이 아니라 내가 하는 것임을 잊지 말았으면 좋겠습니다. 상대에 대한 상처로 괴롭다면 성당에 와서 미사를 해도 모든 것이 닫혀있는 것 같고, 상대와 화해를 통해 마음이 열리면, 미사를 통해 다가오는 은총을 깊게 체험할 것입니다. 오늘 하루 닫혀있는 문들이 있다면 꼭 열라는 것이 아니라 열려고 하는 마음을 통해 마음에 시원한 용서의 바람이 들어가는 날이 되기를 성부와 성자와 성령의 이름으로 기도드립니다. 아멘.

나만의 복음밥

재 료 :
레시피 :
고 명 : 매일미사 ( ), 복음묵상 ( ), 성체조배 ( ), 묵주기도 ( )
복음밥 :

250814 | 성 막시밀리아노 마리아 콜베 사제 순교자 기념일

📖 재　료 : 마태 18,32-33

🥣 레시피 : "이 악한 종아, 네가 청하기에 나는 너에게 빚을 다 탕감해 주었다. 내가 너에게 자비를 베푼 것처럼 너도 네 동료에게 자비를 베풀었어야 하지 않느냐?"

　　가톨릭 신자로서 가장 행복한 것은 우리의 죄를 고해소에 들어가 하느님을 대신한 사제에게 고백하면 어떤 죄든 사죄경을 통해 용서를 받을 수 있다는 것입니다. 우리가 가지고 있는 죄의 빚이 세상을 다 채우고 남더라도, 깊이 뉘우치고 주님께 온전한 마음으로 고백하면 다 용서받을 수 있다는 것이 얼마나 복된 순간일까요?

　　그 넓은 하느님의 자비에 의탁하여 우리는 각자의 죄를 뉘우치고 용서를 청합니다. 그렇게 주님께 쉽게 용서받으면서도 가끔은 우리에게 잘못한 사람을 용서하지 못할 때가 많습니다. 내 마음을 지옥으로 만든 사람, 내 마음을 고통으로 가득 차게 만든 사람, 내 마음을 좌절하게 만든 사람, 이 사람을 미워했음을 고해소에서 고백하고 주님께 용서받았음에도 그 사람들을 다시 만나면 앙금이 올라오고, 용서하지 못했다는 생각에 괴로워집니다.

　　오늘 복음에서 예수님께서는 베드로의 용서에 대한 물음에 예를 들어주시며 다음과 같이 말씀하십니다. **"이 악한 종아, 네가 청하기에 나는 너에게 빚을 다 탕감해 주었다. 내가 너에게 자비를 베푼 것처럼 너도 네 동료에게 자비를 베풀었어야 하지 않느냐?"** 프란치스코 교황님께서는 용서가 잘 안되는 우리에게 다음과 같은 말씀을 들려주십니다. "주님께 위로받는 법을 배우십시오." 사람으로 인해 괴롭고, 힘들고, 답답한 순간이 찾아오면 내 힘으로 용서하겠다는 생각을 내려놓고, 주님 앞에 달려가 먼저 위로를 청하고 그 위로가 용서로 변할 때까지 기다리라는 말씀으로 들립니다.

용서는 참 어려운 숙제입니다. 그런데 우리가 어떤 큰 잘못을 해도 그 잘못을 먼저 다 용서해 주시는 주님의 자비를 기억하고, 그분께 의탁한다면 세상에 못 할 일은 아무것도 없다고 봅니다. 오늘 하루 우리의 답답함을 주님 앞에 나아가 말씀드리고, 위로받음으로써 용서할 수 있는 힘을 얻기를 성부와 성자와 성령의 이름으로 기도드립니다. 아멘.

나만의 복음밥

재 료 :
레시피 :
고 명 : 매일미사 (   ), 복음묵상 (   ), 성체조배 (   ), 묵주기도 (   )
복음밥 :

250815 | 성모 승천 대축일

📖 재　료 : 루카 1,45
🍲 레시피 : '행복하십니다. 주님께서 하신 말씀이 이루어지리라고 믿으신 분!'

　예전에 수녀님을 통해 부모님들 교육을 한 적이 있었습니다. 기도하는 법을 몰랐던 부모들에게 기도를 배울 기회를 만들어 주기 위해서였습니다. 부모들이 모이는 첫날 모두 상기된 얼굴로 앉아 있었습니다. 수녀님께서 들어오셨고, 수녀님께서는 엄마들을 향해 인사말을 가르쳐 주셨습니다. "여러분 우리가 각자 느끼는 주님을 전하는 방법이 있습니다. 그것은 우리 마음속에 가득 찬 주님을 담아 상대에게 인사를 하는 것이죠. 그 인사 방법이 성경에 나와 있습니다. 엘리사벳이 성모님께 건넨 축복의 인사인데요. 제가 그 인사말을 가르쳐 드릴게요. 따라 하시면 됩니다. '행복하십니다. (세례명) 주님께서 하신 말씀이 이루어지리라고 믿으신 분!'" 그렇게 처음 그 자리에서 만난 부모들은 서로의 세례명을 담아 축복의 인사를 나누었습니다.

　저는 인사를 나누는 부모들의 얼굴을 보고 있었는데, 성경 말씀으로 하느님을 담아 인사를 나누자 경직된 얼굴이 풀리고 서로가 서로에게 웃음과 사랑을 담아 축복을 전해주고 있었습니다. 엘리사벳은 이미 하느님 말씀의 신비를 온몸으로 체험하였고, 그 신비가 온몸에 가득하였습니다. 그러기에 성모님께 축복의 말을 전할 수 있었던 것이고, 성모님 또한 하느님의 기쁨으로 가득 찬 것입니다. 그것이 시작이 되어 성모님은 인간의 몸으로 하늘에 불러올림을 받으신 거룩하신 분이 되신 것입니다. 성모님께서 가능하셨다면 우리도 가능하다고 봅니다. 엘리사벳을 통해 내려온 이 인사말을 일상에서 만나는 사람들과 함께 나누고, 하늘로 승천을 향해 나아가는 우리 모두가 되기를 성부와 성자와 성령의 이름으로 기도드립니다. 아멘.

나만의 복음밥

📖 재 료 :

🥣 레시피 :

🍚 고 명 : 매일미사 (   ), 복음묵상 (   ), 성체조배 (   ), 묵주기도 (   )

🍱 복음밥 :

250816 | 연중 제19주간 토요일

📖 재　료 : 마태 19,14
🥄 레시피 : "어린이들을 그냥 놓아두어라. 나에게 오는 것을 막지 마라.
　　　　 사실 하늘 나라는 이 어린이들과 같은 사람들의 것이다."

　　교황청에는 매주 수요일 오후에 교황님을 만나는 시간이 있습니다. 그 시간이 되면 전 세계의 사람들이 교황님을 만나기 위해 모입니다. 어느 날 교황님께서 사람들에게 말씀하고 계실 때였습니다. 한 아이가 단상 위로 올라와서 교황님 앞을 좌우로 뛰어다니고 정신없게 하였습니다. 사람들은 내려오라고 손짓하고 주위에서 뭐라고 해도 교황님은 그 아이를 그냥 놔두라고 하셨습니다. 교황님은 준비된 말씀을 다 하고 나서 사람들을 향해 이렇게 말씀하셨습니다. "이 가엾은 아이는 질병이 있어서 자신이 무엇을 하고 있는지 모른다고 합니다. 한 가지 묻겠습니다. 여러분 모두 마음속으로 대답해 보세요. "나는 이 아이를 보았을 때 아이를 위해 기도했는가?" "저 아이의 부모는 뭐 하는 거야, 혹은 저 아이는 왜 저러는 거야?"라는 생각 대신 하느님께 이 아이를 낫게하고 지켜달라고 기도했는가? 고통받고 있는 사람들을 봤을 때 우리는 기도해야 합니다. 이 아이 덕분에 우리는 언제든 이 질문을 되새기게 될 것입니다. '고통을 겪는 누군가를 보았을 때 나는 그를 위해 기도했는가?'"

　　오늘 복음에서 예수님께서는 사람들 앞에서 무슨 가르침을 주고 계시고, 제자들은 주위에서 경호원처럼 서 있는 모습이 상상됩니다. 예수님이라는 큰 예언자가 나타났으니 사람들은 자기 자녀들을 데리고 예수님의 축복을 청합니다. 하지만 제자들은 그들이 예수님의 일을 방해한다고 생각했고, 그들을 꾸짖습니다. 이에 주님께서는 다음과 같이 말씀하십니다. "어린이들을 그냥 놓아두어라. 나에게 오는 것을 막지 마라. 사실 하늘 나라는 이 어린이들과 같은 사람들의 것이다." 이 말씀인즉, 교황님께서 말씀하신 것처럼 '고통을 겪는 누군가를 보았을 때 나는 그를 위해 기도했는가?' 상대를 판단하지 않고, 순수한 어린이처럼 받아들이려고 노력했는지 돌아보라는 말씀으로 들립니다. 오늘도 주위에서 주님께 다가가고자 하는 사람이 있다면, 우리의 판단으로 그를 판단하지 말고, 어린이와 같은 영적 순수함으로 주님께 나아가도록 돕는 우리 모두가 되기를 성부와 성자와 성령의 이름으로 기도드립니다. 아멘.

나만의 복음밥

- 재 료 :
- 레시피 :
- 고 명 : 매일미사 (   ), 복음묵상 (   ), 성체조배 (   ), 묵주기도 (   )
- 복음밥 :

250817 | 연중 제20주일

📖 재   료 : 루카 12,49
🥣 레시피 : "나는 세상에 불을 지르러 왔다."

'극한직업'이라는 프로그램에서 금을 가공하는 것을 보게 되었습니다. 금을 용기에 넣고 불로 할 수 있는 만큼 최대치로 가열합니다. 카메라로 그 장면을 찍는 감독이 금 가공 장인에게 "지금도 충분히 금이 녹은 것 같은데 왜 불을 계속 가하시나요?"라고 물어봤습니다. 그 말에 장인은 "금에 불순물이 섞여 있으면 빛을 내기가 쉽지 않아요. 그래서 불을 가하면 가할수록 뜨거우면 뜨거울수록 불순물이 타버리죠. 그래서 더 뜨겁게 불을 가하는 겁니다."라고 답을 하셨습니다. 인생에 있어서 누구나 질곡이 없을 수는 없습니다.

며칠 전 어떤 형제님은 자신도 불치병으로 아픈데, 자신의 아들까지 그 병을 물려받아서 하느님께 너무 화가 났다고 합니다. 그래서 하느님께 "당신이 안 내려오면 내가 올라가서 따진다."라고 스스로 목숨을 끊으려고 하셨습니다. 그렇게 죽기로 마음을 먹은 저녁 집에 들어갔는데, 아들이, "아빠 나 괜찮으니까 하느님 그만 미워하고 성당 가자."라고 말을 했습니다. 하느님의 말씀 같은 아들의 그 말 한마디 뜨거운 불같은 그 말 한마디에 마음의 불순물이 다 타버리고, 형제님은 하느님만을 바라보며 열심히 살아가고 있다고 하셨습니다.

오늘 복음에서 예수님께서는 다음과 같이 말씀하십니다. **"나는 세상에 불을 지르러 왔다."** 하느님께서 불을 지르시려는 이유는 우리 마음의 불순물들, 주님을 의심하는 마음, 주님을 미워하는 마음, 주님을 저주하는 마음을 다 태워버리시고, 주님으로 온전히 빛을 내는 자녀들로 만들어 주고 싶으신 주님만의 비법인 것 같습니다. 이번 한주도 우리 삶에 어려움이 찾아온다면 그것은 주님께서 우리 마음에 불순물을 태워주시고 당신으로 빛나게 해 주시기 위함임을 깨닫는 날들이 되시기를 성부와 성자와 성령의 이름을 기도드립니다. 아멘.

나만의 복음밥

📖 재 료 :

🥣 레시피 :

🔔 고 명 : 매일미사 (　), 복음묵상 (　), 성체조배 (　), 묵주기도 (　)

🔔 복음밥 :

250818 ㅣ 연중 제20주간 월요일

📖 **재　　료** : 마태 19,21
🥣 **레시피** : "네가 완전한 사람이 되려거든, 가서 너의 재산을 팔아 가난한 이들에게 주어라. 그러면 네가 하늘에서 보물을 차지하게 될 것이다. 그리고 와서 나를 따라라."

　　저는 강의를 준비할 때 완벽하게 하려고 노력합니다. 그것은 강의를 준비하는 저를 위해서이기도 하고 강의를 듣는 사람을 위해서이기도 합니다. 그런데, 그렇게 열심히 강의록과 자료들을 준비하고 난 뒤에 강의에 들어가면 마음에 드는 강의를 하기보다는 시간에 쫓겨서 준비한 것을 다 하지 못할 때가 많습니다. 그렇게 강의를 마치고 돌아와서 방에서 생각을 해보니, 완전한 강의를 하려고 정작 필요한 것을 나누지 않고, 다 하려고만 했기에 결국, 다 못하게 되는 경우가 생기는 것이었습니다. 강의를 준비할 때는 제 머릿속에 가진 것을 털고, 털어서 가볍게 만들어야, 정작 강의를 할 때는 필요한 것, 아는 것만 이야기할 때 가볍게 날아다닐 수 있음을 알게 되었습니다. 그 후로 강의를 준비할 때는 제가 가진 것을 구분하고 나누는 연습을 합니다. 그렇게 조금씩 가벼워질수록 강의 안에서 날고 있는 저를 보게 됩니다.

　　오늘 복음에서 부자 청년이 예수님께 다가와 영원한 생명을 얻는 법을 물어봅니다. 이것에 대해 예수님께서는 이렇게 말씀하십니다. **"네가 완전한 사람이 되려거든, 가서 너의 재산을 팔아 가난한 이들에게 주어라. 그러면 네가 하늘에서 보물을 차지하게 될 것이다. 그리고 와서 나를 따라라."** 우리도 신앙생활 안에서 하늘나라에 가기 위해, 기도도 하고 활동도 합니다. 그 신앙생활을 통해 힘을 얻고 하늘나라에 가는 제물을 쌓는 것이기에 최선을 다합니다. 하지만 어느 것을 취해야 하고 어느 것을 버려야 할지에 대한 구분 없이 다 담으려고 합니다. 그러기에 정작 하늘로 올라야 하는데 몸과 마음이 무거워 주님을 따르는 데 힘들어서 멀리 못 가게 됩니다.

우리는 내가 알고 있는 것, 내가 가지고 있는 것을, 나누고 비울 준비가 되어 있는지 돌아봐야 합니다. 그렇게 우리가 필요하다고 꼭 잡고 있는 것들을 내려놓는 순간, 우리의 영혼 육신은 가벼워질 것이며 주님의 뒤를 따라가도 지치지 않을 것이라는 생각이 듭니다. 오늘 하루 내가 가진 것을 나누고, 비우고 주님을 따르는 하루가 되기를 성부와 성자와 성령의 이름으로 기도드립니다. 아멘.

나만의 복음밥

- 재 료 :
- 레시피 :
- 고 명 : 매일미사 (   ), 복음묵상 (   ), 성체조배 (   ), 묵주기도 (   )
- 복음밥 :

250819 | 연중 제20주간 화요일

📖 재   료 : 마태 19,24
🍳 레시피 : "부자가 하느님 나라에 들어가는 것보다 낙타가 바늘구멍으로
　　　　　 빠져나가는 것이 더 쉽다."

　요즘 프로그램 중에 육아 방송이 많아졌습니다. 연예인의 자녀들이 성장하는 것을 보면서 동감하는 마음을 불러일으키는 것 같습니다. 지난번에는 아이들끼리 작은 운동회를 하는 것이 나왔습니다. 여러 가지 장애물이 있고, 그 장애물 끝에 달려 있는 과자를 먹고 돌아오는 경기였습니다. 아이들은 장애물 끝에 달려 있는 과자가 좀 높았는지 점프를 몇 번 뛰다 말고 이렇게 말을 했습니다. "이런 것을 어떻게 해요. 너무 높아요. 못해요. 이건 아무나 할 수 있는 게 아니에요." 그런데 한쪽 구석에서 멈추지 않고 계속 뛰는 아이가 있었습니다. 결국, 그 아이는 장애물에 붙은 과자를 떼어 먹고 돌아가서 이겼습니다.
　우리는 주님께 매일 묻습니다. "주님 어떻게 하면 영원한 생명을 얻을 수 있습니까?" 이 말에 주님께서는 이렇게 답을 하십니다. **"부자가 하느님 나라에 들어가는 것보다 낙타가 바늘구멍으로 빠져나가는 것이 더 쉽다."** 이 말씀은 오늘을 살아가는 우리에게도 유효합니다. 우리는 대부분 바늘구멍으로 들어가려고 끝까지 노력하기보다는 해보지도 않고 눈으로 보고 질려버려 이렇게 말을 합니다. "그렇다면 누가 구원받을 수 있는가?" 바늘구멍만 바라보고 있으면서 주님께 어떻게 하냐고 묻는 것보다 잠시 주위를 둘러봅시다, 그러면 오늘도 열심히 바늘구멍으로 들어가려 노력하는 이들의 모습이 보일 것입니다. 그리고 그 바늘구멍을 통해 하느님 나라에 들어가는 이들을 보게 될 것입니다.

주님은 결코 불가능한 것을 말씀하지 않으십니다. 주님께서는 우리가 포기하지 않고 끝까지 노력하기를 바라실 뿐입니다. 오늘 하루 바늘구멍에 들어가는 이가 다른 이가 아니라 내가 될 수 있음을 믿으며 하늘을 향해 뛰어오르는 우리가 되기를 성부와 성자와 성령의 이름으로 기도드립니다. 아멘.

나만의 복음밥

📖 재 료 :

🥣 레시피 :

🔔 고 명 : 매일미사 (   ), 복음묵상 (   ), 성체조배 (   ), 묵주기도 (   )

🍚 복음밥 :

250820 | 성 베르나르도 아빠스 학자 기념일

재 료 : 마태 20,15
레시피 : "내 것을 가지고 내가 하고 싶은 대로 할 수 없다는 말이오?"

　봉사자로서 부르심을 받아서 모여 있어도 각자의 머릿속에는 다른 생각들이 있음을 종종 보게 됩니다. 교회 안에서 이루어지는 모든 일은 '하느님의 나라를 완성' 하기 위한 것입니다. 그러기에 피정을 하거나 교육을 받고 나면 뜨거운 마음과 열정으로 그 안에 속하려고 하고 '주님께서 불러주시기만 한다면 열심히 해보겠다.'라고 다짐을 합니다. 그렇게 교회 안에 있는 단체에 속해서 봉사합니다. 하지만 그 안에서 활동하며 '하느님 나라의 완성'을 위해 한다고 하면서도 그 안에서 인간적인 결과를 못 얻으면 불편한 모습을 보이곤 합니다. 그리고 주변에서는 '시간에 비례해서 직무를 맡아야 하는 거 아닌가?'라며 마음을 들썩이게 만듭니다. 그런데 하느님의 계획은 인간의 계획과 달라서 인간이 원하는 방식으로 봉사자를 뽑아 세우지 않으십니다. 그러면 이런 이야기를 합니다. "제가 교회 안에서 봉사한 시간이 얼마인데, 저에게 왜 그러십니까?"

　이런 모습을 보고 있으면 오늘 복음의 말씀이 딱 맞습니다. 포도밭 주인에게 일꾼들은 자신들의 생각대로 주인이 움직여 주기를 바라며 이렇게 말을 합니다. "맨 나중에 온 저자들은 한 시간만 일했는데도, 뙤약볕 아래에서 온종일 고생한 우리와 똑같이 대우하시는군요." 이 말에 주인은 이렇게 답을 합니다. **"내 것을 가지고 내가 하고 싶은 대로 할 수 없다는 말이오?"** 주님의 일을 하는 데 있어서 '얼마나 했느냐?, 무엇을 했느냐?'고 하는 것은 중요하지 않다는 생각이 듭니다. 제일 중요한 것은 '하느님 나라의 완성을 위해 나는 늘 첫 부르심을 기억하며 한결같이 노력하고 있는가'가 제일 중요한 것 같습니다. 우리가 그런 모습으로 주님을 섬긴다면 주님께서 하시는 처우가 불편하기보다는 매 순간 감사함으로 다가올 것 같습니다. 오늘 하루 인간의 기준으로 하느님의 뜻을 생각하지 않고 하느님의 뜻을 오롯이 바라보는 우리 모두가 되기를 성부와 성자와 성령의 이름으로 기도드립니다. 아멘.

나만의 복음밥

재 료 :

레시피 :

고 명 : 매일미사 (　), 복음묵상 (　), 성체조배 (　), 묵주기도 (　)

복음밥 :

250821 | 성 비오 10세 교황 기념일

📖 재 료 : 마태 22,14
🍳 레시피 : "부르심을 받은 이들은 많지만 선택된 이들은 적다."

교실에 들어서면 똑같은 수많은 의자가 있지만 앉고 싶은 느낌을 주는 의자는 따로 있습니다. 공원에 들어가 산책하며 수많은 나무를 만나지만 등걸에 기대어 쉬고 싶은 나무는 한 그루 정도입니다. 세상엔 많은 사람이 있지만 서로 진실되게 마음을 나누는 사람은 적습니다.

의자든, 나무든, 사람이든 교실 안에서, 공원 안에서, 관계 안에서 우리 마음에 드는 것은 하나 혹은 둘입니다. 주님 눈에는 어떨까요? 분명 주님께서는 우리를 당신의 그늘 안으로 부르시고 사랑해 주실 것입니다. 그런데 우리는 주님께서 오시어 쉴 만한 의자가 되는지, 몸을 기댈 만한 나무가 되는지, 우정을 나눌 관계가 되는지, 돌아보면 아직도 먼 것 같습니다.

오늘 복음에서 예수님께서는 다음과 같이 말씀하십니다. **"부르심을 받은 이들은 많지만 선택된 이들은 적다."** 주님께서는 오늘도 우리를 당신의 잔치에 초대하십니다. 우리는 그 초대에 맞는 모습을 갖추고 있는지 돌아보는 하루가 되시기를 성부와 성자와 성령의 이름으로 기도드립니다. 아멘.

나만의 복음밥

- 재 료 :
- 레시피 :
- 고 명 : 매일미사 (   ), 복음묵상 (   ), 성체조배 (   ), 묵주기도 (   )
- 복음밥 :

250822 | 복되신 동정 마리아 모후 기념일

📖 재　료 : 마태 22,37
🥣 레시피 : "네 마음을 다하고 네 목숨을 다하고 네 정신을 다하여 주 너의 하느님을 사랑해야 한다."

　거의 다 잊으셨겠지만 저는 2,023년 8월 24일 오후 1시 이 날짜와 시간을 평생 잊지 못합니다. 후쿠시마에서 방사능 오염수 방류를 시작한 날입니다. 국민을 대표한 자리에 앉아 있는 대통령은 국민의 생명과 재산에 위협이 될 방사능 오염수 방류에 대해 어떠한 설명도 없이, 어디론가 숨어버렸고, 행여나 자신들이 이 일에 휘말리면 총선에 떨어질까 벌벌 떠는 국회의원들도 "내 탓이 아니다."라는 말 뒤에 숨어버렸습니다. 제 앞에 있다면 정치적이고, 외교적인 이유를 떠나서, "이것이 최선이었냐고" 물어보고 싶은 마음이 듭니다. 자신의 아파트 수돗물에서 빨간 물이 나와도 화를 내고, 벌레가 나오는 것으로도 한 도시가 들썩이는데, 전 세계 모든 사람이 함께 쓰는 바다에 방사능 오염수를 버리는 이것이 과연 최선이었냐고 물어보고 싶습니다.

　방사능 오염수 배출 후 많은 분들에게 메시지가 옵니다. "신부님 어떻게 해야 하나요? 후세의 아이들에게 미안할 뿐입니다. 이것을 멈출 방법은 없나요? 하루종일 멍하니 있게 돼요. 우리는 어떻게 되나요? 하느님이 계시기는 한가요?" 벌써 1년이 지나고 다 잊어버리셨겠지만, 방사능 오염수의 배출은 계속되고 있습니다. 이런 일이 있어도 하느님은 분명 계시고 이런 어려운 상황 가운데에서 우리와 함께해 주십니다. 그러면 우리가 해야 할 것은 무엇일까요?

　오늘 복음에서 예수님께서는 다음과 같이 말씀하십니다. "**네 마음을**

다하고 네 목숨을 다하고 네 정신을 다하여 주 너의 하느님을 사랑해야 한다." 운동을 할 때 더 이상 못할 것 같은 순간이 옵니다. 그 순간 한 번 더 할 때 근육이 생기는 것처럼, 기도를 해야 하는데, 못하게 되는 상황에서 그 사람들을 위해 기도하는 것, 그때가 바로 신앙의 근육이 생기는 때입니다. 행동도 중요하지만 기도를 멈추지 말아야 합니다. 나라의 지도자들이 올바른 판단을 할 수 있게, 그들의 생각이 바뀔 수 있게 기도해야 합니다. 정신을 놓게 만드는 이 세상에서 정신 줄을 잡으려면 마음을 다하고 목숨을 다하고 정신을 다해서 하느님을 사랑하는 것. 즉, 기도를 해야 합니다. 온 마음, 목숨, 정신을 다해 기도함으로써 이 어려움이 언젠가 멈추기를 복되신 동정 마리아께 전구 기도를 청합니다. 아멘.

나만의 복음밥

재 료 :
레시피 :
고 명 : 매일미사 (　), 복음묵상 (　), 성체조배 (　), 묵주기도 (　)
복음밥 :

250823 | 연중 제20주간 토요일, 또는 리마의 성녀 로사 동정

📖 재　료 : 마태 23,3

🥣 레시피 : "그들은 말만 하고 실행하지는 않는다."

며칠 전 밤에 문득 생각나는 동기가 있어서 전화했습니다. 통화를 이어가다 문득 이런 말을 했습니다. "신부로서 살아가다 보니, 손은 무거워지고, 입은 가벼워지네. 신자들 앞에서 신부로서 말을 할 때는 '하느님을 위해서 기도하고 세상에 시선을 두지 말고, 늘 주님만을 생각하세요.'라고 말을 하면서 인간으로 돌아오면 나 또한 기도하지 못하고, 하느님 생각보다는 삶에 대해서 더 많이 생각하는데, 자꾸 나도 못 하는 것을 하라고 그러는 것 같아서. 말하는 게 점점 힘들어지네."라는 대화를 했습니다.

돌아보니 틀린 말은 하나도 없고, 모조리 맞는 말이어서, 저 또한 그 말에서 자유로울 수 없었습니다. 사제의 삶과 인간의 삶 이 두 삶이 분리된 게 아니라 하나의 삶인데, 점점 살아가는 게 힘에 부치고 '어쩔 수 없다.'라는 생각이 커질수록 두 삶을 나누는 제 모습이 보였습니다. 그러다 보니 내가 하지 못하는 것을 강요하고, 신자들을 힘들게 하는 부분들이 생기게 되는 것이었습니다.

오늘 복음에서 예수님께서는 율법학자와 바리사이들의 말은 듣되 그들의 행실은 따라 하지 말라고 하시며 다음과 같이 말씀하십니다. **"그들은 말만 하고 실행하지는 않는다."** 손은 무겁고, 입은 가벼운 이 모습은 저만의 모습이 아니라 나이가 들고, 삶의 연륜이 쌓일수록 모두가 피할 수 없는 모습이라는 생각이 듭니다. 그런 모습을 바라봤을 때 스스로 조절하지 못한다면 몸으로 신앙생활을 하는 것이 아니라, 입으로만 신앙생활을 하게 될 것입니다.

요즘 한 가지 바라는 것이 있습니다. 나중에 나이가 들어도 다른 이가 저에게 하는 조언에 귀담아듣고, 제가 지금 생각하는 사제의 참모습을 그때도 잊지 않고 살아가는 것입니다. 그렇게 끊임없이 자신을 낮추어 하늘 나라의 끝자리 구석에라도 들어가기를 성부와 성자와 성령의 이름으로 기도드립니다. 아멘.

나만의 복음밥

- 재 료 :
- 레시피 :
- 고 명 : 매일미사 (   ), 복음묵상 (   ), 성체조배 (   ), 묵주기도 (   )
- 복음밥 :

250824 | 연중 제21주일

📖 재　　료 : 루카 13,24
🥣 레시피 : "너희는 좁은 문으로 들어가도록 힘써라."

　3개월 전에 종합검진을 받았습니다. 특별한 문제는 없었지만 콜레스테롤 수치가 조금 높게 나왔습니다. 내분비내과 진료를 받자 의사 선생님은 저에게 "신부님! 하루에 운동 몇 시간 하세요?"라고 물었습니다. 그 질문에 저는 "운동을 안 한지 한 일 년은 되는 것 같은데요."라고 답을 했습니다. 저의 답을 들은 의사 선생님은 "신부님 3개월 드릴 테니 하루에 한 시간씩 운동하시고 3개월 뒤에 봐요."라고 말씀하시고 진료를 끝냈습니다.

　그리고 3개월 동안 저는 운동을 안 했습니다. 할 시간이 없다는 것보다는 피곤해서 운동을 해야겠다는 생각을 하지 못했습니다. 그리고 지난주 3개월이 지나고 의사 선생님을 다시 봤습니다. 선생님은 피검사 결과를 보시더니 이렇게 말씀하셨습니다. "신부님 운동 안 하셨죠? 다시 3개월 기회를 드립니다. 그때도 안 하시면 약 먹어야 해요. 약 먹기 시작하면 이제 돌이킬 수 없어요." 그 말을 듣고 집에 왔는데 아직도 운동을 안 하고 있습니다. 피곤하기 때문입니다.

　주님께서도 의사 선생님처럼 우리에게 늘 말씀하십니다. "너희는 좁은 문으로 들어가도록 힘써라." 그 문으로 들어가려면 우리가 지금 하고 있는 세상의 생활 습관에서 돌아서서 주님의 말씀대로 살고자 해야 합니다. 하지만 주님의 말씀을 듣고 실천하기에는 우리의 마음이 너무나 내 중심으로 향해 있음을 볼 수 있습니다. 그러기에 기도를 해야 함을 알면서도 잘 안하고, 성당에 가야 함을 알면서도 잘 안가며 이웃사랑을 해야 함에도 잘 못합니다. 그렇다고 하느님께서 나에게 특별한 제재를 가하지 않기에 이렇게 말씀을 드립니다. "주님, 시간이 아직 많이 있으니까요 나중에 할게요. 언젠가 할게요." 그런데 이것을 잊으면 안 됩니다. 시간의 주도권은 내게 있는 게 아니라 주님께 있다는 것을…

오늘도 우리에게 기회가 주어졌습니다. 내일 다시 올 기회라고 생각하지 말고, 오늘 주신 이 기회에 감사하며 산다면 주님께서 갑자기 부르시는 날 우리의 영혼은 좁은 문을 통과하여 당신의 집으로 불러주시어 아브라함과 이사악과 야곱과 모든 예언자와 함께 머물게 될 것이다. 주님의 부르심에 일치를 이루는 우리 모두가 되기를 성부와 성자와 성령의 이름으로 기도드립니다. 아멘.

나만의 복음밥

- 재 료 :
- 레시피 :
- 고 명 : 매일미사 (   ), 복음묵상 (   ), 성체조배 (   ), 묵주기도 (   )
- 복음밥 :

250825 | 연중 제21주간 월요일, 또는 성 루도비코

📖 재　　료 : 마태 23,17
🍵 레시피 : "어리석고 눈먼 자들아! 무엇이 더 중요하냐?"

　학생 미사를 하기 전에 성당에 들어가면 공통되는 풍경이 있습니다. 그것은 바로 아이들이 하나같이 스마트폰에 얼굴을 대고 무엇인가에 열중한다는 것입니다. 그 무엇인가를 가서 보면 게임, 인스타 릴스, 유튜브 쇼츠같이 생각을 갉아먹는 것들에 빠져 있습니다. 짧으면 7초 길면 15초가 안되는 이 영상을 통해 즐거움을 느낄 수 있으니, 오랜 시간을 한자리에 앉아 기도를 통해 느낄 수 있는 하느님은 아이들의 관심 밖이고, '재미없는 것'이라는 대명사로 정리되는 현실에 있습니다. 그렇다고 성당에 아무리 스마트폰을 못 보게 한들, 아무리 하느님이 좋다는 것을 가르친다 한들, 집에 가면 다시 원래대로 돌아가니 답답할 지경입니다.

　그러다 한 어머니를 봤는데 그분은 아이들에게 핸드폰을 사주지 않으셨습니다. 그 이유를 물으니, 다음과 같이 대답했습니다. "사람의 몸이란 편하게 할수록 더 편해지려고 하거든요. 어려서 그것을 맛보면 커서는 그 이상의 위로를 찾기에 어려서는 불편해야 합니다. 저는 스마트폰 대신에 책을 보게 하고, 기도하게 합니다. 책으로 독후감을 쓰고 기도를 적어둔 기도 노트를 모아 나중에 책으로 만들어 줍니다. 핸드폰을 없애고 그런 작은 성과를 이룰 수 있게 해주었더니 아이들이 핸드폰을 찾지 않습니다."

　오늘 복음에서 예수님께서는 율법학자들과 바리사이들을 향해 다음과 같이 말씀하십니다. **"어리석고 눈먼 자들아! 무엇이 더 중요하냐?"** 여기서 눈먼 자들에 대해서 묵상해 보면, 육체적인 '눈 멂'이 아닙니다.

영적인 '눈 멂', 즉, '주님을 바라보지 못하게 하는 것들이 있을 때 어떻게 해야 하느냐?'라는 질문으로 들립니다. 세상은 점점 더 쉽고 편한 것이 좋다고 이야기합니다. 하지만 쉽고 편한 것 안에는 하느님이 계시지 않다는 것을 알아야 합니다. 우리의 영적인 눈을 멀게 하여 하느님을 보지 못하게 만드는 것들이 많아지는 요즘, 그런 것들을 끊고 주님께 마음을 향하는 우리 모두가 되기를 성부와 성자와 성령의 이름으로 기도드립니다. 아멘.

나만의 복음밥

- 재 료 :
- 레시피 :
- 고 명 : 매일미사 (   ), 복음묵상 (   ), 성체조배 (   ), 묵주기도 (   )
- 복음밥 :

250826 | 연중 제21주간 화요일

재　　료 : 마태 23,24

레시피 : "눈먼 인도자들아! 너희는 작은 벌레들은 걸러내면서 낙타는 그냥 삼키는 자들이다."

저는 안경을 쓰고 삽니다. 초등학교 때 안경 쓰는 친구들이 멋있어 보여서 '어떻게 안경을 쓸 수 있을까?' 고민하다 티브이 앞에 바짝 앉고, 불 끄고 책 보는 한심한 모습 끝에 중학교 때 안경을 쓰게 되었습니다. 처음에는 안경 쓰는 게 좋았지만 곧 후회하게 되었습니다. 몸이 성장할수록 시력은 더 나빠지기 시작하였습니다. 한번 나빠지기 시작한 눈은 돌아올 기미 없이 급속도로 진행되었고, 안경도 그때마다 바꿔 써야 했습니다. 신학생 때 이르러 시력 저하가 둔화하였는데, 이런 일이 있었습니다. 한국 청년대회가 제주도에서 개최되어 전국에 모든 가톨릭 청년들이 그곳으로 모였습니다. 첫날 모두 함께 물놀이를 했는데, 한참을 신나게 놀고 있는데, 물속에 들어갔다 나온 후 눈이 안 보였고, 확인해 보니 안경이 사라졌습니다. 그때부터 눈은 있지만 없는 것과 같았고, 청년들의 손에 이끌려 다니기 시작했습니다. 신학생으로서 청년들의 리더로 간 연수가 졸지에 짐처럼 변하게 된 것입니다.

오늘 복음에서 예수님께서는 바리사이와 율법학자들의 잘못된 점을 지적하시며 다음과 같이 말씀하십니다. **"눈먼 인도자들아! 너희는 작은 벌레들은 걸러내면서 낙타는 그냥 삼키는 자들이다."** 우리가 신앙을 가지고 살아가며 주님의 일을 하기 위해서는 신앙의 눈을 잘 관리해야 합니다. 잠깐의 방심으로 양심을 올바로 바라보지 못하고 그런 행위들을 반복할 때 마음의 눈은 조금씩 나빠지고 결국 작은 죄가 쌓여 큰 죄도 아무렇지 않게 저질러 버리게 되는 것입니다. 오늘도 주님께서는 우리가 그런 부족함에서 벗어나 주님의 은총 안에 머물기를 바라는 마음으로 복음을 통해 각자의 마음을 바라보게 하시는 것입니다. 복음을 읽고 마음을 돌아보고 부족한 점이 있다면, 고해성사라는 신앙의 안경을 쓰고 주님의 것을 올바로 보고자 노력하는 우리 모두가 되기를 성부와 성자와 성령의 이름으로 기도드립니다. 아멘.

나만의 복음밥

재　료 :
레시피 :
고　명 : 매일미사 (　), 복음묵상 (　), 성체조배 (　), 묵주기도 (　)
복음밥 :

250827 l 성녀 모니카 기념일

재 료 : 마태 23,28
레시피 : "너희도 겉은 다른 사람들에게 의인으로 보이지만, 속은 위선과 불법으로 가득하다."

겉과 속이 다른 게 비정상일까요? 아닙니다. 지극히 정상입니다. 겉과 속이 똑같아서 자기 생각을 있는 그대로 다 말하고 행동한다면 세상은 혼란 그 자체일 것입니다. 사람의 겉과 속은 빙하와 같습니다. 겉모습은 밖에서 보이는 10퍼센트의 빙산의 일각일 뿐입니다. 우리가 상대의 내면을 꿰뚫어 볼 능력은 없습니다. 그러기에 어떤 사람은 너무나 이상하게 보이고, 어떤 사람은 너무나 사랑스러울 수 있는 것입니다.

그러기에 사람과의 관계를 위해서는 적당히 자신을 보이고 감추고 때때로 드러내야 하며, 상대에 대해서 다 알려고 하는 것조차 욕심이라는 생각이 듭니다. 그런데 이것이 하느님과의 관계라면 어떻게 될까요? 하느님은 우리의 모든 것을 알고 계신 분이시기에 인간 앞에서보다 솔직해져야 합니다. 그것은 양심이라는 장치가 작동하여 하느님 앞에 솔직해지게 합니다. 하지만 이 양심이 고장 나거나 털이 나면 속이 보이지 않기에 양심이 없는 것처럼 행동하고, 하느님이 계심에도 없는 것처럼 살아가게 되는 것입니다.

이런 우리를 위해 예수님께서는 다음과 같이 말씀하십니다. **"너희도 겉은 다른 사람들에게 의인으로 보이지만, 속은 위선과 불법으로 가득하다."** 신앙을 갖는다는 것은 하느님 보시기에 부끄러움 없이 살아가겠다는 믿음의 표현입니다. 하지만 때로는 신앙을 삶을 위한 하나의 가면으로 이용하는 사람들이 눈에 보이는 것도 사실입니다. 제 눈에도 그 모습이 보이는데 주님 보시기엔 더 크게 보일 것입니다. 사회 안에서 분리된 나를 하느님 앞에서 일치시키며 주님 보시기에 바른 모습으로 거듭나는 우리 모두가 되기를 성부와 성자와 성령의 이름으로 기도드립니다. 아멘.

나만의 복음밥

- 재 료 :
- 레시피 :
- 고 명 : 매일미사 (   ), 복음묵상 (   ), 성체조배 (   ), 묵주기도 (   )
- 복음밥 :

250828 | 성 아우구스티노 주교 학자 기념일

재　료 : 마태 24,47
레시피 : "주인은 자신의 모든 재산을 그에게 맡길 것이다."

한 번의 구매로 일주일간 마음을 행복하게 만드는 마법의 종이가 하나 있습니다. 그것은 바로 '로또'라는 이름의 복권입니다. 천 원으로 번호 6개를 구입하고 1등이 되면 몇십억이 생기기에 많은 사람이 그것을 구매하고 일주일간 다양한 꿈을 꿉니다. '나 로또 되면 직장 때려치우고 놀 거야.' '나 로또 되면 사고 싶은 거 다 살 거야.' '야야, 내가 로또 되면 그동안 나한테 잘했으니 너 천만 원, 너 일억 줄게.' 등등 되지도 않았지만 이미 로또를 산 순간부터 당첨자가 발표되는 순간까지 온갖 꿈을 꿉니다. 그런데 정말 당첨된 사람은 어떻게 살까요? 저는 그 이야기를 어머니를 통해 처음 들었습니다.

한 아파트에서 경비 일을 하시는 형제님이 계시는데, 그분은 매일 같은 일을 20년째 해오고 계셨습니다. 그분의 취미 중의 하나는 로또를 사는 것인데 그것도 꼭 천 원짜리 '자동'이었습니다. 어느 날 그분께도 1등 당첨의 기회가 찾아왔습니다. 그런데 그분은 지금도 경비 일을 하십니다. 어머니는 그분께 "그 돈이면 하던 일 쉬시고 편히 지내셔도 되는데 왜 힘들게 일하세요?"라고 여쭸더니 그분은 이렇게 답을 하셨습니다. "로또가 된 것은 좋은 일이지만 저는 제 일상이 더 중요합니다. 그런 일로 일상이 무너지면 모든 일이 한꺼번에 무너지거든요. 그래서 저는 하던 일을 합니다."

오늘 복음에서 주인이 시킨 일을 성실히 한 종에게 어떤 은총이 주어지는지 나옵니다. "주인은 자신의 모든 재산을 그에게 맡길 것이다."

신앙생활에서 여러 가지 변수들이 있을 수 있습니다. 그 변수는 내 삶을 조금씩 무너트리며 꾸준한 신앙생활도 방해합니다. 이런 우리에게 주님께서는 종들에게 맡기신 일, 즉 꾸준히 주님의 말씀을 향해 나아가는 발걸음을 멈추지 말라고 말씀하시는 것입니다. 우리는 삶의 어려움이 닥쳐오면 어떤 것을 먼저 내려놓는지 돌아보는 하루가 되었으면 좋겠습니다. 주님의 것을 먼저 내려놓는지, 아니면 내 것을 내려놓고 주님의 일을 꾸준히 하고 있는지. 주님의 일을 꾸준히 함으로써 하늘나라의 은총을 듬뿍 받는 우리 모두가 되기를 성부와 성자와 성령의 이름으로 기도드립니다. 아멘.

나만의 복음밥

- 재 료 :
- 레시피 :
- 고 명 : 매일미사 (   ), 복음묵상 (   ), 성체조배 (   ), 묵주기도 (   )
- 복음밥 :

250829 | 성 요한 세례자의 수난 기념일

📖 재　료 : 마르 6,26
🥄 레시피 : "임금은 몹시 괴로웠지만, 맹세까지 하였고 또 손님들 앞이라 그의 청을 물리치고 싶지 않았다."

올해 들어 SNS 중에 릴스와 쇼츠라는 것을 많이 올리고 보게 되었습니다. 릴스와 쇼츠는 길게는 1분 짧게는 5초 정도 되는 극도로 압축하여 메시지를 보는 영상입니다. 이것을 한번 보기 시작하면 이상하게 끊지 못하고 계속 이어서 보게 됩니다. 이런 영상들을 정신과 의사들은 뇌가 먹는 마약이라 해서 끊으라고 했습니다. 그 이야기를 들으며 "설마 그러겠어?"라고 생각했고 그렇게 6개월 이상 그것을 보는 시간이 이어졌습니다. 그러다 지난달 발표해야 할 것이 있어 글을 보는데 글자들에 발이 달린 것처럼 눈앞에서 뛰어다니고, 집중이 안 되었습니다. 기도하려고 성당에 앉아 있으면 눈앞에 영상들이 계속 떠오르며 집중을 방해했습니다. 이런 증상이 있음에도 쉽게 끊어지지 않으니 걱정입니다.

오늘 복음에서 헤로데는 자신에 대해 옳은 말만 하는 세례자 요한을 죽이는 장면이 나옵니다. 헤로데는 자기 행동을 정당화하며 다음과 같이 이야기합니다. **"임금은 몹시 괴로웠지만, 맹세까지 하였고 또 손님들 앞이라 그의 청을 물리치고 싶지 않았다."** 우리도 살아가다 보면 자신에게 옳은 말을 하는 사람. 즉, 마음에서 주님을 찾으라는 음성이 들릴 때, 그 소리에 집중하고 악을 끊어낼 힘이 있어야 하는데, 악에 물들어 버린 마음은 듣는 척하며 끊어내지 못하고 헤로데처럼 이런 나약한 소리를 합니다. '몹시 괴롭고 힘들지만 기도하며 주님께 마음을 향하기보다 쉽게 위로를 받을 수 있는 SNS에 더 집중해야겠어.'

오늘도 주님께서는 우리 앞에서 우리를 기다리고 계십니다. 우리가 끊지 못하고 중독된 것을 과감하게 끊고 주님의 말씀에 집중하기를 바라십니다. 주님 목소리에 집중하며 앞으로 나아가는 우리 모두가 되기를 성부와 성자와 성령의 이름으로 기도드립니다. 아멘.

나만의 복음밥

📋 재　료 :

🥣 레시피 :

🔔 고　명 : 매일미사 (　), 복음묵상 (　), 성체조배 (　), 묵주기도 (　)

🍚 복음밥 :

250830 | 연중 제21주간 토요일

📖 재　　료 : 마태 25,25
🥄 레시피 : "두려운 나머지 물러가서 주인님의 탈렌트를 땅에 숨겨두었습니다."

　주님께서는 각자에게 그에 맞는 능력을 주십니다. 그 능력은 돌 속에 감춰진 다이아몬드 같아서 어떻게 가공하냐에 따라 다이아몬드가 되기도 하고 그냥 돌로 남아 있을 수도 있습니다. 예전에 어떤 신부님께서 찾아오셔서 책을 내는 것에 관해서 물어봤습니다. "신부님 책을 내려고 하는데 제가 연차도 안 되고 부족한 게 많은 것 같아서요. 어떻게 해야 할까요?" 저는 그 말에 이렇게 답을 했습니다. "할 수 있으면 빨리하세요. 나는 주임신부가 되면 해야지, 나는 경력이 쌓이면 해야지, 나는 나중에 뭐, 뭐 하면 해야지, 이런 거 하다가 결국, 아무것도 못하고 시간만 가요. 자신에게 빛이 날 수 있는 것이 있음을 발견했다면 망설이지 말고 하세요." 그 신부님은 자신만의 책을 준비했고, 책 한 권을 세상에 낼 수 있게 되었습니다.

　오늘 복음에서 주인은 여행을 떠나며 종들에게 돈을 맡깁니다. 종들은 각자에게 주어진 돈을 능력에 맞게 키워나가는데 한 종은 그 돈을 받자마자 땅을 파고 주인의 돈을 숨깁니다. 주인이 돌아와 종들을 불러, 준 돈으로 어떻게 했느냐고 물어봤을 때, 땅속에 숨겨놓은 종은 이렇게 답을 합니다. "두려운 나머지 물러가서 주인님의 탈렌트를 땅에 숨겨두었습니다."

　결국, 그 종은 주인에게 게으르고, 쓸모없다는 소리를 듣고 어둠 속으로 내던져 버려집니다. 주님께서는 우리 각자에게 같은 돈을 주지는 않으셨지만 같은 시간은 주셨습니다. 그 시간 안에 우리가 해야 할 것은 주님의 뜻을 찾고, 실천하며 하느님의 뜻을 확장해 나가는 것입니다. 아무것도 하지 않으면 아무 일도 일어나지 않습니다. 하지만 작은 것이라도 실천하고, 이뤄나간다면 처음에는 돌처럼 보이던 주님의 뜻이 다이아몬드처럼 반짝이는 것을 보게 될 것입니다. 주님의 뜻을 실천하며 완성하는 우리 모두가 되기를 성부와 성자와 성령의 이름으로 기도드립니다. 아멘.

나만의 복음밥

재 료 :
레시피 :
고 명 : 매일미사 (   ), 복음묵상 (   ), 성체조배 (   ), 묵주기도 (   )
복음밥 :

250831 | 연중 제22주일

재　　료 : 루카 14,11
레시피 : "누구든지 자신을 높이는 이는 낮아지고 자신을 낮추는 이는 높아질 것이다."

지난번 어머니께서 큰손녀와 함께 시간을 보내고 싶다고 하셨습니다. 삼 남매 중에 장녀로 둘째와 막내에게 양보만을 강요받는 큰손녀가 안쓰러워 보이셨던 것 같습니다. 어머니를 모시고 약속된 장소에서 큰손녀를 차에 태웠습니다. 어머니와 이런저런 이야기를 나누고 있는데 큰손녀가 어머니한테 자꾸 반말을 하는 거였습니다. 그래서 제가 말을 했습니다. "시연아 너 왜 할머니한테 반말해." 그랬더니 이런 대답이 돌아왔습니다. "반말하니까 반말로 답을 하지. 존댓말 하면 존댓말로 해요." 그 대답에 머리가 띵하니 순간 할 말을 잃었습니다. 그리고 이런 생각이 들었습니다. '나이가 어리다고 무조건 어른에게 존댓말을 쓰라고 하는 내 안에도 꼰대가 있구나. 아이들도 행동뿐만 아니라 말도 존중받기를 원하는구나. 그러려면 내가 더 낮아져야 하는구나.'라는 생각이 들었습니다.

오늘 복음에서 예수님께서는 다음과 같이 말씀하십니다. **"누구든지 자신을 높이는 이는 낮아지고 자신을 낮추는 이는 높아질 것이다."** 시간이 갈수록 나이가 먹을수록 나의 지위와 위치와 상황에 취해서 머리로만 알고, 마음으로는 잊게 됩니다.

조카의 말을 듣고 다시금 마음을 다잡습니다. 내가 높아지고 낮아지는 것을 눈으로 볼 수 없습니다. 하지만 겸손한 마음으로 주님을 채우고자 한다면 주위 사람들이 그것을 느끼고 다가오게 될 것입니다. 8월 말을 보내며 나이의 꼰대, 신앙의 꼰대가 아니라 주위의 작은 말에도 스스로를 바꾸며 겸손해지는 우리 모두가 되기를 성부와 성자와 성령의 이름으로 기도드립니다. 아멘.

나만의 복음밥

- 재 료 :
- 레시피 :
- 고 명 : 매일미사 (   ), 복음묵상 (   ), 성체조배 (   ), 묵주기도 (   )
- 복음밥 :

250901 | 연중 제22주간 월요일

재　료 : 루카 4,22
레시피 : "그러자 모두 그분을 좋게 말하며, 그분의 입에서 나오는 은총의 말씀에 놀라워 하였다."

　어느 본당에 강론도 너무 잘하고 신자들에게도 너무 따뜻하고 사랑이 넘치는 신부님이 계셨습니다. 신부님의 모습에 감동하지 않는 사람이 없고, 그분의 행동 하나에도 살아계신 예수님이 오신 거와 진배없다며 우리 성당은 복받았다고 좋아하셨습니다. 그런데 신부님께서 어느 순간 사회의 부조리에 대해서 말씀하기 시작하셨고, 성당에서 신부들을 초청해서 미사를 봉헌하며 위정자들의 회개를 위해 기도회를 연적이 있었습니다. 저도 그 미사에 가기 위해 출발했고, 성당 앞에 가자 큰 고성이 났습니다. 그쪽으로 바라보니 신부님이 어떤 신자들에게 둘러싸여 모욕당하고 계셨습니다. 분명 같은 입이었는데, 어제까지는 예수님 같은 신부님이었는데, 오늘은 "정치하는 신부님, 나쁜 신부님, 이런 신부님은 성당에서 쫓아내야 해. 우리는 이런 신부님을 원하지 않는다."라고 고래고래 소리를 지르고 있었습니다.

　오늘 복음을 묵상하니 이 장면들이 떠오르며 마음이 착잡해졌습니다. 예수님께서 자신이 태어난 고을 회당에 들어가셔서 이사야의 말씀을 읽으시며 고향 사람들에게 하느님의 말씀을 선포하십니다. 고향 사람들도 그 이야기를 들으며 이렇게 말합니다. **"그러자 모두 그분을 좋게 말하며, 그분의 입에서 나오는 은총의 말씀에 놀라워 하였다."** 그러나 예수님께서 자신들의 보잘것 없는 믿음, 그리고 하느님의 말씀을 자기 뜻대로 해석하는 모습을 지적하시자, 그들은 조금 전까지 찬양하던 그

입으로 예수님을 죽이자고 합니다.

우리도 그런 모습을 보일 때가 있습니다. "내 마음에 들면 주님이고, 내 마음에 들지 않으면 그것은 주님이 아니다."라고 말합니다. 주님께서는 늘 그 자리에 그대로 계십니다. 변하는 것은 우리의 마음이고, 생각입니다. 우리 뜻대로 주님이 움직이실 거라 생각하지 말고, 주님의 뜻대로 생각하고 움직이는 우리 모두가 되기를 성부와 성자와 성령의 이름으로 기도드립니다. 아멘.

나만의 복음밥

- 재 료 :
- 레시피 :
- 고 명 : 매일미사 (   ), 복음묵상 (   ), 성체조배 (   ), 묵주기도 (   )
- 복음밥 :

250902 | 연중 제22주간 화요일

재　료 : 루카 4,34

레시피 : "나렛 사람 예수님, 당신께서 저희와 무슨 상관이 있습니까?"

　세상이 병들어가고 있습니다. 예전에는 막연하게 느껴졌던 일이었는데, 올여름 끝나지 않는 무더위와 비, 갑작스러운 추위와 뜨거움을 겪으며 심상치 않다는 것이 느껴집니다. 코로나-19와 더불어 세상이 병들어가는 것을 프란치스코 교황님은 선출되기 전부터 알고 계셨던 것 같습니다. 그러기에 환경 보존에 대한 것을 때마다 강조하시며, 우리도 하느님이 만드신 세상에 연결되었기에 연결된 모든 것을 사랑하고 아껴야 한다고 '찬미 받으소서'라는 회칙도 선포하셨습니다. 하지만 우리는 편의주의에 물들어 그 말씀을 머리로는 알면서도 몸으로 실천하지는 못합니다. 더우면 에어컨을 틀어야 하고, 플라스틱 생수병을 써야 하며, 비닐봉지에 물건을 담는 것을 편하게 생각합니다. 그리고 그것에 대해서 이야기하는 사람들에게 환경파괴의 영이 들린 것처럼 이렇게 말을 합니다. **"나렛 사람 예수님, 당신께서 저희와 무슨 상관이 있습니까?"**

　교황님께서는 이런 우리가 환경파괴의 영을 잠시라도 멀리하고 주님께서 만드신 피조물과 함께 하기를 바라는 마음으로 이번 달을 '피조물 보호를 위한 기도의 날'로 정하셨습니다. 세상의 모든 피조물은 하나의 사슬로 연결이 되어있습니다. 하나가 죽음으로 향해 간다면 결국 모든 이가 서서히 죽음으로 향해 갈 것입니다. 인간부터 그 죽음으로 내려가는 사슬을 멈춰야 할 것입니다. 오늘 하루만이라도 피조물을 위해 기도하고, 우리 생활을 편하게 만드는 물건 사용을 줄여보는 날이 되기를 성부와 성자와 성령의 이름으로 기도드립니다. 아멘.

나만의 복음밥

📖 재 료 :

🥣 레시피 :

🍚 고 명 : 매일미사 (　), 복음묵상 (　), 성체조배 (　), 묵주기도 (　)

🍲 복음밥 :

250903 | 성 대 그레고리오 교황 학자 기념일

📖 재　　료 : 루카 4,39
🍲 레시피 : "예수님께서 그 부인에게 가까이 가시어 열을 꾸짖으시니
　　　　　 열이 가셨다."

　아이들이 노는 것을 가만히 보고 있으면 반복해서 문제를 일으키고 어려움을 만들어 내는 아이가 있습니다. 그러다 보면 그 아이가 어떤 잘못을 해도 전체적인 시각으로 사건을 바라보는 것이 아니라 "평소에 하는 짓을 보니 저럴 줄 알았어."라고 판단해 버립니다. 하지만 이런 모습은 오해를 만들어 내고 편견으로 이어지곤 합니다.

　오늘 복음에서 예수님께서는 시몬의 집으로 가십니다. 시몬의 장모가 열병을 앓고 있는데, 그녀의 삶이 얼마나 훌륭했는지 주위 사람들이 예수님을 찾아가 모신 것입니다. **"예수님께서는 집에 들어가 그 부인에게 가까이 가시어 열을 꾸짖으시니 열이 가셨습니다."**

　당시 사람들은 병이 생기는 것은 죄가 있기 때문이라고 여겼습니다. 그러기에 분명 시몬의 장모도 죄가 있기 때문에 아픈 것이라 여겼습니다. 예수님께서 가까이 가시어 그녀의 죄에 대해 말씀하실 줄 알았는데, 눈에 보이는 열을 꾸짖으심으로 열이 가시게 하십니다. 예수님께 치유를 받은 부인은 위로도 함께 받았습니다. 그러기에 그 감사한 마음을 드러내기 위해 자리에서 즉시 일어나 예수님 일행의 시중을 들었습니다. 우리의 일상 안에서 만나는 사람 중에 문제가 생겨나면 그 문제를 바라보기보다는 누가 그 일을 저질렀는지 판단할 때가 있습니다. 그리고 이런 생각으로 이어집니다. '내가 그 사람 그럴 줄 알았어.' 이런 생각들은 문제를 일으킨 사람을 변화시키는 것이 아니라 더 이상하게 만들거나

공동체를 떠나게 되는 상황으로 이어지곤 합니다.

그러면 우리는 어떻게 해야 할까요? 예수님처럼 그 사람이 아픈 원인을 바라보고 어루만져 줄 수 있어야 한다고 생각합니다. 우리가 그런 마음으로 어루만져 준다면 그 사람은 변화할 것이며, 공동체에 나와 함께 봉사하게 될 것입니다. 주님의 눈으로 세상을 바라보고 깊은 마음으로 어루만질 수 있는 우리 모두가 되기를 성부와 성자와 성령의 이름으로 기도드립니다. 아멘.

나만의 복음밥

- 재 료:
- 레시피:
- 고 명: 매일미사 (   ), 복음묵상 (   ), 성체조배 (   ), 묵주기도 (   )
- 복음밥:

250904 | 연중 제22주간 목요일

📖 재 료 : 루카 5,4
🍵 레시피 : "깊은 데로 저어 나가서 그물을 내려 고기를 잡아라."

　지인들과 약속이 있으면 제일 먼저 하는 고민이 '무엇을 먹을까?'입니다. 이 고민을 해결하기 위해 제일 좋은 방법은 인터넷으로 맛집을 검색하는 것입니다. 이집 저집을 검색하다, 간 집이 맛있으면 다행이지만 과대광고로 맛집이 아니면 그 집을 찾은 저도, 그 집에 함께 간 사람도, 불편함을 갖게 됩니다. 그러기에 새로운 집을 찾아서 도전하는 위험을 감수하기보다는, 예전부터 갔던 맛집을 돌려가며 가게 됩니다. 늘 가던 집은 맛의 보장이라는 안정성이 있지만 새로움이 없기에 사람의 마음을 낚을 수가 있습니다. 도전이라는 것은 이처럼 항상 위험이라는 것을 감수하게 되지만, 경험이라는 선물을 얻게 되기도 합니다.

　오늘 복음에서 예수님께서는 시몬의 배에 오르시어 "깊은 데로 저어 나가서 그물을 내려 고기를 잡아라."라고 말씀하십니다. 물고기를 잡아도 더 많이 잡고, 어디에 물고기가 많은지 알고 있는 게 어부일 것입니다. 다른 어부였다면 "이상한 소리 말고 내리쇼."라고 말했을 텐데, 시몬은 예수님의 말씀에 따라 그물을 내리는 도전을 합니다. 그 도전의 마무리는 그물이 찢어질 정도로 많은 물고기가 잡히는 기적을 보게 됩니다. 이에 베드로는 자신보다 더 많은 것을 알고 계신 주님을 체험하고, 이런 말을 합니다. "주님, 저에게서 떠나 주십시오. 저는 죄 많은 사람입니다." 예수님께서는 베드로의 도전정신과 겸손한 마음을 보시고 다음과 같이 말씀하십니다. "두려워하지 마라. 이제부터 너는 사람을 낚을 것이다." 사람을 낚기 위해서는 마음을 얻어야 합니다.

예수님께서 베드로에게 보이신 모습처럼 우리도 주님의 말씀을 믿고 실천하며 살아간다면 만나는 사람들을 주님의 자녀로 거듭나게 해주실 것입니다. 익숙한 것에 머물지 않고 주님의 뜻이라면 두려움 없이 실천하며 나아가는 우리 모두가 되기를 성부와 성자와 성령의 이름으로 기도드립니다. 아멘.

나만의 복음밥

📋 재　료 :

🥣 레시피 :

🔔 고　명 : 매일미사 (　), 복음묵상 (　), 성체조배 (　), 묵주기도 (　)

🍚 복음밥 :

250905 | 연중 제22주간 금요일

📖 재　료 : 루카 5,38
🥣 레시피 : "새 포도주는 새 부대에 담아야 한다."

　　교회 내에는 여러 신심 단체들이 있습니다. 이 단체들을 통해 수도 없이 많은 영적인 자산이 생겨났고, 그 자산을 통해 교회는 성장해 나갔습니다. 하지만 그 안에 머무는 구성원들이 새로워지지 못하고 과거에 머무르는 현상이 지속되면서 영적 운동을 통한 새로움은 빛을 잃어가고 있다고 생각합니다. 예를 들어 어느 단체에서 프로그램을 진행하는데, 부득이하게 장소를 변경하게 되었습니다. 그러면 그 장소에 적응하고 모이는 사람들도 그 장소를 통해 새롭게 체험하는 사람들에게 기쁜 마음을 전달해 줘야 하는데 그곳이 아닌 다른 곳에서 피정을 한 사람들은 이런 말을 합니다. "예전에 거기서 할 때가 더 좋았어, 분위기도 좋고, 감동이 있었는데, 여기서 하니 분위기도 이상하고 감동도 없는 것 같아." 영적 프로그램은 늘 똑같고 장소만 바뀐 것인데, 프로그램의 내용에 집중하는 것이 아니라 장소만으로 프로그램을 판단하는 모습이 안타까워 보였습니다.

　　오늘 복음에서 예수님께서는 다음과 같이 말씀하십니다. **"새 포도주는 새 부대에 담아야 한다."** 성경 말씀은 2천 년 전이나 지금이나 똑같습니다. 다만 말씀이 살아있는 생명체 같아 시대와 상황에 맞게 유연하게 변화하여 모든 사람에게 늘 새로운 감동을 줍니다. 하지만 그것을 접하는 사람들이 새로워지지 못하고 자꾸 과거에 머물고, '옛날에는 이렇게 했어.'라는 전통을 운운하는 사람들로 인해 말씀의 새로워짐을 방해하는 사람들을 보게 됩니다.

교회는 늘 새로워져야 합니다. 주님께서는 늘 새 부대를 준비해 주시는데, 그 안에 있는 우리가 '묵은 것이 좋다.'고 말하면 결국 부대는 터져버리고 그 안에 있는 것들이 흩어져 버리는 체험을 하게 됩니다. 오늘 하루 과거에 머물며 주위 신앙인들의 발목을 잡기보다는 새로워지기로 결심하고 은총으로 다가오시는 주님을 새 부대에 담아 성장하는 교회로 만드는 우리 모두가 되기를 성부와 성자와 성령의 이름으로 기도드립니다. 아멘.

나만의 복음밥

재 료 :

레시피 :

고 명 : 매일미사 (   ), 복음묵상 (   ), 성체조배 (   ), 묵주기도 (   )

복음밥 :

250906 | 연중 제22주간 토요일

재　료 : 루카 6,5
레시피 : "사람의 아들은 안식일의 주인이다."

　부모님 생신이나 명절이라든지 특별한 일이 있으면 가족 모두가 모여 식사를 합니다. 조카들도 모여 함께 밥을 먹는데 음식을 앞에 두고 식사 전 기도를 하기 전에 손이 먼저 가는 조카들의 모습을 봅니다. 이런 조카들의 모습을 보면서 저의 어린 시절을 돌아봤습니다. 저 또한 어머니께서 성호경 긋는 법, 식사 전 기도하는 법을 알려주셔도 배고픔이 크면 기도보다 수저에 손이 먼저 갔습니다. 그때 어머니께서 이런 말씀을 하셨습니다. "하느님께 감사하는 마음을 드러내는 것은 무척 중요한 거야. 너무 배고파서 음식에 먼저 손이 갈 수 있지만 그때도 늦지 않았으니 기도를 할 수 있으면 하기를 바라."

　오늘 복음에서 예수님의 제자들은 예수님과 함께 복음을 위해 길을 떠났습니다. 하지만 아무것도 지니지 말라는 주님의 말씀에 따라 음식조차 없었던 제자들은 배가 고팠습니다. 그러다 안식일 밀밭 사이를 지나갈 때 제자들은 밀 이삭을 뜯어 비벼 먹는 행위를 하게 됩니다. 이 모습을 몰래 지켜보고 있던 바리사이들은 예수님과 일행에게 "안식일에 해서는 안 되는 행위를 했다."라며 비난합니다. 이에 예수님께서는 그들을 향해 다음과 같이 말씀하십니다. **"사람의 아들은 안식일의 주인이다."** 안식일의 주인은 그 법을 아는 우리가 아니라 예수 그리스도이십니다.

　우리는 한결같을 수 없으면서도 한결같은 척하려고 합니다. 하지만 언젠가 다들 자신이 지키려던 모습에 걸려 넘어질 때가 있습니다. 사람이기에 이성보다 본능에 충실할 때가 있습니다. 그런 모습은 누구나 보일 수 있는 모습입니다. 교회 안에서 그런 모습을 보았을 때 비난하는 모습보다는 상대의 마음속 잠시 잃어버린 주님을 찾을 수 있도록 기다려주고 기도해 줘야 합니다. 안식일 법이라는 것을 말하기 이전에 이웃을 위해 기도해 주므로 주님의 사랑을 느끼게 해주는 우리 모두가 되기를 성부와 성자와 성령의 이름으로 기도드립니다. 아멘.

나만의 복음밥

재　료 :

레시피 :

고　명 : 매일미사 (　), 복음묵상 (　), 성체조배 (　), 묵주기도 (　)

복음밥 :

250907 | 연중 제23주일

📖 재　　료 : 루카 14,27
🥣 레시피 : "누구든지 제 십자가를 지고 내 뒤를 따라오지 않는 사람은 내 제자가 될 수 없다."

　제가 아는 신부님 중에 아프리카 선교를 하고 계신 신부님이 계십니다. 신부님이 계신 나라는 위에서 아래로 길어서 주로 차로 선교를 가지만 가끔은 걸어서 선교를 떠난다고 하십니다. 그렇게 걸어서 선교를 가시던 어느 날 한 마을 앞에서 멈춰 섰습니다. 그 이유는 마을을 들어가려면 강을 건너야 했기 때문이었습니다. 신부님은 동반한 선교사에게 물살도 센 이 강을 어떻게 건너가야 하는지 물어봤습니다. 그러자 그 선교사는 한쪽을 가리켰고, 그곳에는 크기가 다양한 배낭이 있었습니다. 배낭 안에는 돌이 가득 있었는데, 자신이 들기에 조금 버거운 배낭을 앞으로 메라고 말씀하셨습니다. 이유인즉, 무거운 추와 같은 배낭을 메고 강을 건너야 물살에 떠내려가지 않고 목숨을 지킬 수 있다고 했습니다.
　오늘 복음에서 예수님께서는 제자들을 향해 다음과 같이 말씀하십니다. **"누구든지 제 십자가를 지고 내 뒤를 따라오지 않는 사람은 내 제자가 될 수 없다."** 위 이야기를 듣고 보니 우리가 십자가를 지는 이유를 명확하게 알 수 있을 것 같습니다. 십자가는 우리를 힘들게 하는 것이 아니라, 삶에 있어서 어려움을 넘어갈 수 있는 구원의 도구인 것입니다.
　우리는 매일 하루를 시작하며 인생이라는 강을 건넙니다. 가끔은 물살이 세지 않아 편하게 건널 때도 있지만 물살이 너무 세서 건너지 못하고 발을 동동 구를 때도 있습니다. 그때 각자의 주위를 둘러보십시오. 그러면 내려놓으려고 하고 지지 않으려고 했던 십자가가 눈에 보일 것입니다. 그 십자가를 짊어지고 거친 인생이라는 강을 건너봅시다. 무겁고 힘들고 나를 괴롭히는 것 같은 십자가를 짊어질 때 이 십자가가 우리를 구원해 준다는 것을 깨닫게 될 것입니다.

십자가를 바라보고 십자가를 통해 구원을 얻는 우리 모두가 되기를 성부와 성자와 성령의 이름으로 기도드립니다. 아멘.

나만의 복음밥

- 재 료 :
- 레시피 :
- 고 명 : 매일미사 (   ), 복음묵상 (   ), 성체조배 (   ), 묵주기도 (   )
- 복음밥 :

250908 | 복되신 동정 마리아 탄생 축일

📖 재　료 : 마태 1,23
🥣 레시피 : "임마누엘"

　예전에 SNS로 메시지가 왔습니다. "오빠가 몸이 아픈데, 실종되어서 찾을 수 있게 기도해달라."라는 말씀이었습니다. 저는 그분의 소식을 SNS에 올렸고, 많은 분들이 기도로서 함께 해주시겠다고 말씀을 전했습니다. 그렇게 하루가 지나고 자매님께 메시지가 다시 왔습니다. "신부님, 기도 덕분에 오빠를 찾았습니다. 그런데 하늘나라에 갔네요. 기도해주신 모든 분께 감사드립니다." 가슴이 먹먹했습니다. 오빠를 찾았는데 하늘나라에 가셨다는 소식에 힘드셨을 것입니다. 하지만 자매님은 주님께 기도하는 것을 잊지 않으셨고, 마음을 다해 주님께 매달렸습니다. 그런데 주님께서 자매님께 어떤 것을 주고자 하시는지 곧바로 남편분이 크게 교통사고를 당하셨다는 소식을 접하게 되었습니다. 사고 후 몇 번의 수술과 중환자실의 생활, 그런데도 자매님은 기도의 끈을 놓지 않으시고, 한결같은 마음으로 세상에서 정답을 찾으려 하지 않으시고, 주님에게서 정답을 찾고자 오늘도 노력하심을 봅니다.

　자매님의 모습을 보면서 임마누엘 하느님께서 자매님 안에 머무르시며 마르지 않는 힘을 주실 거라 믿습니다. 우리는 문제가 거듭 생기면 하느님에게서 답을 찾기보다 세상의 것에서 답을 찾으려 합니다. 그러기에 사주팔자, 관상, 굿에 매달리고, 타로, 오늘의 운세에 하루의 은총을 담보 잡힙니다. 주님께서는 우리에게 그런 모습을 원하지 않으십니다. 우리에게 원하시는 것은 그런 어려움 가운데서도 임마누엘 하느님께 의지하는 "**임마누엘 정신**"으로 무장하기를 원하시는 것입니다. 세상에서 답을 찾으려는 사람은 목마를 때 소금물을 마시는 것이며, 주님에게서 답을 찾으려는 사람은 영원한 생명의 샘을 마시게 될 것입니다. 우리와 함께 계시는 하느님께 은총을 청하고 받는 우리 모두가 되기를 성부와 성자와 성령의 이름으로 기도드립니다. 아멘.

나만의 복음밥

- 재 료 :
- 레시피 :
- 고 명 : 매일미사 (   ), 복음묵상 (   ), 성체조배 (   ), 묵주기도 (   )
- 복음밥 :

250909 | 연중 제23주간 화요일, 또는 성 베드로 클라베르 사제

재　　료 : 루카 6,19
레시피 : "그분에게서 힘이 나와 모든 사람을 고쳐 주었기 때문이다."

　　미사를 봉헌하기 위해 제대 앞에 서서 성호를 긋고 "주님께서 여러분과 함께" 하며 신자들의 얼굴을 살펴봅니다. 그 순간에 어느 분이 새로 오셨는지 어느 분이 빠졌는지 특이사항은 없는지 확인합니다. 그런데 요즘 주일 미사마다 특이한 게 하나 생겼습니다. 어떤 형제 한 분이 새로 왔는데 한쪽 구석에 앉아 미사를 봉헌하는 내내 나를 뚫어져라 쳐다봅니다. 시선을 옮기다 그 형제와 눈을 마주치면 뭔가 불안한 기운이 느껴지고 그 눈빛을 보는 저 또한 덩달아 불안해집니다. 그의 모습을 유심히 살피니 봉헌 때 사람들이 다 나와도 그 자리에 있고, 성체를 모실 때도 나오지 않습니다. 미사를 마치고 나가는 형제에게 인사를 해도 받지 않고 그냥 갑니다. 그런 모습이 반복되니 그가 오면 불안한 느낌이 듭니다.

　　이처럼 사람마다 가지고 있는 기운이 있습니다. 밝고 좋은 생각을 하는 사람은 밝고 좋은 기운이 밖으로 나와 그를 만나는 사람의 마음까지 덩달아 기쁘게 합니다. 반면에 슬프고 우울한 생각을 하는 사람은 슬프고 우울한 기운이 밖으로 나와 그를 만나는 사람의 마음마저 덩달아 불안하게 합니다.

　　오늘 복음에 나오는 예수님은 사람들에게 기쁨과 용기와 희망을 주시는 분으로 묘사가 됩니다. 그분 마음이 주님으로 가득하시니 사람들은 주님을 만나고자 온 유다와 예루살렘 티로와 시돈의 해안지방으로 묘사되는 모든 곳에서 모여옵니다. 그 이유는 무엇일까요? 그것을 오늘 복음은 다음과 같이 말씀합니다. **"그분에게서 힘이 나와 모든 사람을 고쳐 주었기 때문이다."** 주님에게서 나오는 힘은 오늘날에도 이어지고 있습니다. 그러기에 주님에게서 힘을 얻고자 우리도 성당으로 모이는 것입니다. 미사를 통해 주님에게서 기운을 받았다면 우리도 주님의 기운을 나눌 수 있는 사람이 되는 것입니다.

즐겁고 행복한 기운은 더 키우고 슬프고 불안한 기운은 흘려보내며 주님으로 마음을 가득 채우길 바라봅니다. 주님에게서 이어받은 힘으로 만나는 모든 사람에게 은총을 전하는 우리 모두가 되기를 성부와 성자와 성령의 이름으로 기도드립니다. 아멘.

나만의 복음밥

재 료 :
레시피 :
고 명 : 매일미사 (   ), 복음묵상 (   ), 성체조배 (   ), 묵주기도 (   )
복음밥 :

250910 | 연중 제23주간 수요일

📖 재　　료 : 루카 6,20
🍲 레시피 : "행복하여라! 가난한 사람들 하느님의 나라가 너희 것이다."

　예전에 성당에서 캠프를 가면 보물 찾기를 했습니다. 제 기억에 남는 보물 찾기는 선생님들이 큰 퍼즐 판을 준비해 주고, 학생들은 곳곳에 숨겨져 있는 퍼즐들을 찾아서 하나의 모양을 만드는 것이었습니다. 친구들과 힌트 하나씩을 풀면서 퍼즐을 찾고 그것을 퍼즐 판에 붙이며 모양을 만들어 가는 게 흥미진진하고 너무 재미있었습니다. **"행복하여라! 가난한 사람들 하느님의 나라가 너희 것이다."** 요즘의 논리로는 가난하면 행복할 수가 없습니다. 물리적으로 접근하면 맞는 말입니다. 돈이 있어야 필요한 물건을 사고, 돈이 있어야 하고 싶은 것을 하며, 돈이 있어야 사람을 만날 수 있다는 공식이 성립되는 것입니다.

　그런데 예수님께서는 우리에게 물리적인 가난을 이야기하지 않으셨을 것이라는 생각이 듭니다. 예수님께서 말씀하신 가난은 영적인 가난을 뜻한다고 봅니다. 늘 하느님이 부족하다고 여기며 하느님의 것을 생각하고, 하느님의 것을 바라보며, 하느님만으로 충분하다고 여기는 그 영적인 가난을 말씀하신다는 생각이 듭니다.

　다시 퍼즐로 돌아와서 퍼즐의 힌트를 찾고자 노력하지 않고, 처음부터 모든 퍼즐이 준비되어 있고 그 퍼즐을 단순히 만들기만 하면 되는 것이라면 나는 그 프로그램이 기억나지 않았을 것입니다. 친구들과 힌트를 찾고자 하는 마음이 있고, 그 힌트를 찾음으로써 하나씩 완성되어가는 그 과정이 좋기에 그 프로그램을 떠올리면 행복해지는 것입니다.

　우리는 가끔 내가 주님으로 충만하다 여기는 착각을 일으키곤 합니다. 그럴 때 나는 일상 안에서 영적으로 가난한 자임을 인정하고 늘 주님이 필요하고 늘 주님이 나와 함께 해주시기를 바라는 우리가 된다면 우리는 영적으로 가난하기 때문에, 영적으로 행복한 사람이 될 것입니다. 주님만으로 충만한 우리 모두가 되기를 성부와 성자와 성령의 이름으로 기도드립니다. 아멘.

나만의 복음밥

- 재 료 :
- 레시피 :
- 고 명 : 매일미사 (   ), 복음묵상 (   ), 성체조배 (   ), 묵주기도 (   )
- 복음밥 :

250911 | 연중 제23주간 목요일

📖 재   료 : 루카 6,31
🥣 레시피 : "남이 너희에게 해 주기를 바라는 그대로 너희도 남에게 해 주어라."

차를 타고 운전을 하다 보면 황당한 일들을 많이 겪게 됩니다. 좌측 깜빡이를 켜고 우측으로 들어오는 사람도 있고, 교차로에서 진입하기 위해 줄을 서고 있는데, 줄을 안 서고 새치기를 하는 사람도 있으며, '너는 한번 들어와 봐 나는 안 비켜줄 테니까'라는 생각으로 끼어들기 위해 깜빡이를 켜면 더 바짝 바짝 붙이는 사람도 있습니다. 운전을 하는 게 힘든 부분도 있고 스트레스받는 부분도 있지만 점점 더 야박해지는 운전 인심에 가끔은 '차를 버리든지 해야지'라는 생각이 들기도 합니다. 이런 모습들을 바라보며 나는 그러지 말아야지 하면서도 내가 급할 때는 "좀 들어가게 해 주지 뭐 저리 야박하데."라며 양보를 바라고, 상대가 급하게 깜빡이를 켜며 양보를 바랄 때는 "왜 저런데" 하며 양보하기를 꺼려 하는 제 모습을 보면서 당황스러울 때가 종종 있습니다.

오늘 복음에서 예수님께서는 다음과 같이 말씀하십니다. **"남이 너희에게 해 주기를 바라는 그대로 너희도 남에게 해 주어라."** 상대가 아무리 변신술을 한다고 해도 내 마음과 같을 수는 없습니다. 그러기에 '저 사람은 왜 저런데!' 라는 마음을 갖기보다는 '내가 바라는 것을 상대에게 먼저 해준다면 어떻게 될까?' 하는 마음을 가져야 겠습니다. 차선 양보를 해주기를 바라는 마음이 있었다면 먼저 양보를 해주고, 좋은 말을 듣고 싶으면 상대에 대한 험담은 하지 말고 칭찬을 해주며, 좋은 선물을 받고 싶으면 더 좋은 선물을 먼저 해주는 것입니다.

내가 남에게 바라는 대로 해주는 삶이 말은 쉽지만, 결코 쉽지 않습니다. 그만큼 내 마음을 내려놔야 하고, 포기해야 하는 것이 많기 때문입니다. 그럼에도 복음대로 살아야 하는 것은 우리가 말씀을 삶으로 살아간다면, 주님께서는 누르고 흔들어서 넘치도록 후하게 우리 품에 은총을 담아 주실 것이기 때문입니다. 우리가 되질하는 바로 그 되로 우리도 되받을 것이기 때문입니다. 너그러움을 바라지 말고 먼저 너그러워지며 주님의 마음으로 배우는 우리 모두가 되기를 성부와 성자와 성령의 이름으로 기도드립니다. 아멘.

나만의 복음밥

재 료 :
레시피 :
고 명 : 매일미사 ( ), 복음묵상 ( ), 성체조배 ( ), 묵주기도 ( )
복음밥 :

250912 I 연중 제23주간 금요일, 또는 지극히 거룩하신 마리아 성명

재　료 : 루카 6,42

레시피 : "위선자야, 먼저 네 눈에서 들보를 빼내어라. 그래야 네가 형제의 눈에 있는 티를 뚜렷이 보고 빼낼 수 있을 것이다."

　　바람이 세게 부는 봄날에 눈에 이물질이 들어가는 경우가 종종 생깁니다. 눈에 무엇인가 들어가면 눈물이 줄줄 나고, 따가워서 어쩔 줄 모르는 상황이 생깁니다. 어느 날 길을 걷다가 눈이 따끔한 느낌이 들었고, 눈물이 줄줄 흐르고 눈을 뜰 수가 없었습니다. 물로 씻어도 해결이 되지 않았고, 거울을 보고 빼내려고 해도 빠지지 않았습니다. 눈은 점점 충혈되었고, 결국 안과에 갔습니다. 의사 선생님은 눈에 아주 작은 이물질이 눈동자에 붙어서 떨어지지 않아 그렇다며 눈을 움직이지 않게 고정하고, 액체와 현미경이 달린 핀셋을 이용해서 눈의 이물질을 제거해 주셨습니다.

　　오늘 복음에서 예수님께서는 남의 부족함을 이야기하기 전에 자신의 부족함을 먼저 바라보라는 뜻으로 다음과 같이 말씀하십니다. **"위선자야, 먼저 네 눈에서 들보를 빼내어라. 그래야 네가 형제의 눈에 있는 티를 뚜렷이 보고 빼낼 수 있을 것이다."** 눈에 작은 이물질이 들어갔고, 결국 의사의 손을 통해서 그것을 빼고 보니, 자기 눈에 있는 티를 빼내는 게 쉽지 않고, 그것을 빼내기 위해서는 엄청난 노력이 있어야 함을 알게 되었습니다. 우리는 자기 잘못에는 관대하면서도 타인의 잘못에는 과하게 질책하고 행동할 때가 있습니다. 그런 행동 뒤에 꼭 이런 말을 붙입니다. "다 너 잘 되라고 하는 거야." 잘 되라고 하는 말을 하기 전에 나에겐 부족함이 없는지 수시로 돌아보는 우리가 되었으면 좋겠습니다.

우리가 각자의 부족함을 채우고자 부단히 노력한다면 그런 모습을 보는 사람들이 변화하게 될 것입니다. 그 속도가 더디고 아무것도 없는 것 같아도, 버티고 인내한다면 주님의 손으로 변화하는 순간을 만나게 될 것입니다. 자신의 부족함부터 고치고자 노력함으로써 주님의 마음에 드는 자녀가 되기를 성부와 성자와 성령의 이름으로 기도드립니다. 아멘.

나만의 복음밥

재   료 :
레시피 :
고   명 : 매일미사 (   ), 복음묵상 (   ), 성체조배 (   ), 묵주기도 (   )
복음밥 :

250913 | 성 요한 크리소스토모 주교 학자 기념일

📖 재 료 : 루카 6,46

🍲 레시피 : "너희는 어찌하여 나를 '주님, 주님!'하고 부르면서, 내가 말하는 것은 실행하지 않느냐?"

예전에 본당 신부로 있는 동기에게 미사를 해줄 수 있냐는 부탁을 받고 미사를 봉헌하기 위해 성당으로 갔습니다. 오랜만에 신자들과 미사를 봉헌하는 게 너무 좋았고, 그 성당에 가면 두 손을 꼭 모으고, 미사에 온 정성을 기울이는 신자들의 모습에 오히려 제가 은총을 듬뿍 받고 옵니다. 미사를 마치며, 삶의 어려움 가운데에서도 이렇게 와주심에 감사드리고, 신앙생활에 용기를 드리는 말씀을 드렸습니다. 차를 타고 돌아오면서 미사의 뜨거움이 가슴 속에서 솟아오르려는 찰나, 갑자기 택시가 손님을 태우기 위해 1차선에서 3차선으로 깜빡이 없이 끼어들고, 급정거를 했습니다. 저는 너무 놀라서 차를 멈추고, 당황해서 경적을 울렸습니다. 그리고 속에서 어찌나 화가 나던지 제 마음속에 있던 평화는 금방 깨어지고 분노로 가득 찼습니다. 집으로 돌아오는 중에도 분노는 쉽게 가라 앉지 않고, 마음을 붉그락 푸르락 하게 만들었습니다. 그리고 깨달았습니다. '제 마음의 내공은 그 불편함도 넘기지 못할 만큼 작구나.'

오늘 복음에서 예수님께서는 이렇게 말씀하십니다. **"너희는 어찌하여 나를 '주님, 주님!'하고 부르면서, 내가 말하는 것은 실행하지 않느냐?"** 조금 전 까지만 해도 성당에서 미사를 봉헌하며 주님을 찾고 주님께 은총을 받았다고 생각을 하면서도, 일상의 어려움이 찾아오면 주님의 뜻은 금방 잊고 제가 하고 싶은 것들과 제 마음이 가는 것들에 집중하는 제 모습이 보이곤 합니다. "미사가 끝났으니 가서 복음을 전하라"라는 사제의 말은 '너희가 부르는 주님의 이름에 부끄럽지 않게 살라.'라는 뜻으로 들립니다. 오늘 하루를 살면서 "주님, 주님!" 하는 입과 행동이 하나 되기를 성부와 성자와 성령의 이름으로 기도드립니다. 아멘.

나만의 복음밥

- 재 료 :
- 레시피 :
- 고 명 : 매일미사 (   ), 복음묵상 (   ), 성체조배 (   ), 묵주기도 (   )
- 복음밥 :

250914 | 성 십자가 현양 축일

📖 재   료 : 요한 3,14-15

🥣 레시피 : "모세가 광야에서 뱀을 들어 올린 것처럼, 사람의 아들도 들어 올려져야 한다. 믿는 사람은 누구나 사람의 아들 안에서 영원한 생명을 얻게 하려는 것이다."

　군대에서 훈련을 나가면 부대기를 드는 사람이 있습니다. 그 부대기는 제일 앞에서 부대가 어디를 향해 가고 있는지 알려주는 이정표이기도 하고, 제일 높은 곳에 세워지면 그곳을 정복했다는 의미가 되기도 합니다. 그러기에 6.25 때 부대 깃발을 빼앗긴 사단은 해체가 되기도 하고 지휘관은 명예를 잃기도 합니다. 그러면 신앙인에게 있어서 부대 깃발은 무엇일까요? 그것은 바로 '십자가'입니다. 십자가는 우리 삶의 이정표이고 우리 삶의 목표점이며 궁극적으로 우리 모두를 하늘나라로 이끄는 완성입니다. 그러기에 십자가를 높이 세워 세상 모든 사람이 바라볼 수 있게 해야 합니다. 하지만 살아가는 내 모습을 보니, 십자가를 바라보는 것은 쉽게 하지만, 십자가를 밑에서 세우고 받치는 것은 피하려고 합니다.

　오늘 복음에서 예수님께서는 니코데모를 향해 다음과 같이 말씀하십니다. "모세가 광야에서 뱀을 들어 올린 것처럼, 사람의 아들도 들어 올려져야 한다. 믿는 사람은 누구나 사람의 아들 안에서 영원한 생명을 얻게 하려는 것이다." 예수님께서 하느님 아버지의 뜻을 따라 순종하여 십자가에 들어 올려 지신 이유는 우리를 너무나 사랑하셔서 그 사랑의 완성을 드러낸 것입니다. 그리고 그 모습을 우리에게 들어 올려 보여주신 이유는 너희도 각자의 십자가를 들어 올려 세상 사람들이 그 모습을 보고 너희가 믿는 주님을 따라오기를 바라는 것입니다.

    눕혀져 있는 십자가는 나만 보지만 세워진 십자가는 그 주위의 많은 사람이 볼 수 있게 됩니다. 일은 하는 것 보다 바라보는 게 쉽고 십자가도 지고 세우는 것보다는 바라보는 게 쉽습니다. 하지만 진정한 구원으로 향하는 길은 십자가를 바라보는 사람이 아니라 십자가를 세우는 사람일 것입니다. 각자의 삶의 자리에서 십자가를 바라보고 있는지 세우고 있는지 돌아보는 우리 모두가 되기를 성부와 성자와 성령의 이름으로 기도드립니다. 아멘.

나만의 복음밥

재 료 :
레시피 :
고 명 : 매일미사 ( ), 복음묵상 ( ), 성체조배 ( ), 묵주기도 ( )
복음밥 :

250915 | 고통의 성모 마리아 기념일

📖 재 료 : 요한 19,27
🥣 레시피 : "이분이 네 어머니시다."

　군대를 갈 때나 유학을 갈 때 제 곁에 늘 있어 준 동기가 있었습니다. 그는 늘 함께 웃어주고 함께 슬퍼해 주며 제 마음에 의지가 되어준 친구였습니다. 저는 그런 그가 듬직했고, 제 마음의 반석이었습니다. 그러기에 군대를 갈 때나 유학을 갈 때나 그 친구에게 이렇게 말했습니다. "미안한데, 내가 없는 동안 우리 부모님 좀 잘 살펴봐 줘." 부모님께도 그 친구를 소개해드리며 "어머니, 아버지 이 친구는 제가 마음을 다해서 믿는 친구입니다. 이 친구가 저 없는 동안 두 분에게 마음을 써줄 거예요."라고 말씀을 드렸습니다.

　예수님께서 십자가의 고통을 당하시며 제일 염려가 되었던 게 당신의 어머니가 아니었을까 싶습니다. 그러기에 하늘나라에 가시며 당신의 가장 믿을 만한 제자에게 당신의 어머니를 부탁하며 **"이분이 네 어머니시다."**라고 말씀을 하신 것입니다.

　그 제자는 그 시대에 머문 그 사람이 아닙니다. 주님께서는 세례를 받고 당신의 자녀이자 제자가 된 우리에게도 당신의 어머니를 부탁하십니다. 주님께서는 우리에게 당신의 어머니를 부탁하신 이유는 부족하고 모자란 부분이 있더라도 그렇게 우리를 끝까지 믿어주시기 때문입니다. 그 믿음에 합당하게 살기 위해 우리의 마음을 돌보며 주님께 향하는 우리 모두가 되기를 성부와 성자와 성령의 이름으로 기도드립니다. 아멘.

나만의 복음밥

📖 재 료 :

🥣 레시피 :

🍲 고 명 : 매일미사 ( ), 복음묵상 ( ), 성체조배 ( ), 묵주기도 ( )

🔔 복음밥 :

250916 | 성 고르넬리오 교황과 성 치프리아노 주교 순교자 기념일

재　　료 : 루카 7,13
레시피 : "주님께서는 그 과부를 보시고 가엾은 마음이 드시어"

　예전에 차를 타고 가는데 도로에 강아지가 죽어 있었습니다. 지나가는 차에 치어 죽은 것이라 추측되었습니다. 조수석에 타고 있던 신부님은 저에게 차를 한쪽에 세우라고 말씀하셨습니다. 그 말에 차를 한쪽에 세웠습니다. 신부님은 차에서 내려 차에 있던 종이봉투를 꺼내 죽은 강아지에게 갔습니다. 그리고 조심스럽게 죽은 강아지를 종이가방에 담으셨습니다. 차를 다시 타신 신부님께 "어떻게 하실 겁니까?"라고 물으니, "길에서 저렇게 있으면 다른 사람들도 보기 좋지 않고, 혹시 강아지의 엄마 개가 보면 슬플거니까. 집 근처에 묻어줘야겠다."라고 말씀하셨습니다. 신부님은 강아지를 사제관 뒷산에다 조심히 묻어주시고, 기도도 해주셨습니다.

　인간의 마음에는 불쌍한 것에 대한 자비의 마음이 있습니다. 그 마음을 잘 키워간 사람은 사랑으로 상대의 마음을 따뜻하게 만들어 줍니다. 그렇다면, 그 자비의 마음은 누가 넣어준 것일까요? 저는 그 마음을 주님께서 넣어주신 것이란 생각이 듭니다. 우리를 만드셨을 때 너보다 아픈 상대의 마음을 바라보고 보듬어 주라고 하셨을 것입니다.

　오늘 복음에서 예수님께서는 사람들이 청하지도 않았는데 죽은 청년을 살리는 기적을 행하십니다. 루카 복음 7장 이전의 내용을 보면 두 번의 치유 이야기가 나오는데(회당장의 딸, 그리고 라자로를 살리심) 그것은 누군가의 청으로 하신 것입니다. 반면에 이번 치유는 예수님께서 자발적으로 하신 것입니다. 그 이유는 무엇일까요? 복음은 이렇게 전합니다. "주님께서는 그 과부를 보시고 가엾은 마음이 드시어" 예수님께서는 당신의 죽음에 고통받으실 어머니 성모님이 떠오르신 게 아닌가 싶습니다. 그 사랑과 자비의 마음으로 죽은 청년을 살리시어 어머니께 돌려주시는 기적을 행하십니다. 우리가 주님의 말씀을 듣고 기억하고 나누는 이유는 우리 안에 자꾸만 작아지는 자비의 마음을 키우기 위함이라는 생각이 듭니다. 주님께서 주신 자비를 기억하고 사랑을 실천하며 하느님의 사랑을 드러내는 우리 모두가 되기를 성부와 성자와 성령의 이름으로 기도드립니다. 아멘.

나만의 복음밥

- 재 료 :
- 레시피 :
- 고 명 : 매일미사 ( ), 복음묵상 ( ), 성체조배 ( ), 묵주기도 ( )
- 복음밥 :

250917 | 연중 제24주간 수요일

📖 재　료 : 루카 7,32

🥣 레시피 : "우리가 피리를 불어 주어도 너희는 춤추지 않고 우리가 곡을 하여도 너희는 울지 않았다."

아이들은 엄마가 자신의 부탁을 잘 들어주면 이렇게 말합니다. "엄마는 천사야. 엄마는 좋은 엄마야. 엄마가 세상에서 제일 좋아." 그런데 엄마가 자신의 부탁을 들어주지 않으면 이렇게 말합니다. "엄마 미워. 엄마는 나쁜 엄마야. 엄마가 세상에서 제일 싫어."

우리는 아이 같은 모습을 주님께도 똑같이 보입니다. 주님께서 우리의 기도를 들어주시면 좋은 주님, 감사한 주님, 은총의 주님이라고 말씀드립니다. 그러나 주님께서 우리의 기도를 들어주지 않으시면, "다른 이들의 기도는 들어주시며 내 기도는 빼놓으시는 주님, 나를 소외시키시는 주님"이라고 이야기합니다.

저도 그런 모습이 있습니다. 주님의 뜻에 내 뜻을 맞추기보다는 내 뜻에 주님께서 맞춰주시기를 청하는 모습이 있습니다. 이런 우리의 모습에 주님께서는 이렇게 말씀하십니다. **"우리가 피리를 불어 주어도 너희는 춤추지 않고 우리가 곡을 하여도 너희는 울지 않았다."**

우리가 신앙을 갖는다는 것은 우리의 뜻을 이루려는 것이 아니라 주님의 뜻에 귀를 기울이겠다는 의미가 큽니다. 오늘도 주님께서는 우리의 인생 안에서 춤출 정도로 기쁘지 않은데도 춤도 추라고 하시고 울고 싶지 않은 상황인데도 울게 만드실 것입니다. 그 순간에 자신의 뜻을 기억하기보다는 주님께서 그 안에 어떤 의미를 넣어두셨는지 찾아보는 하루가 되기를 성부와 성자와 성령의 이름으로 기도드립니다. 아멘.

나만의 복음밥

- 재 료 :
- 레시피 :
- 고 명 : 매일미사 (　), 복음묵상 (　), 성체조배 (　), 묵주기도 (　)
- 복음밥 :

250918 | 연중 제24주간 목요일

📖 재　　료 : 루카 7,47

🍲 레시피 : "이 여자는 그 많은 죄를 용서받았다. 그래서 큰 사랑을 드러낸 것이다. 그러나 적게 용서받은 사람은 적게 사랑한다."

마음에는 그릇이 있습니다. 그 그릇의 크기는 태어날 때는 다 똑같지만 살아가면서 그 크기가 달라집니다. 신앙생활을 한다는 것은 마음의 그릇의 크기를 키워나가는 과정이라는 생각이 듭니다. 그 과정 안에서 두 가지 모습을 보게 됩니다. 하나는 다음과 같습니다. 주님께 죄를 용서받고, 다시는 그런 죄를 반복해서 짓지 않기로 결심하고, 노력하는 사람입니다. 뒷담화 할 기회가 있어도, 유혹에 빠질 기회가 있어도, 주님께 받았던 용서를 기억하며 그 순간을 참아내고, 마음의 그릇을 조금씩 키워나갑니다.

다른 하나는 다음과 같습니다. 주님께 엄청난 죄를 용서받아도, 곧 나가서, 우정이라는 이름으로, 돈이라는 이름으로, 서로의 마음을 알아줘야 한다는 이유만으로 주님께서 자신의 죄를 용서해 주셨음을 잊어버리고, 금방 또 유혹에 빠집니다. 그런 사람은 아무리 기도해도, 봉사를 해도, 피정을 해도, 그릇이 커지는 속도가 더딥니다. 마음의 그릇이 작으니 주님께서 은총을 주셔도, 금방 넘쳐 밖으로 버려지고, 짜증 나는 일이 있으면 더 짜증을 내게 되는 것입니다.

오늘 복음에서 율법으로 예수님의 사랑을 판단하는 바리사이들을 향해 다음과 같이 말씀하십니다. "**이 여자는 그 많은 죄를 용서받았다. 그래서 큰 사랑을 드러낸 것이다. 그러나 적게 용서받은 사람은 적게 사랑한다.**" 주님께서는 오늘도 우리의 마음 그릇을 크게 해주시고자 큰 사랑을 끊임없이 부어주십니다. 그 사랑의 완성이 십자가이고, 부활인 것입니다.

오늘 하루 그 십자가를 지고 부활을 향해 나아가며 마음 그릇을 키웠으면 좋겠습니다. 그러므로 주님께서 주시는 은총을 하나도 놓치지 않고 담는 우리가 되기를 바라고, 그 넘치는 사랑을 나눔으로써 주님을 증거하는 우리 모두가 되기를 성부와 성자와 성령의 이름으로 기도드립니다. 아멘.

나만의 복음밥

재 료 :
레시피 :
고 명 : 매일미사 (　), 복음묵상 (　), 성체조배 (　), 묵주기도 (　)
복음밥 :

250919 | 연중 제24주간 금요일, 또는 성 야누아리오 주교 순교자

재 료 : 루카 8,3
레시피 : "그들은 자기들의 재산으로 예수님의 일행에게 시중을 들었다."

지난번 병자성사를 위해 구역장님의 안내로 대상자의 집을 향해 가고 있었습니다. 구역장님은 조용하지만 여러 봉사활동을 하시는 분이십니다. 저는 그분께 이렇게 여쭤봤습니다. "구역장님 이것, 저것 봉사활동을 많이 하시는데 힘들지 않으세요?" 구역장님은 이렇게 답하셨습니다. "신부님 저도 예전에는 그냥 성당만 왔다, 갔다 하며 조용한 신앙생활을 했어요. 그런데 몸이 많이 아팠고, 너무 힘들었어요. 그때 주님을 통해서 기도의 응답과 위로를 받았죠. 제가 그렇게 위로받았는데 가만히 있으면 안 되잖아요. 그래서 시간이 날 때마다 봉사하고 있어요." 구역장님의 말씀을 들으며 주님을 만나기 위해서는 '내가 할 수 있는 만큼'만 기도하고, 행동하는 것이 아니라 그럼에도 불구하고 즉, 돈이 없고 힘든데도 불구하고, 시간이 없는데도 불구하고, 몸이 아픈데도 불구하고, 주님께 시중을 드는 사람에게 주님을 만날 기회가 많음을 느끼게 되었습니다.

오늘 복음에서 예수님께서는 하늘나라를 선포하시며 자신을 도와 복음 선포에 힘을 주는 자매들의 이름을 말씀해 주십니다. 그리고 그들을 이렇게 묘사합니다. **"그들은 자기들의 재산으로 예수님의 일행에게 시중을 들었다."** 시중을 든다는 것은 일거수일투족을 바라보는 것입니다. 예수님과 일행이 물이 부족한지 밥은 충분한지, 잠은 잘 주무시는지 이런 것들을 바라보며 채워주는 것을 시중든다고 합니다. 주님과 일행들의 시중을 들었던 사람들은 모든 것을 주님을 위해 사용했던 분이십니다. 우리가 미사를 봉헌하는 것도 중요하지만 주님을 만나기를 원한다면 주님을 위해 자신이 가진 재산 즉, 내가 사용할 수 있는 나만의 것을 주님을 위해 사용해 보는 것입니다. 주님을 위해 자신의 재산으로 시중을 든다면 당신의 시중을 든 여인들을 성경에 기록하여 증언해 주신 것처럼 우리도 하늘나라에서 당신의 시중을 들었음을 증언해 주실 것입니다. 오늘 하루 내 것을 챙기고 나머지를 주님께 봉헌하기보다는 주님을 위해 내 것을 모두 봉헌해 보는 하루가 되시기를 성부와 성자와 성령의 이름으로 기도드립니다. 아멘.

나만의 복음밥

- 재 료 :
- 레시피 :
- 고 명 : 매일미사 (   ), 복음묵상 (   ), 성체조배 (   ), 묵주기도 (   )
- 복음밥 :

250920 | 연중 제24주간 토요일

📖 재   료 : 루카 8,15
🍲 레시피 : "좋은 땅에 떨어진 것은, 바르고 착한 마음으로 말씀을 듣고 간직하여 인내로써 열매를 맺는 사람들이다."

지난 인천교구 사제평생교육을 통해 '중독'에 대한 강의를 들었습니다. 강사로 나온 신부님은 정확하고 체계적으로 우리들이 경험하는 중독에 대한 이야기를 심층적으로 하셨습니다. 인상에 남는 것은 마약류는 두 가지가 있는데 하나는 기분을 '업'시키는 종류이고 하나는 기분을 '다운'시키는 것이 있는데, '업'시키는 마약을 먹으면 행복감에 정신을 못 차리고 '다운'시키는 마약을 먹으면 깊은 심연으로 들어간 듯한 고요함에 빠져든다는 것이었습니다. 이 두 가지 감정을 약을 먹는 순간 체험할 수 있으니 이것에 쉽게 중독된다는 것이었습니다.

강의가 끝날 즈음에 이런 질문이 있었습니다. "신부님 기도와 공부는 왜 아무리 해도 중독이 되지 않나요?" 정말 허를 찌르는 질문이었습니다. 질문을 들은 강사 신부님은 이렇게 답을 하셨습니다. "공부와 기도는 오랜 시간 그 자리에 머물러서 노력하고 찾아야 성과를 얻을 수 있어요. 요즘은 오래 참고 인내하는 걸 싫어하는 시대잖아요. 그래서 중독이 되지 않는 거예요. 공부와 기도가 마약처럼 공부하자마자 성적이 오르고 기도하자마자 하느님을 만나고 기도를 들어 주시면 누구나 성당, 절, 산속에 앉아서 기도하겠죠. 그러기에 기도는 중독이 되지 않는 게 아니라, 안 되는 겁니다." 이 답을 듣고 돌아보니 맞는 말씀이었습니다. 하나의 말씀을 부여잡고 끊임없이 기도해서 응답을 얻는 기도를 사람들은 너무나 어려워하고, 시도하다 물러나기도 합니다. 그리고 하나의 공식을 부여잡고 수학 문제를 다방면으로 풀기보다는 해답지를 보고 쉽게 해결하려고 합니다. 이렇게 인내가 부재한 상태에서는 아무런 열매를 맺을 수 없게 되는 것입니다.

오늘 복음에서 예수님께서는 다음과 같은 말씀으로 증명해 주십니다. **"좋은 땅에 떨어진 것은, 바르고 착한 마음으로 말씀을 듣고 간직하여 인내로써 열매를 맺는 사람들이다."** 주님 말씀에 응답을 원한다면 말씀을 듣고, 날려버리는 것이 아니라 머물고, 인내하고, 기도하며 답을 찾기를 바라봅니다. 그런 노력을 통해 주님의 은총을 발견하고, 주님 사랑에 중독될 것입니다. 주님 안에서 은총을 느끼고 그 힘으로 살아가는 우리 모두가 되기를 성부와 성자와 성령의 이름으로 기도드립니다. 아멘.

나만의 복음밥

- 재 료 :
- 레시피 :
- 고 명 : 매일미사 (   ), 복음묵상 (   ), 성체조배 (   ), 묵주기도 (   )
- 복음밥 :

250921 l 성 김대건 안드레아 사제와 성 정하상 바오로와 동료 순교자들 대축일 경축 이동

재   료 : 루카 9,23
레시피 : "누구든지 내 뒤를 따라오려면, 자신을 버리고 날마다 제 십자가를 지고 나를 따라야 한다."

지난 모임 중에 형제님의 손가락에 묵주반지가 두 개 끼워져 있는 것을 보았습니다. 궁금한 마음에 왜 묵주반지를 두 개 끼셨는지 여쭤봤습니다. 형제님은 이렇게 답을 하셨습니다. 어머니께서 얼마 전에 돌아가셨는데 어머니께서 평생 착용하시던 묵주반지를 제가 낌으로써 어머니의 신앙을 이어받고 싶은 마음이 크다고 하셨습니다. 어머니께서 전해 주신 신앙의 의미를 깨닫고 물려받고자 하시는 형제님의 마음이 느껴졌습니다. 본당 성물방 옆에는 버리는 성물을 모아놓는 함이 있습니다. 지난번 어떤 형제님께서 두 손 가득 성모상, 예수님상, 십자가, 성가책, 교리 책을 들고 오셔서 조용히 놓고 가려는 것을 보고 앞에 가서 여쭤봤습니다. "이 많은 것을 집에서 쓰시지 왜 다 놓고 가시는 거예요?" 이 질문에 형제님은 이렇게 답을 하셨습니다. "어머니께서 돌아가시고 나니 이것들을 가지고 기도하는 사람이 없어요. 그리고 저는 성당 다니는 게 짐처럼 느껴져서 이것들을 보고 있으면 부담이 돼서요. 그냥 여기 놓고 가겠습니다."

오늘 복음에서 예수님께서는 다음과 같이 말씀하십니다. "누구든지 내 뒤를 따라오려면, 자신을 버리고 날마다 제 십자가를 지고 나를 따라야 한다." 신앙생활을 한다는 것은 주님께서 보여주신 십자가를 이어서 지고 가겠다는 다짐입니다. 오늘 대축일을 지내고 있는 성 김대건 안드레아와 성 정하상 바오로와 동료 순교자들이 자신에게 주어진 십자가를 포기하지 않고 졌기에 우리 또한 그 십자가의 영광을 바라보며 살아가는 것입니다.

　살아가다 보면 십자가가 짐처럼 느껴질 때가 있습니다. 내 행복이 우선일 때, 내 기쁨이 우선일 때, 내 영광이 우선일 때 자신이 져야 하는 십자가를 놓고 살아가기를 바랍니다. 그런데 우리는 십자가 없이는 구원을 받을 수 없음을 알아야 합니다. 오늘도 주님께서는 각자에게 전해진 십자가를 묵묵히 지기를 바라십니다. 그런 노력이 하나가 될 때 구원을 향해 나갈 수 있는 것입니다. 주님의 뜻을 따르고 일치의 영광을 얻는 우리 모두가 되기를 성부와 성자와 성령의 이름으로 기도드립니다. 아멘.

나만의 복음밥

재　료 :
레시피 :
고　명 : 매일미사 (　), 복음묵상 (　), 성체조배 (　), 묵주기도 (　)
복음밥 :

250922 | 연중 제25주간 월요일

재 료 : 루카 8,17

레시피 : "숨겨진 것은 드러나고 감추어진 것은 알려져 훤히 나타나기 마련이다."

2023년 모래내 성당은 설립 15주년을 맞이했습니다. 특별하게 15주년 기념 미사를 봉헌하는 데 있어서 역대 신부님들을 뵙고 싶다는 말씀이 있었습니다. 저도 15주년을 기념하여 역대 신부님들과 함께하면 너무나 좋을 것 같은 생각에 신부님들께 전화를 드렸고, 감사하게도 미국에서 사목 중인 이재규 신부님을 제외하곤 세 분의 신부님께서 참석해 주셨습니다. 강론 시간을 통해 신부님들의 한 말씀을 듣게 되었는데, 신부님마다 따스하고 사랑이 넘치는 말씀에 그 말을 듣는 신자분들의 표정이 행복해 보였습니다. 역대 신부님마다 어려운 상황이 있었지만, 주님을 사랑하는 마음이 가득했기에 잘 지나갈 수 있었고, 아름다운 추억이 되었기에 돌아보니 기쁘고 감사한 시간이었습니다. 특히 정연섭 신부님의 말씀이 기억납니다. 신부님은 이런 말씀을 해 주셨습니다. "어려움이 있을 때마다 기도로서 그 상황을 넘어가는 모래내 공동체 구성원을 보며, 평소 기도를 챙기지 못하던 본인도 기도를 하게 되었고, 그 기도가 자신을 살게 했다."라고 하셨습니다.

오늘 복음에서 예수님께서는 다음과 같이 말씀하십니다. **"숨겨진 것은 드러나고 감추어진 것은 알려져 훤히 나타나기 마련이다."** 사제로 살아가며 마음 속에 우울함이 있으면 아무리 그 우울함을 감추려고 해도 힘들고 괴로운 상황을 만나면 드러나고, 기쁨이 있으면 아무리 그 기쁨을 감추려고 해도 흘러나오는 기쁨을 감출 수가 없습니다. 그렇다면 그 우울함과 기쁨은 누가 볼 수 있을까요? 신자들이 보고 느끼고 진동하게 되는 것입니다. 우리도 신앙생활을 하며 각자 가지고 있는 어려움이 있을 것입니다. 그것이 우울함이라면 우리를 만나는 사람이 우울함을 느낄 것이고, 그것이 기쁨이라면 우리를 만나는 사람이 기쁨일 것입니다.

오늘 하루를 보내며 내 안에 어떤 것이 담겨있는지 바라봅시다! 그리고 부정적인 부분이 있다면 기도를 통해 마음 안의 주님이라는 등불을 넣어봅시다. 기도 안에서 주님이라는 등불이 있다면 그 등불을 바라본 이들이 주님 아래로 모이게 될 것입니다. 주님이라는 등불을 마음에 품고 신앙의 길을 잃은 사람들을 주님 아래로 불러 모으는 우리 모두가 되기를 성부와 성자와 성령의 이름으로 기도드립니다. 아멘.

나만의 복음밥

재　료 :
레시피 :
고　명 : 매일미사 (　), 복음묵상 (　), 성체조배 (　), 묵주기도 (　)
복음밥 :

250923 | 피에트렐치나의 성 비오 사제 기념일

📖 재　　료 : 루카 8,21

🥣 레시피 : "내 어머니와 내 형제들은 하느님의 말씀을 듣고 실행하는 이 사
　　　　　람들이다."

　　2023년 모래내 성당 설립 15주년을 맞이하여 역대 신부님을 모시고 기념 미사를 봉헌하였습니다. 미사를 통해 은총을 얻고 마치며 이날을 축하하기 위한 기념품을 나눠주는 시간이 다가왔습니다. 순서상 공지사항 후 역대 신부님 환영식, 그리고 기념사진 촬영 뒤 퇴장하고 기념품을 나눠주는 순서였습니다. 그런데 갑자기 그 일을 담당하기로 한 형제님들이 아직 퇴장을 안 했는데, 앞으로 나오셔서 기념품을 놓고 있었습니다. 저는 제대 위에서 당황하여 "형제님 그거 지금 놓는 거 아니에요."라고 말씀을 드려도 안 들리시는지 계속 놓고 있었습니다. 그래서 더 큰 소리로 "지금 놓으시는 거 아니에요."라고 말씀을 드려도 그 자리만 들리지 않는지 계속 놓고 계셨습니다. 결국, 앞에 계신 분이 지금이 아니라고 하니 그제야 정신이 들어서 기념품 놓은 것을 옆으로 치우셨습니다. 미사 후에 형제님께 여쭤보니 "정말 안 들렸다"라고 말씀하셨습니다.

　　오늘 복음에서 사람들은 예수님께 가족들이 밖에 와 있다고 말씀하셨습니다. 이 말인즉 "가족이 중요하니 가서 챙겨드려야 하는 게 아니냐."라는 말입니다. 그러자 예수님께서는 다음과 같이 말씀하십니다. **"내 어머니와 내 형제들은 하느님의 말씀을 듣고 실행하는 이 사람들이다."** 우리가 참된 주님의 가족이 되기 위해서는 주님의 말씀을 잘 들어야 합니다. 하지만 우리는 살아가면서 어려운 일에 처하면 주님 앞에 나와 그분 목소리에 귀를 기울이는 것이 아니라, 내가 평소에 아는 방법대

로 일을 해결하려고 합니다. 그때 주님께서는 "내 자녀야 그쪽이 아니다. 나에게 다가와라."라고 말씀하셔도, 그것을 듣지 못하고 계속 세상 쪽으로 나아갑니다.

우리는 지금 어느 쪽으로 귀를 기울이고 있는지 돌아봐야 합니다. 주님 목소리에 귀를 기울이고 있는지? 아니면 세상의 목소리에 귀를 기울이고 있는지? 바쁠수록 성전에 앉아 주님 목소리에 귀를 기울이며 살아가는 우리 모두가 되기를 성부와 성자와 성령의 이름으로 기도드립니다. 아멘.

나만의 복음밥

- 재 료 :
- 레시피 :
- 고 명 : 매일미사 ( ), 복음묵상 ( ), 성체조배 ( ), 묵주기도 ( )
- 복음밥 :

250924 | 연중 제25주간 수요일

재 료 : 루카 9,3
레시피 : "길을 떠날 때에 아무것도 가져가지 마라. 지팡이도 여행 보따리도 빵도 돈도 여벌 옷도 지니지 마라."

지난번 동기 신부님과 걸으며 사는 것에 대해, 사제직에 관해 이야기를 나누었습니다. 신부님은 저에게 사제직으로 살아가는 데 있어서 생기는 어려움을 이야기하셨고, 다시금 그 어려움을 딛고 앞으로 나갈 수 있는 힘에 대해서 말해주었습니다. "지난번 아는 신부님을 만났는데, 그분은 많은 봉사자를 관리하는 직책을 맡으셨어. 신자 위에 봉사자니 얼마나 드센 사람이 많겠어. 그 사람들과 함께 살아가며 처음에는 '내가 잘하고 있나?' '이렇게 하는 것이 맞나?' 하는 생각을 하며 살아갔는데, 그러던 어느 날 하느님께 위와 같은 고충을 말씀드리는데 하느님께서 이렇게 답을 주셨데 '내가 너를 선택했음을 믿어라.'"

오늘 복음에서 예수님께서는 제자들을 파견하시며 다음과 같이 말씀하십니다. "길을 떠날 때에 아무것도 가져가지 마라. 지팡이도 여행 보따리도 빵도 돈도 여벌 옷도 지니지 마라." 어디론가 먼 길을 떠날 때 짐을 챙겨야 하는 것은 당연합니다. 게다가 파견하는 사람은 하나 못해 잘 다녀오라고 용돈이라도 줘야 하는 것입니다. 그러나 이 모든 것은 인간적인 생각입니다. 하느님의 눈으로 바라보면 우리가 주님의 자녀로 해야 하는 것은 '주님께서 나를 선택하셨음을 믿고 앞으로 나가는 것이다.' 자녀가 제일 힘을 내어서 살아갈 수 있는 것은 부모의 돈이 아니라 부모의 지지와 응원이 먼저일 것입니다. 주님께서는 당신의 제자들에게 그런 힘과 용기를 주신 것이란 생각이 듭니다.

주님께서는 우리를 선택하셨고, 오늘 하루도 각자의 자리에서 복음 선포를 위해 우리를 보내십니다. 주님께서 우리 한 명 한 명을 선택하시고, 바라보심을 믿어봅시다! 그리고 당당히 앞으로 걸어 나가 주님의 도구가 되어 복음을 선포하는 우리 모두가 되기를 성부와 성자와 성령의 이름으로 기도드립니다. 아멘.

나만의 복음밥

- 재 료 :
- 레시피 :
- 고 명 : 매일미사 (   ), 복음묵상 (   ), 성체조배 (   ), 묵주기도 (   )
- 복음밥 :

250925 | 연중 제25주간 목요일

📖 재　료 : 루카 9,7
🥣 레시피 : "헤로데 영주는 예수님께서 하신 모든 일을 전해 듣고 몹시 당황하였다."

　추석 명절이 되면 부모님과 동생과 저는 친할머니 댁으로 갑니다. 할머니는 결혼한 지 10년 만에 남편을 하늘나라로 보내고 50년간 혼자 사시며 오 남매를 돌보셨습니다. 할머니 댁은 송월동에 있었는데, 도착하면 저와 동생과 부모님은 절을 드리고, 음식을 같이 먹었습니다. 하루를 보내고 다음 날은 어머니의 가족이 있는 수원으로 가야 했기에 집을 떠나려고 하면 할머니는 이런 말씀을 하셨습니다. "더 있다가, 자고 가" 이 말씀의 뜻을 그때는 어려서 잘 몰랐는데, 나이가 들고 보니 그 무게를 알 수 있게 되었습니다. 명절 때 찾아오는 자녀들이 주는 용돈과 맛있는 음식보다 찾아와서 이야기를 나누고 함께 있는 것이 부모님께는 더 행복하고 좋았던 순간이었던 것이었습니다. 하지만 자녀들은 자기 삶이 더 바쁘기에 부모님께서 함께 있고 싶다는 신호를 알아채지 못하고, 돌아가신 뒤에야 함께 있지 못한 것을 후회합니다.

　오늘 복음에서 헤로데는 자신이 불의하게 죽였던 세례자 요한에게 마음을 빼앗겨, 눈앞에 메시아가 있음에도 그 사실을 깨닫지 못합니다. 복음은 다음과 같이 전합니다. **"헤로데 영주는 예수님께서 하신 모든 일을 전해 듣고 몹시 당황하였다."** 헤로데가 예수님께서 세상에 오신 이유를 알았더라면 그 뜻을 마음속 깊이 깨달으려 했더라면 헤로데는 고통 속에 시간을 보내지 않았을 것입니다. 주님께서 우리에게 원하시는 것이 있습니다. 하지만 우리는 내가 원하는 것에 귀를 기울이느라 주님의 뜻을 알아듣지 못할 때가 있습니다. 오늘 하루는 우리 마음속의 볼륨을 줄이고, 주님이라는 볼륨을 키우고 귀 기울이며 주님의 뜻에 따라 살아가는 우리 모두가 되기를 성부와 성자와 성령의 이름으로 기도드립니다. 아멘.

나만의 복음밥

- 재 료 :
- 레시피 :
- 고 명 : 매일미사 (   ), 복음묵상 (   ), 성체조배 (   ), 묵주기도 (   )
- 복음밥 :

250926 | 연중 제25주간 금요일

재 료 : 루카 9,20
레시피 : "하느님의 그리스도이십니다."

사회 안에서나 교회 안에서나 부당하다고 생각하는 것들이 존재합니다. 그런 부당함을 사회에서는 법적인 절차를 이용해서 해결하거나 강압적인 방법으로 해결하려고도 합니다. 자신의 의견을 드러내고 부당한 것을 옳은 것으로 바꿔야 한다는 생각이 들기 때문입니다. 시간이 지나며 한 가지 문제점이 생겨난 게 이런 사회적인 해결 방법을 교회 안에서도 시도하려는 사람들이 생겨난다는 것입니다. 서로의 의견이 받아들여지지 않을 때 그것을 대화와 기도로 해결하지 않고, 법적인 방법, 비난의 방법 이런 것들로 서로를 옭아매려는 모습들을 심심치 않게 보게 됩니다.

지난번 이런 모습에 대해서 동기 신부와 이야기를 나누다 이런 이야기를 듣게 되었습니다. "주교님은 틀릴 수 있지만 주교님의 말에 순명한 사람은 틀릴 수 없다." 사회에서는 순명이라는 가치가 구시대적인 모습이라 여기지만 교회 안에서의 순명이라는 가치는 그리스도의 인내와 부활을 불러오는 소중한 가치입니다. 그러기에 교회에서는 불합리한 것 같은 상황에서도 순명하고 인내하는 이들의 숭고한 덕을 예수님을 통해 성인, 성녀와 복음을 통해 살펴볼 수 있는 것입니다.

오늘 복음에서 예수님께서는 자신의 신원에 대해서 제자들에게 물어보십니다. 이 질문은 순명해야 할 사람이 누구인지에 대한 물음으로 보입니다. 베드로는 예수님 질문의 요점을 정확하게 파악하고 다음과 같은 답을 드립니다. "**하느님의 그리스도이십니다.**" 즉 우리가 그리스도의 말씀을 듣고 받아들이는 것이 궁극적으로 하느님의 말씀을 받아들이는 것입니다. 교회 안에서 머물다 보면 사제의 말에, 수도자의 말에 단체장의 말에 따라야 할 상황이 있습니다. 그럴 때 그 상황이 부당하더라도 따르며 인내하고 순명할 수 있는지 돌아봅시다. 즉각적인 반응으로 모든 것을 뒤집어엎기보다 순명하면 순명을 강요한 사람은 틀렸지만 순명한 사람은 틀리지 않다는 것을 하느님께서 증명해 주시는 날을 만나게 될 것입니다. 인내라는 덕을 통해 하느님의 진리를 증거하는 우리 모두가 되기를 성부와 성자와 성령의 이름으로 기도드립니다. 아멘.

나만의 복음밥

재 료 :
레시피 :
고 명 : 매일미사 ( ), 복음묵상 ( ), 성체조배 ( ), 묵주기도 ( )
복음밥 :

250927 | 성 빈첸시오 드 폴 사제 기념일

📖 재　료 : 루카 9,44
🥣 레시피 : "너희는 이 말을 귀담아들어라. 사람의 아들은 사람들의 손에 넘겨질 것이다."

　　살아가면서 제일 어려운 순간이 무엇이냐고 저에게 물어본다면 '장례식에서 상주를 만나 위로의 말을 전하는 것'입니다. 분명 어떤 병이나 사건으로 돌아가셨는데, 그것을 여쭤보면 실례가 되는 것 같은 두려움에 상황을 벗어나고자 뭉뚱그려 이렇게 말합니다. "기도하겠습니다." 이런 마음이 있음을 아는 신부님께 여쭤봤더니 이렇게 답을 주셨습니다. "그냥 여쭤봐, 나도 아버지가 돌아가셨을 때 너무 힘들더라고, 상실의 아픔이 너무 커서 마음이 흩어져 있는 것 같았어. 그런데 조문을 오는 지인들과 조문객들이 물어봐 주는 내용을 통해 아버지를 기억하고, 아픔으로 흩어진 마음을 모으게 되는 것 같아. 그러니 장례식장에 가서 상주를 만나면 쭈뼛거리지 말고 무엇이라도 물어봐."

　　오늘 루카 복음 9장에는 많은 내용이 담겨져 있습니다. 열두 제자를 파견하시고, 오천 명을 먹이시며, 거룩하게 변모하십니다. 제자들은 예수님의 모습을 보면서 장차 오실 메시아는 로마를 무력으로 물리치고 이 땅에 당신의 왕국을 세울 것이라 생각하고 좋아했을 것입니다. 그런데 예수님께서는 갑자기 이런 말씀을 하십니다. **"너희는 이 말을 귀담아들어라. 사람의 아들은 사람들의 손에 넘겨질 것이다."** 즉, 아무 힘도 쓰지 못하고 쓰러질 것이라는 말씀입니다. 하지만 제자들은 이 말씀을 듣고 예수님께 누가, 어떻게, 언제 이런 일이 일어날 것인지 물어보지 않습니다. 왜냐하면, 그것을 물어보는 순간 모든 꿈이 물거품처럼 사라질 것 같기 때문입니다. 그 모습을 복음은 다음과 같이 전합니다. "알아듣지 못하고, 이해하지 못하고, 묻는 것도 두려워하였다." 우리도 살아가다 보면 삶의 당황스러운 순간들을 만납니다. 그럴 때 주님 앞에 나와 "저에게 이런 일을 이루신 이유가 무엇입니까?"라고 묻기보다는 세상의 방법으로 이 어려움을 해결하려고 합니다.

혹시 살아가면서 이런 어려움을 만났다면, 주님 앞에 나아가 물어봅시다. 그럼, 주님께서 우리에게 답을 주시며 그 두려움이 아무것도 아님을 알게 해주실 것입니다. 주님을 통해 힘을 얻고 앞으로 나아가는 우리 모두가 되기를 성부와 성자와 성령의 이름으로 기도드립니다. 아멘.

나만의 복음밥

재 료 :
레시피 :
고 명 : 매일미사 (   ), 복음묵상 (   ), 성체조배 (   ), 묵주기도 (   )
복음밥 :

250928 | 연중 제26주일

재 료 : 루카 16,25

레시피 : "얘야, 너는 살아 있는 동안에 좋은 것들을 받았고 라자로는 나쁜 것들을 받았음을 기억하여라. 그래서 그는 이제 여기에서 위로를 받고 너는 고초를 겪는 것이다."

살면서 무엇인가를 이루지 못했다는 생각이 마음속에 남아 발목을 잡을 때가 있습니다. 우리가 그런 선택을 했을 때는 다 이유가 있지만 마주해야 하는 현실에서 그 이유를 물어봐 주는 사람은 별로 없습니다. 그러기에 반복되는 실패를 피하기 위해 조금 더 치밀해지고, 조금 더 약아지며 조금 더 인색해지곤 합니다. 그런데 문득 이런 생각이 들곤 합니다. 우리 마음을 그런 것들로 채워나가며 내가 이루지 못한 것을 다른 것으로 이룬다고 해도 그게 채워질까? 아마 공허함만이 더 커질 것 같습니다.

오늘 복음에서 살아있을 때 그 수많은 시간 동안 나눔을 하지 못하고, 즐기다가 지옥에 간 부자는 고통 속에서 아브라함 할아버지에게 자비를 베풀어 달라고 이야기를 합니다. 부자의 말에 아브라함 할아버지는 이렇게 말씀을 하십니다. "얘야, 너는 살아 있는 동안에 좋은 것들을 **받았고 라자로는 나쁜 것들을 받았음을 기억하여라. 그래서 그는 이제 여기에서 위로를 받고 너는 고초를 겪는 것이다.**" 라자로의 모습처럼 자신에게 주어진 상황을 받아들일 사람은 많지 않을 것입니다. 대신 한 대 맞으면 한 대를 돌려주고 나를 아프게 한 사람을 피눈물 나게 해 주려는 게 우리의 마음입니다. 그리고 부자가 되기 위해 나누지 못하고 계속 움켜쥐려고 하는 모습을 취하려고 합니다.

오늘 하루 육신의 부자보다는 마음의 부자가 되기를 청해 봅시다. 그리고 조금 더 너그럽고 조금 더 풍요로우며 조금 더 자비로운, 영적 부자가 되기를 청해 봅니다. 그런 마음으로 우리가 성취하지 못한 것을 바라보는 미련함 보다, 지금부터 나눌 것을 생각하는 우리가 되기를 성부와 성자와 성령의 이름으로 기도드립니다. 아멘.

나만의 복음밥

- 재 료 :
- 레시피 :
- 고 명 : 매일미사 (   ), 복음묵상 (   ), 성체조배 (   ), 묵주기도 (   )
- 복음밥 :

250929 | 성 미카엘, 성 가브리엘, 성 라파엘 대천사 축일

재   료 : 요한 1,51
레시피 : "내가 진실로 진실로 너희에게 말한다. 너희는 하늘이 열리고 하느님의 천사들이 사람의 아들 위에서 오르내리는 것을 보게 될 것이다."

보통 남녀가 싸우고 나면 둘의 사이는 냉랭해지곤 합니다. 그 차가운 사이를 풀기 위해 남자나 여자 둘 중의 한 명이 먼저 풀고 '미안해'라든지 기타 화해의 행동을 해야 하는데, 자존심 싸움을 하다가 사과를 하지 못하고 헤어지는 경우를 종종 보게 됩니다. 그런데 결혼을 하고 나면 그 상황이 조금은 달라지는 것 같습니다. 저의 어머니, 아버지도 젊었을 때 서로의 모습을 알아가기 위해 종종 말다툼을 하셨습니다. 한바탕 폭풍이 휘몰아치고 나면 두 분의 사이는 잠시 냉각기를 갖습니다. 그때 두 분이 화해하고자 하는 노력을 가속화하는 행동이 하나 있는데, 그것은 바로 자녀들의 메신저 역할이었습니다.

싸우고 난 뒤 아버지는 배가 고프시면 저에게 "엄마 보고 저녁에 뭐 먹을 건지 물어봐."라고 하셨습니다. 저는 엄마에게 가서 "엄마 저녁에 뭐 먹을거냐고 아빠가 물어보래요."라고 말을 했습니다. 그렇게 저녁 메뉴까지 오고 가다가 결국 보통은 어머니가 "애들 힘들게 하지 말고 잘 살아야지."하며 아버지랑 불편한 것을 풀고자 하십니다.

이렇게 살면서 동생과 저는 두 분의 화합과 일치에 연결고리 같은 역할을 종종 했습니다. 천사는 하느님의 뜻을 땅에 사는 인간에게 전하는 전달자입니다. 인간이 잘 못 살면 잘 살라고, 잘 살면 지금처럼만 하라고 하느님께서는 천사를 통해 메시지를 전합니다. 돌아보니 그때 저와 동생의 역할이 작은 천사와 같은 모습이지 않았을까 하는 생각이 듭니다.

오늘 복음에서 예수님께서는 다음과 같이 말씀하십니다. "**내가 진실로 진실로 너희에게 말한다. 너희는 하늘이 열리고 하느님의 천사들이 사람의 아들 위에서 오르내리는 것을 보게 될 것이다.**" 우리는 하느님의 존재를 믿고 또 그분에게서 나온 천사의 존재도 믿는 사람들입니다. 그러기에 우리도 모르게 악의 행동보다는 선의 행동으로 공동체 안에서 일치를 위한 도구로써 살아가려는 마음을 자신도 모르게 먹을 때가 있고, 그렇게 행동하곤 합니다. 오늘 대천사 축일을 보내며 공동체 안에서 천사의 모습으로 사랑과 화합과 일치를 위한 작은 천사로서의 역할을 하는 우리 모두가 되기를 성부와 성자와 성령의 이름으로 기도드립니다. 아멘.

나만의 복음밥

- 재 료 :
- 레시피 :
- 고 명 : 매일미사 (   ), 복음묵상 (   ), 성체조배 (   ), 묵주기도 (   )
- 복음밥 :

250930 | 성 예로니모 사제 학자 기념일

📖 재　　료 : 루카 9,54
🍲 레시피 : "주님, 저희가 하늘에서 불을 불러 내려 저들을 불살라 버리기를 원하십니까?"

　이탈리아에서 유학할 때 야외 테라스가 있는 식당에 가면 이런 경험을 할 수 있습니다. 주문하려고 웨이터를 부르면 분명히 나를 본 것 같은데 안 오는 것이었습니다. 식당에 들어간 지 15분쯤 되어갈 때 와서는 미안하다는 말도 없이 주문받습니다. 분명 제 눈에는 그 나라 사람들의 주문을 먼저 받는 거 같고 저를 제일 끝에 받는 것이 인종차별인가 하는 생각으로 이어집니다. 그리고 마음속에서는 이 집을 평가할 때 안 좋게 써야겠다는 마음을 먹게 됩니다. 이 상황을 유학 생활을 오래 한 신부님께 여쭤봤더니 신부님은 이렇게 답을 해주셨습니다. "신부님이 충분히 그렇게 오해하실 수도 있고, 그럴 수도 있어요. 그런데 대부분 식당에 웨이터들은 자신만의 방법으로 손님을 받아요. 마음속에 일의 순서를 생각하고 그대로 일을 처리하죠. 그러니 마음을 불편하게 먹는 대신에 주위에 나온 음식을 보면서 어떤 것을 먹으면 좋을까? 하고 찾아보세요. 그 재미 또한 즐거울 거란 생각이 들어요."

　오늘 복음에서 예수님께서 제자들과 함께 예루살렘으로 가시는 길에 사마리아인들의 마을로 들어가려고 하셨습니다. 하지만 그들은 예수님을 맞아들이지 않았습니다. 왜냐하면, 사마리아인의 관점에서 유대인은 이방인이기에 받을 수가 없었습니다. 그런 사정이 있음에도 제자들은 자신들이 무시당했다는 생각에 예수님께 이렇게 말합니다. "주님, 저희가 하늘에서 불을 불러 내려 저들을 불살라 버리기를 원하십니까?"하고 물었습니다. 이들의 말을 들으신 예수님께서는 제자들을 돌아보시며 꾸짖으십니다. 예수님의 꾸짖음은 너희의 마음을 화로 가득 채우지 말고, 자비로 가득 채우라는 말씀으로 들립니다. 오늘 하루 주어진 상황을 내 입장에서 생각하기보다는 주님의 눈으로 주님의 마음으로 바라보는 우리 모두가 되기를 성부와 성자와 성령의 이름으로 기도드립니다. 아멘.

나만의 복음밥

📖 재 료 :

🍲 레시피 :

🔔 고 명 : 매일미사 ( ), 복음묵상 ( ), 성체조배 ( ), 묵주기도 ( )

🍚 복음밥 :

251001 | 아기 예수의 성녀 데레사 동정 학자 기념일

📖 재　　료 : 루카 9,58

🍵 레시피 : "여우들도 굴이 있고 하늘의 새들도 보금자리가 있지만, 사람의 아들은 머리를 기댈 곳조차 없다."

로마에 교황청이 세운 학교에는 입구 근처에 기도할 수 있는 경당이 있습니다. 그 공간은 기도가 필요한 학생들을 위한 공간입니다. 저와 같은 반에는 케냐 출신 신부가 한 분 있었습니다. 학교에서 그 친구를 찾으려고 하면 딱 두 군데에 가면 찾을 수 있었습니다. 그곳은 도서관 아니면 경당이었습니다. 시간이 날 때마다 경당에 가서 앉아 있는 그 친구의 모습이 기도를 잘하지 않는 제 눈에는 유난스러워 보였습니다.

어느 날 성당에서 나오는 그 친구와 만났고, 차 한잔을 하며 공부보다 기도를 더 많이 하는 이유를 물어봤습니다. 그러자 그 친구는 이렇게 답을 했습니다. "기도를 하는 것은 주님을 모실 공간을 만드는 거야. 내 할 일이 바쁘다고, 그 일 쪽으로 마음이 가면 주님이 머물 공간이 적어져. 그래서 틈만 나면 기도를 통해 주님께서 내 마음에 오시기를 청하고, 나와 함께 하시기를 바라지" 저는 그 친구의 말을 듣고 너무나 정확한 답이었기에 더 이상 말을 잇지 못했습니다. 그리고 그 이후로 저도 시간을 내서 주님을 찾아가고 그분을 위한 마음의 자리를 내어드리기 위해 노력을 합니다.

오늘 복음에서 예수님께서는 이렇게 말씀하십니다. **"여우들도 굴이 있고 하늘의 새들도 보금자리가 있지만, 사람의 아들은 머리를 기댈 곳조차 없다."** 우리는 주님을 따르겠다고 하면서도 주님을 위한 마음의 자리는 준비해 놓았는지 물어보고 싶습니다. 주님을 내 마음에 불러도

계실 곳이 없다면 주님께서는 밖에서 발을 동동 구르시며 내 마음에 들어오시기를 바라실 것입니다.

오늘 하루 우리 마음에 주님이 계실 곳이 있는지 살펴봅시다. 혹시 그 공간이 너무 좁다면 기도를 통해 그 공간을 넓히고 주님을 초대해 봅시다. 우리가 넓은 마음의 공간을 준비하고 주님을 초대한다면 주님께서는 우리 마음에 오시어 우리를 당신과 하나 되게 해 주실 것입니다. 아멘.

나만의 복음밥

- 재 료 :
- 레시피 :
- 고 명 : 매일미사 (   ), 복음묵상 (   ), 성체조배 (   ), 묵주기도 (   )
- 복음밥 :

251002 | 수호천사 기념일

📖 재　료 : 마태 18,3

🍲 레시피 : "내가 진실로 너희에게 말한다. 너희가 회개하여 어린이처럼 되지 않으면, 결코 하늘 나라에 들어가지 못한다."

어렸을 적 어머니는 항상 이런 말씀을 하셨습니다. "항상 베드로 위에서 수호천사가 지켜주고 있으니까, 천사의 소리를 잘 듣고 지내야 해." 저녁에 잠자리에 들려 하면 "베드로가 기도하면 수호천사가 잘 듣고 있다가 하느님께 전달해 줄 거야. 그러니 기도하고 기도하다 다 못하면 그 나머지 기도는 수호천사가 대신해 주니까, 기도해야 해!" 그 말을 듣고 잠자기 전에 항상 기도하는 습관이 들었습니다. 그리고 나이가 들면서 수호천사는 목소리의 형태로도 다가온다는 것을 알게 되었습니다.

안 좋은 곳으로 가려고 하면 불편한 마음이 들게 하고, 안 좋은 것을 들으려고 하면 피하고자 하는 마음이 들며, 주님의 것은 취하게 하고 악한 것은 피하게 하는 소리가 들리는 것을 느끼게 됩니다. 어린이와 같은 마음으로 그 소리에 귀를 기울여야 하는데 나이가 들고 스스로 결정할 수 있는 나이가 되었다고 생각할 무렵 우리는 주님의 소리보다는 세상의 소리에 귀를 기울입니다. 주님 앞에서는 늘 어린이와 같은 모습을 유지해야 함에도 영적인 독립을 하려고 합니다. 그런 모습이 이어지면 주님의 길이 아니라 세상의 길로 들어서게 되는 것입니다.

오늘 복음에서 예수님께서는 다음과 같이 말씀하십니다. **"내가 진실로 너희에게 말한다. 너희가 회개하여 어린이처럼 되지 않으면, 결코 하늘 나라에 들어가지 못한다."** 수호천사는 오늘도 우리 위에 머물며 주님의 길을 찾아가기를 바랄 것입니다. 그 바람에 응답하기 위해서는 우리의 영혼이 어린이와 같은 마음을 지니고 있는지 돌아봐야 합니다. 주님의 소리에 귀를 기울인다면 주님께서 하라는 것과 하지 말라는 것을 구분하게 될 것입니다. 어린이와 같이 주님의 뜻을 받아들이고 살아가는 우리 모두가 되기를 성부와 성자와 성령의 이름으로 기도드립니다. 아멘.

나만의 복음밥

- 재 료 :
- 레시피 :
- 고 명 : 매일미사 (   ), 복음묵상 (   ), 성체조배 (   ), 묵주기도 (   )
- 복음밥 :

251003 | 연중 제26주간 금요일

재　료 : 루카 10,16
레시피 : "너희 말을 듣는 이는 내 말을 듣는 사람이고, 너희를 물리치는 자는 나를 물리치는 사람이며, 나를 물리치는 자는 나를 보내신 분을 물리치는 사람이다."

　개인의 감정도 중요하지만 함께 살아가는 공동체 안에서 그 감정을 조절하는 것도 중요합니다. 하지만 요즘 아이들을 보면 공동체보다는 개인의 관심에 익숙해지고 그 관심으로 살아가는 것을 보게 됩니다. 아이들의 부모는 자녀의 감정은 알아주면서 공동체 안에서 그 자녀의 행동이 어떤 영향을 미칠지는 크게 생각하지 않습니다. 그러기에 개인의 감정만을 읽어주고, 알아봐 준 아이들은 어디서든 자신의 감정을 먼저 알아봐 달라고 합니다. 그게 이루어지지 않았을 때 즉, 관심의 결핍이라는 모습이 보였을 때 그 아이는 모든 것을 거부하는 행동을 보입니다. 부모의 말을 거부하고, 교육을 거부하고, 오로지 자신의 감정을 알아봐 달라고 떼쓰는 모습을 봅니다. 이런 모습은 신앙 안에서도 보이곤 합니다.

　주님께서 늘 우리의 말과 행동을 주의 깊게 보시고, 우리의 청을 단 한마디도 흘리지 않으심에도 우리는 주님께서 나의 기도를 들어주셔야 하고, 나의 애원에 바로 응답해 주기를 바랍니다. 하지만 내 생각과 주님의 생각은 다르기에 바로 응답이 올 수도, 죽을 때쯤 올 수도 있습니다. 그러면 우리는 응답이 늦게 오는 것을 응답이 없다는 것으로 여기며 주님을 멀리하고, 모른다고 하는 일도 생기는 것입니다.

　오늘 복음에서 예수님께서는 다음과 같이 말씀하십니다. "**너희 말을**

듣는 이는 내 말을 듣는 사람이고, 너희를 물리치는 자는 나를 물리치는 사람이며, 나를 물리치는 자는 나를 보내신 분을 물리치는 사람이다."
주님께서는 우리의 마음에 언제나 귀를 기울이십니다. 대신 우리 마음을 알아 달라는 소리를 잠재울 때 조용히 깨닫게 될 것입니다. 주님의 말씀을 듣고, 주님을 받아들이며 주님을 찾아 나서는 우리 모두가 되기를 성부와 성자와 성령의 이름으로 기도드립니다. 아멘.

나만의 복음밥

재 료 :
레시피 :
고 명 : 매일미사 (   ), 복음묵상 (   ), 성체조배 (   ), 묵주기도 (   )
복음밥 :

251004 | 아시시의 성 프란치스코 기념일

재　　료 : 루카 10,17
레시피 : "주님, 주님의 이름 때문에 마귀들까지 저희에게 복종합니다."

　　교회 안에서 부르심을 받아 이 땅에 하느님 나라 완성을 위해 애쓰는 분들을 봉사자라고 합니다. 봉사를 시작할 땐 다들 자신이 교회 안에서 받았던 사랑을 다시 교회 안에 머무는 사람들에게 나눠주고자 하는 마음이 큽니다. 그 마음으로 봉사를 배우고 그 일을 해가면서 겸손한 마음으로 완성해 나가면 좋을 텐데, 이상하게 시간이 갈수록 모습이 부정적으로 변합니다. 봉사 때 배웠던 것을 사람들이 받아들이지 않으면 불편해하고, 봉사하면서 느꼈던 것들을 함께 느끼지 않으면 상처받곤 합니다. 그리고 이런 말을 무의식적으로 툭, 내뱉습니다. "나 때는 안 그랬는데…" 시간이 흐르고 상황이 바뀌면서 새롭게 공부하고, 적응하려는 것이 아니라 자신이 아는 것이 전부라고 생각하는 순간 영적인 고립 상태에 이르게 되고 봉사하는 것이 힘들어지게 됩니다.

　　오늘 복음에서 제자들은 복음 선포 후에 돌아와 예수님께 이렇게 말씀을 드립니다. **"주님, 주님의 이름 때문에 마귀들까지 저희에게 복종합니다."** 이 말씀을 가만히 읽어보면 마귀가 자신들 앞에서 복종한 줄 착각합니다. 분명 주님의 이름 때문에 주님께 복종하는 것인데, 제자들은 자신들도 그런 힘이 있는 것으로 착각한 것입니다. 그렇다면 이 말씀을 이렇게 바꿔 볼 수 있습니다. "주님, 주님의 이름 때문에 마귀들까지 주님께 복종합니다." 봉사라는 것은 처음부터 끝까지 하느님께 영광을 돌리는 것입니다. 그 영광의 자리에 내가 들어가지 않는 것을 안타까워하는 마음이 있다면 봉사를 시작했을 때 먹었던 처음으로 다시 돌아가야 합니다. 주님께서는 우리에게 봉사할 수 있는 마음을 넣어주셨고, 그 마음에 따라 응답한 우리를 응원해 주십니다. 주님께서 바라시는 바를 실천하고 살아가는 우리 모두가 되기를 성부와 성자와 성령의 이름으로 기도드립니다. 아멘.

나만의 복음밥

- 재　료 :
- 레시피 :
- 고　명 : 매일미사 (　), 복음묵상 (　), 성체조배 (　), 묵주기도 (　)
- 복음밥 :

251005 | 연중 제27주일

📖 재   료 : 루카 17,10
🥣 레시피 : "'저희는 쓸모없는 종입니다. 해야 할 일을 하였을 뿐입니다.'
　　　　하고 말하여라."

　교회에서 봉사를 하다 보면 옛날 기억에 사로잡혀 사시는 분들이 계십니다. 시간도 변하고 상황도 변하고 사람도 변하는데, 자신이 있던 상황 안에 갇혀 그 이상으로 나아가지 못하는 경우도 봅니다.

　그런 분들과 일을 하다 보면 이런 말씀을 많이 하십니다. "그때는 이렇게 하지 않았어요.", "저희가 이런 것을 하는 것은 맞지 않는 것 같아요.", "전임 신부님 때는 이렇게 안 했어요.". 상황이 바뀌고, 장소가 바뀌어서 새로운 상황에 적응해야 하는데 본인은 그 자리에 있고, 못 바꾸겠다고 하면 봉사는 어떻게 해야 할까요?

　사회에서의 일은 뭔가 결과를 내야 하기에 본인의 의사가 중요할 때가 있습니다. 그런데 교회에서의 봉사는 자신의 의견을 내는 게 아니라 종과 같이 순명하는 마음으로 주어진 일을 해나감으로써 아버지 하느님께 순명하신 예수님의 마음을 배우는 것이라는 생각이 듭니다. 예수님께서 아버지 하느님의 뜻을 이루기 위해 십자가에 못 박히시면서, "아빠! 내가 십자가에 못 박힐 테니 저에게 무엇을 해주실 거예요?"라고 물어본다면 어떨까요? 아마 그런 예수님이라면 우리는 별로 예수님을 따를 매력을 느끼지 못할 것입니다. 예수님께서 하느님의 뜻에 온전히 순명하고, 받아들이셨기에 부활이라는 영광을 얻고 우리는 그분의 모습을 통해 매력을 느끼는 것이라는 생각이 듭니다.

　"'저희는 쓸모없는 종입니다. 해야 할 일을 하였을 뿐입니다.'하고

말하여라." 주님의 일을 한다는 것, 봉사한다는 것은 순명하는 것을 배우는 것 같습니다. 있는 그대로 상황을 받아들이고, 그 안에서 주시는 열매를 기다리는 것, 그런 모습을 통해 우리는 주님께 매력을 몸으로 새기고 그 매력을 세상 사람들에게 보여줄 수 있을 것입니다. 주님의 사랑을 입고 전하는 우리 모두가 되기를 성부와 성자와 성령의 이름으로 기도드립니다. 아멘.

나만의 복음밥

재 료 :

레시피 :

고 명 : 매일미사 (   ), 복음묵상 (   ), 성체조배 (   ), 묵주기도 (   )

복음밥 :

251006 | 한가위

📖 재 료 : 루카 12,15

🍵 레시피 : "너희는 주의하여라. 모든 탐욕을 경계하여라. 아무리 부유하더라도 사람의 생명은 그의 재산에 달려 있지 않다."

여러분은 부모님께 전화를 자주 하시나요? 저는 일주일에 한 번은 합니다. 전화해서 이렇게 말씀드립니다. "어머니 아들 효도 전화했어요." 통화 안에서 긴 이야기를 나누는 것은 아니지만, 짧게라도 서로의 삶이 이어지고 있음을 알게 되는 것이죠. 저도 처음에는 이렇게 열심히 전화하지 않았습니다. 그냥 잘 지내고 좋은 일 있을 때만 알려드리면 되지 뭐 남사스럽게 전화를 하나 싶었습니다.

그런데 신부가 된 지 얼마 되지 않아 장례미사를 봉헌하게 되었는데, 상주는 저에게 이런 이야기를 해주었습니다. "어머니께서 결혼하고 얼마 안 돼서 아버지께서 돌아가시고, 자식을 홀로 키우느라 고생하셨어요. 그런데 저는 돈을 많이 벌어서 어머니를 호강시켜 드리고 싶었습니다. 그래서 돈을 버는 데 열중하느라 자주 찾아뵙거나 자주 전화를 드리지 못했어요. 하지만, 어머니 여행도 보내드리고, 통장으로 용돈도 많이 드렸습니다. 그리고 그게 잘하고 있는 것이라 여기며 더 돈을 벌 궁리만 했어요. 그렇게 시간이 흐르고 하고자 했던 프로젝트가 성공했고, 돈이 충분하다고 생각할 무렵 어머니께 자랑스럽게 전화를 드렸는데, 어머니가 전화를 받지 않더라고요. 그래서 집에 달려갔더니, 돌아가신 거예요. 지금 와서 생각하면 어머니가 안 계신 데 돈이 무슨 소용이고, 재물이 무슨 소용일까요. 저는 어떡해야 할까요?" 하시며 제 앞에서 아이처럼 엉엉 우시는 형제님의 모습을 보면서 저는 다짐했습니다. '부모

님이 살아계실 때 잘하자 후회하지 말고.'

오늘 복음에서 예수님께서는 하느님이 아니라 세상을 쫓아 사는 부자의 예를 들며 다음과 같이 말씀하십니다. "**너희는 주의하여라. 모든 탐욕을 경계하여라. 아무리 부유하더라도 사람의 생명은 그의 재산에 달려 있지 않다.**" 사람에게 있어서 돈과 재물은 중요하지만, 그것에 너무 집중하면 정작 바라봐야 하는 것을 놓치고 살아가게 됩니다. 예수님께서 우리에게 이 비유를 말씀하시는 이유는 어디를 바라보며 살아야 하는지 알려 주시는 것이죠. 방심하면 없어질 모래알 같은 세상의 것을 움켜쥐려 노력할 시간에 주님의 것을 찾고 품고자 노력하는 우리 모두가 되기를 성부와 성자와 성령의 이름으로 기도드립니다. 아멘.

나만의 복음밥

재　료 :

레시피 :

고　명 : 매일미사 (　), 복음묵상 (　), 성체조배 (　), 묵주기도 (　)

복음밥 :

251007 | 묵주 기도의 복되신 동정 마리아 기념일

📖 재　료 : 루카 10,41
🍲 레시피 : "마르타야, 마르타야! 너는 많은 일을 염려하고 걱정하는 구나."

　사람은 몸과 마음으로 이루어져 있습니다. 몸과 마음이 하나가 되지 못하면 불안해지고 걱정하게 됩니다. 이 모습을 저는 미사 중 특강을 할 때 종종 보곤 합니다. 신자들은 잘 모르시겠지만 제대 앞에서 바라보면 신자들이 어떤 생각을 하는지 대략 알 수 있습니다. 신부가 열강을 하며 신자들의 마음을 움직이고자 할 때 강의에 집중하여 그 말씀을 하나라도 놓치지 않고자 하는 신자는 신부님의 눈과 입을 바라보며 말씀을 마음에 담습니다. 반면에 신부가 열강을 하더라도, 자신이 생각한 시간을 초과하거나, 미사 후에 약속을 잡아놓은 신자는 신부의 얼굴을 바라보기보다는 시계를 연신 바라봅니다. 그리고 그 표정을 바라보고 있으면 어떤 말씀도 불안함으로 인해 하나도 들어가지 않음을 보게 됩니다.

　오늘 복음에서 마르타는 예수님을 집으로 초대합니다. 분명 마르타의 머릿속에는 예수님만 오실 거라고 생각했을 것입니다. 하지만 예수님의 제자들도 함께 들이닥치자 해야 할 일이 많아진 마르타는 머릿속이 복잡해집니다. 그러자 예수님 앞에서 말씀을 잘 듣고 있는 마리아가 자신의 일을 돕지 않는다고 혼 내달라고 말합니다. 이에 예수님께서는 다음과 같이 말씀하십니다. **"마르타야, 마르타야! 너는 많은 일을 염려하고 걱정하는 구나."**

　주일이 되어 주님 앞에 나올 때 예수님과 나와의 관계에 집중했으면 좋겠습니다. 미사 후에 어떤 일을 하려고 약속을 잡는 것, 내가 시간을 정해놓는 것, 이런 모습은 결국 주님께 집중하지 못하고, 멀게 만들 뿐입니다. 이렇게 염려하며 주님과 거리를 만들기보다는 주님의 눈을 바라보고 말씀을 마음에 담았으면 좋겠습니다. 주님의 뜻을 마음속에 기억하고 일치하는 우리 모두가 되기를 성부와 성자와 성령의 이름으로 기도드립니다. 아멘.

나만의 복음밥

- 재 료 :
- 레시피 :
- 고 명 : 매일미사 (   ), 복음묵상 (   ), 성체조배 (   ), 묵주기도 (   )
- 복음밥 :

251008 | 연중 제27주간 수요일

재　　료 : 루카 11,1
레시피 : "주님, 요한이 자기 제자들에게 가르쳐 준 것처럼, 저희에게도 기도하는 것을 가르쳐 주십시오."

아직도 기도가 어렵습니다. 강의 때나, 강론 때 항상 기도는 주님의 목소리를 듣는 것이고, 그 소리를 잘 듣고 변화되어 가는 과정이 기도라고 말씀드립니다. 성당에 앉아 그렇게 하고자 마음을 모으고 주님의 소리를 듣고자 해도, 결론은 "주님 저 이번에 행사하는데 비 안 내리게 해 주세요.", "주님 이번에 어디를 가는데 아무도 다치지 않게 해주세요.", "주님 본당에 예산이 부족한데 모든 사람에게 공평하게 돌아갈 수 있게 해주세요." 등 '무엇, 무엇 해주세요'라는 기도로 바뀌는 모습을 보입니다. 그런데 '무엇, 무엇 해주세요'라는 기도 안을 살펴보면 주님의 뜻은 하나도 없습니다. 내가 바라고 청하고 원하는 것만 하나 가득 들어있는 기복일 뿐입니다. 그러니 기도가 기복이 되고 이루어지지 않을 때 주님께 서운하고 불편한 감정이 드는 것입니다.

오늘 복음에서 제자들 가운데 어떤 사람이 예수님께 청합니다. **"주님, 요한이 자기 제자들에게 가르쳐 준 것처럼, 저희에게도 기도하는 것을 가르쳐 주십시오."** 이 사람이 청한 것은 기도하는 방법을 알고 싶은 것일까요? 기복하는 방법을 알고 싶은 것일까요? 이 제자의 부탁에 예수님께서는 우리가 알고 있는 '주님의 기도'를 알려 주십니다. 이 기도를 천천히 읽어보면 기도는 주님의 뜻을 드러내기 위한 것임을 알 수 있습니다. '아버지의 이름을 거룩히 드러내며 아버지의 나라가 오는 것'은 주님을 믿고 따르는 우리를 통해서 드러내며, 주님의 뜻을 기억하고 이웃 안에서 가족 안에서 말씀으로 살아갈 때 가능한 것입니다. '저희에게 잘못한 모든 이를 용서하는 것, 죄를 짓고자 하는 유혹에 빠지지 않는 것' 이것 또한 주님의 소리에 귀를 기울여야 가능한 것입니다.

인간이란 원래 자신이 하고 싶은 대로 움직이고자 하는 성질이 있습니다. 신앙을 갖는 것 그리고 기도하는 것은 이런 마음을 틀어 주님께로 향하고자 하는 것입니다. 오늘 하루는 기복이 아닌 기도로서 하느님의 뜻을 이루는 우리 모두가 되기를 성부와 성자와 성령의 이름으로 기도드립니다. 아멘.

나만의 복음밥

📖 재 료 :

🥣 레시피 :

🍚 고 명 : 매일미사 (   ), 복음묵상 (   ), 성체조배 (   ), 묵주기도 (   )

🔔 복음밥 :

251009 | 연중 제27주간 목요일

📖 재　료 : 루카 11,9

🥄 레시피 : "청하여라, 너희에게 주실 것이다. 찾아라, 너희가 얻을 것이다. 문을 두드려라, 너희에게 열릴 것이다."

　가끔 어느 성당 근처에 있는 맛집을 갈 때가 있습니다. 그 집은 주차할 곳이 없기에 동네를 돌다, 돌다 자리가 없으면 결국 그 성당에 들어가게 됩니다. 본당 신자 외에는 차를 세울 수 없는 상황이기에 차를 대게 되면 꼭 사무실로 가서 이렇게 말을 합니다. "모래내 성당 신자인데요, 혹시 여기 차 좀 세워도 될까요?" 모래내 성당 신자라는 말에 사무장님은 "괜찮으니 일보고 오세요."라고 말씀하십니다. 이 상황을 자세히 바라보면 내가 잘나서 이곳에 주차할 수 있는 것이 아니라 '모래내 성당 신자'라는 단어가 말해주듯 하느님을 믿기에 나의 청을 들어준 것이라 봅니다.

　오늘 복음에서 예수님께서는 다음과 같이 말씀하십니다. **"청하여라, 너희에게 주실 것이다. 찾아라, 너희가 얻을 것이다. 문을 두드려라, 너희에게 열릴 것이다."** 우리가 기도할 때 청하고, 찾고, 두드리면 이루어 주실 것이라고 말씀하십니다. 그런데 이 말을 천천히 묵상해 보면 청하고, 찾고, 두드리라는 말씀 앞에 하나의 문장이 감춰져 있습니다. 그것은 바로, '주님의 이름으로'라는 말씀입니다. 주님께서는 자신의 힘으로 청하고, 찾고, 두드리는 것보다 '주님의 이름으로' 청하고, '주님의 이름으로' 찾고, '주님의 이름으로' 두드리기를 바라신 것입니다.

　그럼에도 우리는 안 좋은 상황이 빠르게 돌아가거나, 그로 인해 마음이 급해지면 자꾸 기도할 때 '주님의 이름으로' 기도하기보다 자신의 뜻을 가득 넣은 기도를 봉헌할 때가 있습니다. 주님께서는 그 기도도 언젠가 들어주시겠지만, 무엇보다 우리가 '주님의 이름으로' 기도한다면 빠르게 완성될 것이라 믿습니다. 오늘 하루를 시작하며 주어진 상황을 바라보고, '주님의 이름으로' 청하고 '주님의 이름으로' 찾고 '주님의 이름으로' 두드리는 우리 모두가 되기를 성부와 성자와 성령의 이름으로 기도드립니다. 아멘.

나만의 복음밥

- 재   료 :
- 레시피 :
- 고   명 : 매일미사 (   ), 복음묵상 (   ), 성체조배 (   ), 묵주기도 (   )
- 복음밥 :

251010 | 연중 제27주간 금요일

재　료 : 루카 11,17
레시피 : "어느 나라든지 서로 갈라서면 망하고 집들도 무너진다."

　예전에 신학생 시절에 본당에 이런 분이 계셨습니다. 공동체 안에서 무슨 일이 있으면 본당신부님께 쪼르륵 달려가서 '본당 걱정'하는 마음으로 사사건건 본당의 일들을 알려주는 사람이었습니다. 신부님도 그런 그를 아꼈고, 그는 그럴수록 신부에게 더 많은 이야기를 제비처럼 날라다 줬습니다. 그런데 그것이 좋은 일이라면 더 좋은 일로 거듭나지만 안 좋은 일일 때는 분열이 나기도 했습니다. 그러기에 신부가 된 뒤에 저에게 누군가에 대해 일방적으로 안 좋은 이야기를 전달해 주려고 하면 속으로 이런 생각을 합니다. '이 성당의 마귀는 너구나.'

　오늘 복음에서 군중 몇 사람이 예수님께 다가와 "저자는 마귀 우두머리 베엘제불의 힘을 빌려 마귀들을 쫓아낸다."라고 말합니다. 이에 예수님께서는 그들의 마음을 아시고 다음과 같이 말씀하십니다. **"어느 나라든지 서로 갈라서면 망하고 집들도 무너진다."** 즉 교회 공동체에서 가장 중요한 것은 분열이 아니라 일치임을 말씀하시는 것입니다. 우리가 주님의 이름 아래로 모였다면, 서로에 대해서 좋은 이야기인 척 뒷이야기를 하기보다는, 좋은 이야기만 해줬으면 좋겠습니다. 다들 생각했던 말이든 생각하지 않고 무의식중에 뱉었던 말 중에 부정적인 말이 돌고 돌아, 누군가의 마음을 크게 상하게 만드는 경험을 했을 것입니다. 즉, 우연히 길에 있는 작은 돌을 발로 찼는데 그것으로 차가 뒤집어질 수도 있는 것입니다. 그러기에 사탄이 제일 좋아하는 것은 일치가 아니고 분열입니다. 그래서 하나가 되고자 하는 마음을 분열시키기 위해 바지런히 움직일 것입니다.

오늘 하루를 살아가며 주님께서 좋아하시는 일을 찾아 나서며 그런 작은 노력이 분열이 아니라 일치를 이루기를 바라봅니다. 주님 사랑의 작은 접착제가 공동체 안에서 갈라진 곳에 쓰이는 우리 모두가 되기를 성부와 성자와 성령의 이름으로 기도드립니다. 아멘.

나만의 복음밥

- 재 료 :
- 레시피 :
- 고 명 : 매일미사 (   ), 복음묵상 (   ), 성체조배 (   ), 묵주기도 (   )
- 복음밥 :

251011 | 연중 제27주간 토요일, 또는 성 요한 23세 교황

재 료 : 루카 11,28
레시피 : "하느님의 말씀을 지키는 이들이 오히려 행복하다."

예전 여름에 복사단 아이들을 데리고 서울 아현동에 있는 한국 정교회를 방문한 적이 있었습니다. 아이들도 가톨릭만이 아니라 갈라진 뿌리에서 나온 종교를 알 필요가 있을 것 같아서였습니다. 미리 연락을 드리고 찾아가니 우리를 안토니우스 신부님께서 맞이해 주셨습니다. 신부님은 아이들의 눈높이에 맞게 안내를 해주셨습니다. 특히 기억에 남는 부분은 이 부분이었습니다. 정교회 성당은 들어가는 입구에 초를 봉헌하는 곳이 있는데, 그 의미는 '빛이신 그리스도를 닮아 우리도 빛처럼 살기를 맹세하고, 각 자리에서 빛이 되어 사람들에게 그리스도를 전하겠음'을 다짐하는 것이라고 하셨습니다. 그리고 신부님은 이 말씀을 해주셨습니다. "요즘 일부 개신교에서 지나가는 사람들에게 선교라는 이유로 비누나 물티슈에 하느님의 이름을 새겨서 나눠주는 것, 즉 물질로서 사람들을 교회로 모으려고 하는데, 그것은 한계가 있습니다. 우리가 참 그리스도인이 되기 위해서는 여러분 각자 각자가 빛이 되어 그리스도를 전하면, 주위 사람들이 그 빛을 보고 하느님을 만나기 위해 모일 것입니다."

오늘 복음에서 군중들이 인간적인 마음으로 성모님의 모습을 칭찬하려고 하자, 예수님께서 다음과 같이 말씀하십니다. **"하느님의 말씀을 지키는 이들이 오히려 행복하다."** 요즘 주위에 선교하러 나간다는 성당을 보게 됩니다. 제 생각에는 선교하러 우르르 나가서 안내문을 나눠주고, 선물하나에 미소를 붙여서 나눠주는 것보다, 그 공동체 내에 있는 사람들이 하느님의 말씀을 지키며, 즉 서로 사랑하고 배려하며, 뜨거운 마음으로 빛을 내며 살아간다면, 그 지역에 있는 사람들이 그 빛을 보고 모일 것입니다. 오늘 하루 나는 그리스도의 빛으로 살아가고 있는지 돌아보고, 빛이 부족하다면 기도로서 빛을 더하는 우리 모두가 되기를 성부와 성자와 성령의 이름으로 기도드립니다. 아멘.

나만의 복음밥

- 재 료 :
- 레시피 :
- 고 명 : 매일미사 ( ), 복음묵상 ( ), 성체조배 ( ), 묵주기도 ( )
- 복음밥 :

251012 | 연중 제28주일

재 료 : 루카 17,18
레시피 : "이 외국인 말고는 아무도 하느님께 영광을 드리러 돌아오지 않았단 말이냐?"

몇 해 전 성지순례를 간 적이 있었습니다. 순례 안에서 한 형제님이 눈에 들어왔습니다. 그분은 어디를 가나 기도를 하셨습니다. 너무 열심히 기도를 드리는 모습이 경건하게 느껴졌습니다. 순례 일정 중에 저녁 식사를 마치고 형제님과 잠시 이야기를 나눌 수 있었습니다. 저는 "형제님 어떤 기도를 그렇게 열심히 하셔요?"라고 여쭤봤습니다. 저의 물음에 형제님께서는 이렇게 답을 하셨습니다. "건강을 주시고 이런 순례를 할 수 있게 해 주신 주님께 너무나 감사의 마음이 큽니다. 주님은 항상 제 안에 계시고 감사를 드림으로써 저는 주님을 기억하고 마음에 새깁니다."

그 형제님의 말씀을 듣고 오늘 복음을 바라보며 나는 주님께 어떤 기도를 봉헌하는지 생각해 봅니다. 주님께 은총을 받고 매 순간 감사를 드리며 사는지, 아니면 감사를 잊고 사는지?

오늘 복음에서 예수님께서는 열 명의 나병을 치유해주셨는데 한 명의 사마리인 만이 예수님께 돌아와 감사의 인사를 드립니다. 이것에 대해 예수님께서는 다음과 같이 말씀하십니다. **"이 외국인 말고는 아무도 하느님께 영광을 드리러 돌아오지 않았단 말이냐?"** 하느님을 늘 마음속에 품고 사는 이는 감사하는 마음을 갖는 사람이고, 하느님이 마음속에 없는 분은 감사하는 마음을 잊은 자임을 보게 됩니다. 주님께서는 감사하는 이에게는 감사할 거리를 더 많이 마련해 주심을 기억하며 살아가는 오늘 하루가 되기를 성부와 성자와 성령의 이름으로 기도드립니다. 아멘.

나만의 복음밥

📖 재 료 :

🥣 레시피 :

🔔 고 명 : 매일미사 (　), 복음묵상 (　), 성체조배 (　), 묵주기도 (　)

🍚 복음밥 :

251013 | 연중 제28주간 월요일

재 료 : 루카 11,29

레시피 : "이 세대는 악한 세대다. 이 세대가 표징을 요구하지만 요나 예언자의 표징밖에는 어떠한 표징도 받지 못할 것이다."

지난주 미사를 마치고 나오려는데 성인 복사분이 이런 질문을 했습니다. "신부님 종을 어떤 세기로 쳐야 하나요?" 저는 그 질문을 듣고 "손목에 힘을 꽉 주고 치시면 너무 크니, 손목의 스냅으로만 치시면 좋을 것 같습니다." 그리고 물어봤습니다. "왜 이런 것을 물어보시나요?" 그러자 그 형제님은 이렇게 답을 하셨습니다. 다른 복사분이 "신부님이 예민하셔서 강하게 치는 것을 싫어한다."라는 말을 전해 듣고 조심하려고 하는데 잘 모르기에 그랬다고 하셨습니다. 그 말을 듣고 형제님을 데리고 제대로 갔습니다. 그리고 제대 가운데 서보라고 한 뒤, 예전 형제님이 치는 만큼으로 쳐서 들려드렸습니다. 그러자 형제님은 놀라시면서 이렇게 말씀하셨습니다. "신부님, 이 정도면 미사 때 놀라시겠는데요. 이제 알았어요." 형제님은 이번 주에는 아주 자연스럽게 종을 치셨습니다.

사람은 각자의 자리에 있어 봤을 때 상대의 마음을 느낄 수 있습니다. 결혼을 안 한 사람은 부부의 마음을 모르고, 아이가 없는 사람은 아이가 있는 사람의 마음을 모릅니다. 보좌는 주임의 마음을 모르고 주임은 주교님의 마음을 모릅니다. 각자 체험하지 않으면 모릅니다. 하지만 그 자리에 있다고 생각해 보면, 그런 마음을 갖는다면 상대가 좋아할 일은 더 하게 될 것이고, 싫어하는 일은 피하게 될 것입니다.

오늘 복음에서 예수님께서는 군중을 향해 다음과 같이 말씀하십니다. "이 세대는 악한 세대다. 이 세대가 표징을 요구하지만 요나 예언자의 표징밖에는 어떠한 표징도 받지 못할 것이다." 요나 예언자는 니네베 사람들에게 회개를 선포했습니다. 그것도 적극적으로 한 것이 아니라, 하기 싫은 마음을 가득 가지고 했습니다. 하지만 니네베 사람들은 그 작은 소리도 귀 기울여 들었습니다. 그리고 회개하여 재앙을 피했습니다. 그 이유는 주님의 목소리를 듣고자 했고, 그 마음을 느끼고자 했습니다. 우리는 세상 안에서 주님의 목소리에 귀 기울이고 살아가야 합니다. 그런 귀 기울임 안에서 주님의 표징을 발견하게 될 것입니다. 주님의 마음을 알고자 하고, 귀 기울임으로써 은총을 발견하는 우리 모두가 되기를 성부와 성자와 성령의 이름으로 기도드립니다. 아멘.

나만의 복음밥

재 료 :

레시피 :

고 명 : 매일미사 (   ), 복음묵상 (   ), 성체조배 (   ), 묵주기도 (   )

복음밥 :

251014 | 연중 제28주간 화요일

📖 재　　료 : 루카 11,41
🥄 레시피 : "속에 담긴 것으로 자선을 베풀어라. 그러면 모든 것이 깨끗해질 것이다."

　본당 신자들을 보면 무엇이든 주고 싶은 마음이 듭니다. 일주일간 답답하고 힘든 일상을 보내다 아버지 하느님의 초대로 성당에 온 이들에게 말씀으로든 물질적인 것으로든 기쁘게 해주고 싶은 마음이 듭니다. 이것에 대해서 지난번 어떤 분이 이렇게 말씀하셨습니다. "신부님 자꾸 주면 신자 중에 더 바라는 사람이 생겨요. 그러니 너무 자주 주지 마세요." 주다 보니 정말 줄수록 더 바라고 기대하는 사람도 있습니다. 하지만 받은 것만큼 감사하고 자신도 주님을 위해 더 나아가 만나는 이웃들에게 자신이 받은 기쁨을 나누고자 하는 사람도 있습니다. 분명 한 사람이 쓸 수 있는 에너지는 한정되어 있습니다. 신기한 것은 좋은 에너지는 쓰면 쓸수록 더 나오고 마르지 않는다는 것입니다. 그러기에 안 좋은 모습을 보려 하기보다 좋은 모습을 보려 하고, 그 모습을 보기 위해 자신 안에 있는 것을 아낌없이 내놓습니다.

　오늘 복음에서 예수님께서는 자신 안에 있는 것을 아껴 쓰려고 머리를 쓰는 바리사이들을 향해 다음과 같이 말씀하십니다. **"속에 담긴 것으로 자선을 베풀어라. 그러면 모든 것이 깨끗해질 것이다."** 주님께서는 우리가 이웃을 위해 사랑의 마음을 쓰고자 한다면 그 마음이 마르지 않게 하실 것입니다. 우리가 이웃을 위해 기쁨의 마음을 쓰고자 한다면 그 마음을 넘치게 해주실 것입니다. 그러니 내 사정을 먼저 생각하고 아끼지 말고, 내가 가진 것을 아낌없이 사용해 봅시다. 그러면 주님께서 모든 것을 깨끗하게 해주시고 한가득 채워주시는 은총을 체험하게 될 것입니다. 주님께서 주시는 은총을 기쁘게 사용함으로써 마르지 않는 기쁨을 체험하는 우리 모두가 되기를 성부와 성자와 성령의 이름으로 기도드립니다. 아멘.

나만의 복음밥

- 재 료 :
- 레시피 :
- 고 명 : 매일미사 (   ), 복음묵상 (   ), 성체조배 (   ), 묵주기도 (   )
- 복음밥 :

251015 | 예수의 성녀 데레사 동정 학자 기념일

📖 재　　료 : 루카 11,42
🍲 레시피 : "박하와 운향과 모든 채소는 십일조를 내면서"

　복음을 읽으며 **"박하와 운향과 모든 채소는 십일조를 내면서"**라는 구절에서 '성전에서 무슨 채소에 대한 십일조를 낸담'하는 생각이 들었습니다. 주석서를 찾아보니 제사를 드리기 위한 제물로 소를 도축하는 과정에서 악취가 나고 그 악취를 피하고자 허브를 사용하여 제단에 향을 피웠는데, 제사 때 사용된 허브 중에 제일 많이 사용되는 것이 박하와 운향이었기에 그 이름이 성경에 나온 것입니다.

　즉 이 구절을 다시금 쉽게 풀이하면 너희를 위한 제사를 봉헌하는데 사용될 제사 도구에는 돈을 내면서 정작 그 제사를 봉헌하는 마음은 충분히 준비하지 않았다는 말씀입니다. 맞습니다. 미사를 봉헌하며 우리는 많은 기도 지향을 올립니다. 예전에는 현물이라면 지금은 돈으로 올립니다. 그러면 그 제물이 하늘로 올라가기 위해서는 어떻게 해야 할까요? 돈을 많이 봉헌한다고 기도 지향이 그대로 올라가는 것일까요? 아니면 그 기도 지향을 봉헌한 사람이 바르고 올바른 마음을 준비하는 것이 우선일까요? 분명 제물을 준비하는 것도 중요하지만 먼저 의로움과 하느님 사랑을 기억하는 것이 우선일 것입니다.

　종종 미사를 봉헌하며 제 모습을 돌아봅니다. '어떤 마음으로 주님을 위해 준비하고 기도를 봉헌하는가?' 주님을 위해 몸과 마음의 준비가 완성된다면 주님의 뜻을 더 깊게 기억하고 향한다는 것을 느끼게 됩니다. 오늘 하루를 살아가며 우리는 어떤 마음으로 주님께 제사를 드리고자 하는지 돌아봤으면 좋겠습니다. 주님의 뜻을 듣고 완성함으로써 완전하고 무결한 제사를 봉헌하는 우리 모두가 되기를 성부와 성자와 성령의 이름으로 기도드립니다. 아멘.

나만의 복음밥

재　료 :
레시피 :
고　명 : 매일미사 (　), 복음묵상 (　), 성체조배 (　), 묵주기도 (　)
복음밥 :

251016 | 연중 제28주간 목요일

📖 재　료 : 루카 11,52

🥣 레시피 : "불행하여라, 너희 율법 교사들아! 너희가 지식의 열쇠를 치워 버리고서, 너희 자신들도 들어가지 않고 또 들어가려는 이들도 막아 버렸기 때문이다."

　예전에 온라인으로 유명 연예인이 유명세를 이용하여 장사하다가 광고와는 다르게 내용물이 부실하여 고객에게 항의 문자를 받았습니다. 그는 그 항의에 대해 진지하게 받아들이기는커녕 안일하게 대처하다가 결국 고소로 이어지고 망하게 되는 수순을 밟게 되었습니다. 엄청나게 유명한 사람이 어떻게 한순간에 바닥으로 내려오게 되었을까요? 그것은 바로 적절한 순간과 상황에 바로 사과하지 못했기 때문에 그렇게 된 것입니다. 사람이란 완벽한 존재가 아니기에 누구나 실수합니다. 그것에 대해 올바로 사과한다면 넘어갈 수 있는 일을 완고함으로, 혹은 자신이 가지고 있는 권한으로 뭉개려 하거나, 어설픈 변명으로 대신하려 한다면 작은 일이 큰 어려움으로 변하는 것을 누구나 보게 될 것입니다.

　오늘 복음에서 예수님께서는 하느님의 법인 율법을 사람들을 구원하는 데 사용하는 것이 아니라 사람들을 옭아매는 데 사용하는 율법 교사들을 향해 다음과 같이 말씀하십니다. **"불행하여라, 너희 율법 교사들아! 너희가 지식의 열쇠를 치워 버리고서, 너희 자신들도 들어가지 않고 또 들어가려는 이들도 막아 버렸기 때문이다."** 자신들의 부족함으로 율법을 잘못 사용하고 있음을 인정하고 사람들에게 미안하다고 사과하면 되는 것을 그들은 아니라고, 내가 말하는 것이 옳다고 우기기에 문제가 생기는 것입니다. 주님께서는 그들에게 더 늦기 전에 그런 완고한 마음을 누르고 주님께 나아가라고 말씀하십니다.

　우리도 신앙생활을 하다 보면 자신이 알고 있는 지식과 신앙으로 상대의 마음을 옭아매려 하고 내 신앙을 강요하는 잘못을 저지르곤 합니다. 우리가 이런 마음으로 신앙생활을 한다면 주님 앞에 사과드리고 더 나아가 그런 일로 힘들게 했던 이들에게 사과하는 모습이 필요합니다. 사과는 결코 우리 자신을 쪼그라트리지 않고 겸손하며 온유하게 하며 세상과 사람 안에 숨겨두신 보물을 발견하게 해주실 것입니다. 주님의 뜻을 이 땅 위에 완성하는 우리 모두가 되기를 성부와 성자와 성령의 이름으로 기도드립니다. 아멘.

나만의 복음밥

📖 재　료 :
🥣 레시피 :
🍚 고　명 : 매일미사 (　), 복음묵상 (　), 성체조배 (　), 묵주기도 (　)
🔔 복음밥 :

251017 | 안티오키아의 성 이냐시오 주교 순교자 기념일

재 료 : 루카 12,1
레시피 : "바리사이들의 누룩 곧 위선을 조심하여라."

　교회의 영적 운동 중에 꾸르실료의 정신을 나타낸 기본사상에는 이런 내용이 있습니다. '꾸르실료를 체험한 사람들이 영적 정신을 이어가고, 세상의 변화를 이어가기 위해서는 누룩으로서 삶을 살아가야 한다.' 누룩이라는 것은 작은 것이지만 음식을 건강하게 발효하여 부풀게 만드는 역할을 합니다. 하느님께서는 이 운동을 체험한 모든 사람이 그렇게 변화하기를 바라실 것입니다. 하지만 교회 안에서 살펴보면 누룩으로 살아가는 사람도 있지만, 누룩보다는 곰팡이로 살아가는 사람도 더러 있습니다. 피정을 마치면 차수를 내세우고 나이를 우선시하고, 자기 경험이 모든 것인 것처럼 행동하며, 영성운동의 정신을 살아가기보다 외적인 부분을 중시하는 사람이 있습니다. 이런 곰팡이 같은 사람들이 공동체 안에 있으면 질서를 어지럽히고, 교회의 구성원들을 병들게 하며, 교회의 짐이 되는 것을 봅니다.

　오늘 복음에서 예수님께서는 공동체를 영적으로 부풀게 하는 것이 아니라 병들게 하는 바리사이들을 향해 다음과 같이 말씀하십니다. **"바리사이들의 누룩 곧 위선을 조심하여라."** 바리사이들의 누룩은 좋은 것이 아니라 공동체를 병들게 하는 '곰팡이'일 것입니다.

　가끔 내 모습을 보고 있으면 누룩보다는 곰팡이 같은 모습이 있습니다. 그리고 우리 모두에게도 그런 모습이 있습니다. 그런 부분이 있음에도 자신의 부족함을 바라보지 않고, 위선적으로 살아간다면 그 모습에서 벗어나지 못할 것입니다.

오늘을 시작하며 내 마음이 누룩인지, 곰팡이인지 돌아봅시다! 자신의 부족함을 아는 것이 위선을 넘은 겸손의 모습이며 은총을 부풀게 하는 누룩의 모습일 것입니다. 주님 보시기에 좋은 공동체가 되기를 성부와 성자와 성령의 이름으로 기도드립니다. 아멘.

나만의 복음밥

재　료 :

레시피 :

고　명 : 매일미사 (　), 복음묵상 (　), 성체조배 (　), 묵주기도 (　)

복음밥 :

251018 | 성 루카 복음사가 축일

📖 재 료 : 루카 10,9
🍲 레시피 : "'하느님의 나라가 여러분에게 가까이 왔습니다.' 하고 말하여라."

　신학교 2학년 때 어느 피정을 갔습니다. 피정은 예수님의 삶을 따라 사는 법을 배우는 시간이었습니다. 그중에 기억나는 것이 피정을 마치기 하루 전날 했던 선교 체험입니다. 길에 나가서 만나는 사람에게 "예수님을 믿으세요."라고 말을 전하는 것이었습니다. 당시 21살, 어디 가서도 사람들에게 주눅 들지 않을 나이였지만 피정 지도 신부님의 말씀에 온몸이 얼어버렸습니다. 왜냐하면 성당이라는 공간에서 예수님을 증거하는 것은 익숙했지만 성당이 아닌 공간에서 예수님을 전한다는 것은 너무 어렵게 느껴졌습니다. 그래도 피정 프로그램 중의 하나였으니 나가야만 했습니다. 길에 나가 "예수 믿으세요." 라는 이야기가 마치 성냥팔이 소녀의 "성냥 사세요."처럼 작게 나왔습니다. "예수 믿으세요. 예수 믿으세요." 저만 들을 수 있는 소리로 외치고 있는데, 지나가던 아주머니가 그 작은 소리를 들으시고 다가오셔서, "예수님은 어떤 분인가요?"라고 물어봤습니다. 그 질문에 머릿속이 하얘지고 무슨 말을 했는지도 모르는 말을 했습니다. 제 말을 들은 아주머니는 "용기를 내어서 힘껏 전해요."라고 말씀하시고는 사라지셨습니다. 그 말을 듣고 나니 제가 이상한 것을 말하는 것도 아니고 제일 사랑하고 아끼는 예수님을 전하는 것인데, 이러면 안 되지 하는 생각이 들었습니다. 그 이후에 정말 열심히 기쁘게 목이 터져라 "예수 믿으세요. 예수 믿으세요."라고 선교하며 돌아온 기억이 있습니다.

　오늘 복음에서 예수님께서는 제자들을 파견하시며 다음과 같이 말을 하라고 하십니다. "'하느님의 나라가 여러분에게 가까이 왔습니다.' 하고 말하여라." 세례를 받고 하느님의 제자가 된 우리들은 복음 선포의 사명을 갖게 됩니다. 그 사명은 기도만 하는 것이 아니라 주위의 사람들에게 하느님의 가르침을 입을 벌려 전해야 하는 것입니다. 분명 쉽지 않습니다. 하지만 한번 소리 높여 외치다 보면 자유로움을 느끼게 될 것입니다. 주님을 알리고 전함으로 복음 선포의 사명을 다하는 우리 모두가 되기를 성부와 성자와 성령의 이름으로 기도드립니다. 아멘.

나만의 복음밥

- 재　료 :
- 레시피 :
- 고　명 : 매일미사 (　), 복음묵상 (　), 성체조배 (　), 묵주기도 (　)
- 복음밥 :

251019 | 연중 제29주일 민족들의 복음화를 위한 미사

재　료 : 마태 28,20
레시피 : "내가 세상 끝 날까지 언제나 너희와 함께 있겠다."

지난번 아는 지인의 어머니께서 돌아가셨습니다. 장례식장에 찾아가 위로를 해드리고 미사를 봉헌해 드렸습니다. 미사를 마치고 나오는데 둘째 아들이 할머니의 영정사진을 보면서 자신의 엄마에게 이런 말을 했습니다. "엄마의 엄마가 하늘나라 갔으니 엄마는 이제 고아네. 엄마가 평생 내 편인 것처럼 엄마의 평생 편이 없어져서 울 엄마 슬프겠다. 어떻게"라고 말을 하며 엄마의 마음을 토닥였습니다. 둘째 아들의 말을 듣고 집으로 돌아오며, 생각해 보니 그 말이 맞았습니다. '평생 내 편' 맞습니다. 세상에 웬만한 부모님은 평생 자녀의 편입니다. 자녀가 어떤 일을 벌여도 그들을 지지해 주고 응원해 주고 함께해 주는 것이 부모의 역할입니다. 그러기에 부모님이 살아계시는 것 그것 하나만으로도 큰 버팀목이 있는 것처럼 마음이 편안한 것입니다.

오늘 복음에서 예수님께서는 승천을 앞두시고 당신을 그리워할 제자들에게 힘주시는 말씀을 하십니다. **"내가 세상 끝 날까지 언제나 너희와 함께 있겠다."** 우리는 세례를 받음으로 하느님 아버지를 우리의 부모로 삼았습니다. 우리가 주님을 부모로 고백하는 그 순간부터 주님께서는 우리를 고아로 남겨두지 않으시고 세상의 어떤 위험 속에서도 지켜주시고, 함께해 주신다는 것을 말씀해 주시는 것입니다.

주님께서 우리를 믿어주시는 것만큼 우리도 주님을 믿고 있는지 돌아봐야 합니다. 그 믿음이 주님과 하나 될 때 우리는 주님께서 주시는 하늘과 땅의 권한을 이어받을 것이며, 마귀를 쫓아내고, 병든 이를 치유하며, 신비한 언어를 이야기하고 해석하게 될 것입니다. 주님을 믿고 은총으로 거듭나는 우리 모두가 되기를 성부와 성자와 성령의 이름으로 기도드립니다. 아멘.

나만의 복음밥

📖 재 료 :

🥣 레시피 :

🍱 고 명 : 매일미사 (   ), 복음묵상 (   ), 성체조배 (   ), 묵주기도 (   )

🍚 복음밥 :

251020 | 연중 제29주간 월요일

📖 재　　료 : 루카 12,20
🥄 레시피 : "어리석은 자야, 오늘 밤에 네 목숨을 되찾아 갈 것이다. 그러면 네가 마련해 둔 것은 누구 차지가 되겠느냐?"

집에 가면 부모님의 사는 모습을 보곤 합니다. 부족하지만 자신이 가진 것에 만족하며 사시는 모습이 보기 좋습니다. 하지만 자녀의 입장에서는 지금보다 조금 더 재미있고 행복하게 여생을 살길 바라는 마음이 큽니다. 그래서 지난번 부모님께 이런 말씀을 드렸습니다. "엄마, 지금 있는 집 담보로 대출받아서 여행도 다니고 좀 쉬면서 지냈으면 좋겠어요." 이 말에 어머니는 이렇게 답을 하셨습니다. "작은 집이라도 자녀들을 위해서 남겨놔야지 부모가 다 쓰고 죽으면 어떻게" 그 말씀을 듣고 이렇게 답을 드렸습니다. "그간 지나오면서 부모가 남긴 유산이 많든 적든 남은 자녀들이 그것으로 싸우고 마음이 갈라지는 모습을 많이 봤어요. 어머니, 아버지께서 번 돈이니 다 쓰고 가시든 기부하시든 하셔요." 부모의 마음은 다 이런 거 같습니다. 무엇이라도 자녀들에게 남겨주고 싶은 마음, 하지만 세상에 남기고자 하는 것보다, 하느님을 위해서 남기는 마음을 가진다면 더 좋지 않을까 싶습니다.

오늘 복음에서 예수님께서는 재산상속에 불만이 있어 따지러 온 사람에게 '부자의 비유'를 들려주시며 다음과 같이 말씀하십니다. **"어리석은 자야, 오늘 밤에 네 목숨을 되찾아 갈 것이다. 그러면 네가 마련해 둔 것은 누구 차지가 되겠느냐?"** 살아가며 내가 남긴 것이 좋은 곳에 쓰이게 하기 위해서는 미리 말해놓아야 합니다. 왜냐하면, 죽고 나면 말할 수 없기 때문입니다. 살아 있을 때 가진 재산을 슬기롭게 정리한 사람은 죽고 난 뒤 살아 있는 사람들의 마음을 불편하게 하지 않을 것입니다. 그리고 그것만으로도 편하게 눈을 감을 수 있을 것입니다. 오늘 하루를 살아가며 우리에게 남아있는 것들이 있다면 정리해 보기를 바랍니다. 정리의 우선은 '남겨 두었을 때 이것으로 분열이 날 것인가?'입니다. 주님의 뜻을 따르고 하늘나라에 재물을 쌓는 우리 모두가 되기를 성부와 성자와 성령의 이름으로 기도드립니다. 아멘.

나만의 복음밥

- 재　료 :
- 레시피 :
- 고　명 : 매일미사 (　), 복음묵상 (　), 성체조배 (　), 묵주기도 (　)
- 복음밥 :

251021 | 연중 제29주간 화요일

재　료 : 루카 12,37
레시피 : "행복하여라, 주인이 와서 볼 때에 깨어 있는 종들!"

지난번 저녁 미사 때였습니다. 복사를 서는 아이들이 있어야 하는데, 아무도 없는 것이었습니다. 사무실에 전화하여 사정을 물어보니, 깜빡했다는 것입니다. 화를 낸다고 아이들이 오는 것도 아니고, 그러려니 하고 미사를 진행하려고 하는데, 복사단 아이가 평일 미사에 와 있는 것이었습니다. 저는 그 아이에게 다가가 "혹시 복사 서지 않을래?" 하고 물어봤고, 아이는 "네, 하겠습니다." 하고 답했습니다. 미사를 마치고 난 뒤에 고맙고 이쁜 마음이 들어 '문화상품권'을 주었습니다. 아이는 "왜 제가 이걸 받아야. 하나요?"하고 물어봤고, 저는 그 아이에게 이렇게 답했습니다. "늘 깨어있어, 언제 기쁨이 찾아올지 몰라."

오늘 복음에서 예수님께서는 제자들에게 준비하고 있어야 하는 이유에 대해서 다음과 같이 말씀하십니다. **"행복하여라, 주인이 와서 볼 때에 깨어 있는 종들!"** 가톨릭 교회 교리서에 따르면 깨어있다는 것은 유혹에 빠지지 않도록 '마음을 지키는 것'과, 세상의 사고방식에 물들지 않도록 '방심하지 않는 것'을 의미합니다. 다시 말하면, 유혹에 빠지지 않도록 자신의 마음을 지키고, 한순간도 방심하지 않는 것이 깨어있는 것입니다.

우리가 알고 있는 카르페 디엠은 하루를 즐기라는 말이 아닙니다. 카르페의 어원은 카르체레 '잡다'라는 뜻이고 디엠은 '하루'라는 뜻입니다. 즉, 지나가는 하루에 좋은 것들을 잡도록 정신 차리며 살라는 뜻입니다. 우리의 육신은 기본적으로 게으릅니다. 그러기에 정신을 차리지 않으면 자신이 하고 싶은 대로 하고자 합니다. 주님을 따른다는 것은 유혹에 빠지지 않도록 마음을 지키고, 방심하지 않는 것입니다.

　오늘 하루도 주님께서 주신 하루를 깨어 있으며 카르페디엠 즉, 주어진 하루를 잡도록 노력해 봅시다. 우리가 정신을 차리고 주님의 뜻을 실천한다면 주님께서는 우리의 모습을 이쁘게 보시며 "행복하다."라고 말씀하실 것입니다. 주님의 말씀을 깨어 들으며 실천하며 살아가는 우리 모두가 되기를 성부와 성자와 성령의 이름으로 기도드립니다. 아멘.

나만의 복음밥

- 재　료 :
- 레시피 :
- 고　명 : 매일미사 (　), 복음묵상 (　), 성체조배 (　), 묵주기도 (　)
- 복음밥 :

251022 | 연중 제29주간 수요일, 또는 성 요한 바오로 2세 교황

재 료 : 루카 12,48

레시피 : "많이 주신 사람에게는 많이 요구하시고, 많이 맡기신 사람에게는 그만큼 더 청구하신다."

주위 분들이 저를 보면 이런 말씀을 많이 하십니다. "신부님 모래내 성당 오신 지 벌써 5년 되어가시죠?" 온 지 4년이 되어가는데 5년이란 질문을 하는 이유가 궁금해서 물어보면 다음과 같이 답을 하십니다. "신부님이 오셔서 행사도 많이 하고, 그 안에서 신부님이 왔다 갔다 하는 모습을 자주 보니 신부님이 이 성당에 엄청나게 오래 계신 것 같아요." 돌아보면 매일 바쁘게 지내왔습니다. 그 이유는 본당신부는 그렇게 해야 한다는 생각이 있어서였습니다. 사제로서 본당에 파견된다는 것은 신자들에게 영적 유익을 주기 위한 것이고 그 유익은 신부가 강론으로, 피정으로, 교육으로 부단히 연구하고, 기도함으로써 신자들에게 줄 수 있는 것입니다. 그러기에 제가 가지고 있는 것을 아낌없이 나누고자 합니다.

오늘 복음에서 주님께서는 늘 준비하고 깨어 있어야 함을 말씀하십니다. 그 이유는 주님께서 언제 오실지 우리가 모르기 때문입니다. 그리고 주님께서는 다음과 같이 말씀하십니다. **"많이 주신 사람에게는 많이 요구하시고, 많이 맡기신 사람에게는 그만큼 더 청구하신다."** 본당신부의 임기는 보통 3년에서 5년입니다. 어떻게 보면 마라톤과 같은 시간이고 긴 인생으로 볼 때는 단거리 달리기와도 같습니다. 그 달리기의 목적은 하늘나라의 완성임을 알고 있어야 합니다.

주님은 사제에게도 신자들에게도 많이 주시고, 많이 맡기셨습니다. 그것을 이용하여 하늘나라를 만드는 데 있어, 최선을 다해야 하는 것은 우리의 몫입니다. 시간은 무한한 것 같아도, 죽음 앞에서 유한하며, 마지막 순간이 다가올 때 '그때 좀 더 열심히 할걸'하는 후회는 통하지 않습니다. 주님의 일을 위해 최선을 다해 앞으로 나아가는 우리 모두가 되기를 성부와 성자와 성령의 이름으로 기도드립니다. 아멘.

나만의 복음밥

📖 재 료 :

🥣 레시피 :

🍚 고 명 : 매일미사 (   ), 복음묵상 (   ), 성체조배 (   ), 묵주기도 (   )

🍚 복음밥 :

251023 | 연중 제29주간 목요일

📖 재   료 : 루카 12,49

🍵 레시피 : "나는 세상에 불을 지르러 왔다. 그 불이 이미 타올랐으면 얼마나 좋으랴?"

　3년 전 이맘 때 평화방송 라디오 '행복을 여는 아침'에 초대받아 출연하였습니다. 10년간 행복을 여는 아침의 안방지기로 활동했던 김지현 아나운서의 마지막 방송을 기념하여 기억되는 사람으로 초대된 것입니다. 제가 평화방송, 행복을 여는 아침에 출연하게 된 것은 2019년 7월이었습니다. 당시 '내 영혼의 탈곡기'라는 에세이를 발표했고, 우연히 담당 피디로부터 책 소개를 해줄 수 없냐는 말씀에 수줍은 마음으로 나갔습니다. 방송 스튜디오에 앉아 모든 것이 생경하던 그때 심장이 얼마나 뛰던지 몸은 오그라들고 어깨가 안으로 말려 들어가고 있었습니다. 그때 스튜디오로 들어온 김지현 아나운서는 저의 그 모습을 보고 이렇게 말했습니다. "신부님 어깨를 뒤로 쫙 펴시고 자신 있게 하세요. 우리 어깨 한번 펴볼까요? 하나 둘, 하나 둘" 가슴을 펴라는 말이 별거 아닐 수 있지만, 저에게는 참 크게 다가온 뜨겁고 따스하고 용기를 주는 말이었습니다. 그 말 덕에 지금도 가슴 떨리는 일을 만나면 가슴을 펴고 아자 아자 하며 힘차게 나아가는 용기가 생겼습니다.

　오늘 복음에서 예수님께서는 다음과 같이 말씀하십니다. **"나는 세상에 불을 지르러 왔다. 그 불이 이미 타올랐으면 얼마나 좋으랴?"** 불을 지른다는 것은 무엇인가를 타오르게 하여 새롭게 한다는 의미가 있습니다. 우리는 매일 말하며 살아갑니다, 그 말에 분열과 미움을 담으면 그 말을 받는 사람의 마음이 고통으로 타서 재가 되겠지만 그 말에 사랑과 용기를 담으면 은총으로 타올라 보석이 될 것입니다. 주님께서는 우리에게 하루를 선물로 주시고, 각자 만나는 사람들에게 은총을 전할 수 있는 기회를 주셨습니다. 우리가 만나는 사람들에게 사랑과 은총과 용기의 말로 불을 지른다면 이 세상은 더욱 밝게 빛나게 될 것입니다. 주님께서 알려주신 사랑의 몫을 다함으로써 은총을 만들어 가는 우리 모두가 되기를 성부와 성자와 성령의 이름으로 기도드립니다. 아멘.

나만의 복음밥

📖 재 료 :
🥣 레시피 :
🔔 고 명 : 매일미사 (   ), 복음묵상 (   ), 성체조배 (   ), 묵주기도 (   )
🛎 복음밥 :

251024 | 연중 제29주간 금요일

재　료 : 루카 12,56
레시피 : "위선자들아, 너희는 땅과 하늘의 징조는 풀이할 줄 알면서, 이 시대는 어찌하여 풀이할 줄 모르느냐?"

시간이 어찌나 빨리 가는지 곧 있으면 수능입니다. 어느 가정에는 고3을 맞이한 학생이 있어서 시험을 잘 치르기 위한 응원 선물을 받을 것입니다. 제가 고3이었을 때 주로 받았던 선물은 이런 것이었습니다. 잘 붙으라는 의미에서 찹쌀떡과 통 엿, 잘 찍으라는 의미에서 포크, 잘 풀라는 의미에서 휴지를 선물로 받았습니다. 반면에 수험생에게 피해야 하는 선물도 있습니다. 잘 미끄러지는 비누와 미역국 같은 것입니다. 그런데 고3 수능을 지나고 난 뒤 선물로 받았던 물건들은 단 하나도 다시 찾아보지 않습니다.

신부가 된 뒤로 수능을 앞둔 고3 아이들에게 어떤 것을 선물로 주면 좋을까 생각하다, 이런 것이 떠올랐습니다. '매 시험이 끝날 때마다 풀어보면 힘이 날 수 있는 말씀 사탕', '동료들과 친구들이 정성스럽게 써준 기도 편지', 그리고 '미사 봉헌'입니다. 이런 것들이 더 기억에 오래 남고 힘이 될 것이라는 생각이 듭니다.

오늘 복음에서 예수님께서는 정작 바라봐야 하는 것들을 놓치고 있는 우리를 향해 이렇게 말씀하십니다. **"위선자들아, 너희는 땅과 하늘의 징조는 풀이할 줄 알면서, 이 시대는 어찌하여 풀이할 줄 모르느냐?"** 살아가다 보면 주님의 것을 바라보고, 주님께서 좋아하시는 것을 한다고 하면서도, 세상의 방법으로 주어진 일들을 해결하려고 합니다. 그 모든 일이 돌아본 뒤에 아무것도 아님을 알면서도 그 순간을 모면하기 위해 제일 쉬운 방법을 찾는 것입니다.

오늘 하루는 주어진 일들을 처리하는 데 있어서 세상의 방법이 아니라 주님의 방법으로 처리할 수 있는 지혜와 용기를 달라고 청했으면 좋겠습니다. 그런 마음먹음이 있다면 주님께서 단단한 마음을 주실 것이고, 당신이 알려주시는 방법으로 일을 처리하게 도와주실 것입니다. 주님의 뜻을 따르며 완성하는 우리 모두가 되기를 성부와 성자와 성령의 이름으로 기도드립니다. 아멘.

나만의 복음밥

재　료 :
레시피 :
고　명 : 매일미사 (　), 복음묵상 (　), 성체조배 (　), 묵주기도 (　)
복음밥 :

251025 | 연중 제29주간 토요일

📖 재　　료 : 루카 13,3
🥣 레시피 : "너희도 회개하지 않으면 모두 그렇게 멸망할 것이다."

　모든 국민이 핸드폰을 사용하게 된 시대는 2,000년도부터였습니다. 핸드폰이 나오고 지금까지 성당에서 매일 나오는 방송이 있습니다. "잠시 후 미사가 시작되오니 가지고 계신 핸드폰은 꺼주십시오." 이 방송이 22년째 나온다면 핸드폰 울림소리가 안 날 만도 한데 아직도 나오고 있고, 앞으로도 나올 것이라는 생각이 듭니다. 미사 때 핸드폰이 울리면 분심이 듭니다. 미사 경문을 집중하면서 읽는데 '띠리리리' 소리가 나면 정신이 혼미해지고, 불편한 마음이 드는 게 사실입니다. 그렇다고 미사를 하는 신부가 핸드폰 울리는 것으로 뭐라고 하면 울리는 것을 듣는 것보다 더 큰 불편함이 생긴다는 것을 알기에, 미사를 멈추지 않고 계속 진행합니다. 하지만 작년에 어느 성당 미사를 도와주며 한번 그 마음이 깨진 적이 있었습니다. 그 성당에서 한 달간 주일 저녁 미사를 도와주기로 했는데, 첫째 주도, 둘째 주도, 셋째 주도 제대 앞에 한 어르신의 핸드폰이 계속 울렸습니다. 저는 마지막 주에도 설마 울릴까 했는데, 마지막까지 울렸습니다. 그 소리를 듣고 더는 안되겠다 싶어서 미사를 마치고 공지사항 때 이런 말씀을 드렸습니다. "미사는 공동체가 한마음으로 기도를 드리는 시간입니다. 이 시간에 분심을 반복적으로 만들면 서로의 마음에 죄를 짓게 만들고 결국 지옥에 갈지도 모릅니다." 저의 말을 들은 어르신은 미사 후 찾아와 걱정스러운 표정으로 "신부님 저 지옥 가나요?"라고 말씀을 하셨습니다.

　오늘 복음에서 예수님께서는 사람들에게 회개를 촉구하시며 다음과 같이 말씀하십니다. "너희도 회개하지 않으면 모두 그렇게 멸망할 것이다." 저의 말에는 불편함을 가지실 테지만 주님의 말씀에는 불편함이 덜할 것입니다. 그런데 이 두 가지 사항은 다른 일이 아니라 같은 사항입니다. 주님께서는 우리에게 매일 회개로 초대하시고, 그 초대의 작은 시작이 핸드폰을 끄는 것이라는 생각이 듭니다. 세상이랑 연결된 그 작은 것 하나 끄지 못하는 마음으로 주님을 어떻게 따를 수 있을까요? "너희도 회개하지 않으면 모두 그렇게 멸망할 것이다." 우리가 작은 것부터 시작하여 회개의 삶을 살아간다면 주님께서는 우리에게 멸망의 슬픔이 아니라 구원의 기쁨을 허락하실 것이라는 생각이 듭니다. 오늘 하루 성당에 갈 때 핸드폰을 두고 나가는 작은 용기를 통해 주님과 연결되는 영적 자유를 얻는 우리 모두가 되기를 성부와 성자와 성령의 이름으로 기도드립니다. 아멘.

나만의 복음밥

재 료 :
레시피 :
고 명 : 매일미사 (   ), 복음묵상 (   ), 성체조배 (   ), 묵주기도 (   )
복음밥 :

251026 | 연중 제30주일

재　료 : 루카 18,13
레시피 : "오, 하느님! 이 죄인을 불쌍히 여겨 주십시오."

　작년에 신리성지로 전 신자 성지 순례를 갔던 기억이 납니다. 성당을 구성하고 있는 고령 신자들의 신체적인 조건을 고려해서, 평지에 쉴 곳이 많고, 산을 오르지 않고 다 둘러볼 수 있는 성지를 찾다가, 대전교구 '신리성지'를 가게 되었습니다. 사목 위원들과 함께 도착하여 살펴본 성지는 따뜻한 어머니의 품 같은 느낌이었습니다. 특히 정원이 인상적이었는데, 잔디로 이루어진 십자가의 길은 새순이 돋아나면 더 예쁘겠다 싶었습니다. 무척 바람이 많이 부는 날이었는데도 정원에는 관리장님이 전지가위를 들고 나와 하나하나 다듬고 있었습니다. 저는 성지를 둘러보고 나가며 관리장님께 말을 걸었습니다, "관리장님 바람도 추운데, 일하기에 괜찮으세요?" 저의 질문에 관리장님은 다음과 같이 답하셨습니다. "신부님! 괜찮아요. 다가오는 봄에 아름답게 꽃피울 정원과 그것을 바라보실 신자들이 좋아할 얼굴을 떠올리면 하나도 힘들지 않습니다." 관리장님의 답을 들으며 제가 이 정원에 들어왔을 때 왜 마음이 따뜻했는지 알게 되었습니다.

　오늘 복음에서 바리사이는 성전에 나와 자신이 잘하고 있는 것에 대해 하느님 앞에 기도랍시고 자랑을 늘어놓습니다. 그리고 반면에 옆에서 세리는 살펴볼수록 부족한 자기의 모습에 고개도 들지 못하고 다음과 같이 기도합니다. **"오, 하느님! 이 죄인을 불쌍히 여겨 주십시오."** 이 둘의 모습을 보고 예수님께서는 "바리사이와 세리 중에 세리가 의롭게 되어 집으로 돌아갔다."라고 말씀하십니다. 성당 공동체 안에서든 가족 안에서든, 학교에서든 직장에서든, 그 공동체라는 정원을 꽃피우게 하기 위해서는 겸손이라는 도구가 필요함을 말씀해 주시는 것이라 생각합니다. 자신을 드러내려는 노력보다는 숨겨진 손길로 공동체가 드러날 수 있게 노력한다면 우리 모두 의롭게 되어 주님의 나라에 들어가게 될 것입니다. 오늘 하루 자신을 낮추며 높아지는 우리 모두가 되기를 성부와 성자와 성령의 이름으로 기도드립니다. 아멘.

나만의 복음밥

- 재 료 :
- 레시피 :
- 고 명 : 매일미사 (   ), 복음묵상 (   ), 성체조배 (   ), 묵주기도 (   )
- 복음밥 :

251027 | 연중 제30주간 월요일

재　료 : 루카 13,14
레시피 : "안식일에는 안 됩니다."

　성당에서 미사를 드리다 보면 여러 가지의 모습을 봅니다. 어떤 분은 고개를 시종일관 내리고 기도문을 바칠 때마다 고개를 끄덕이는 분, 어떤 분은 손을 계속 만지는 분, 어떤 분은 무슨 말만 하면 매일미사를 뒤적이는 분, 앞에서 미사를 드리는데 이런 모습이 눈에 안 들어오면 좋겠지만 쉽지 않습니다. 그래서 저는 눈을 감고 최대한 미사 경문을 보려고 집중합니다. 왜냐하면, 제가 이야기한다고 해서 변하지 않기 때문입니다. 본인이 느껴서 스스로 변화하지 않고는 안 되기에 그런 행동에 대해서 말하지 않습니다. 그런데 간혹 신자 중에 그런 모습이 눈에 걸려서 저를 찾아와 이야기하는 분들이 계십니다. "신부님! 경배하는 것은 이런 저런 순서 때만 하는 게 아닌가요? 그것 좀 안 하게 공지사항 시간에 이야기해주세요." 그 말씀을 듣고 이렇게 답을 해드립니다. "자매님 자녀분이 다리 떠는 게 불편하다고 너 다리 떨지 말라고 하면 안 떨까요? 아닙니다. 떱니다. 오랜 시간 습관이 들었기 때문에 본인이 하면 안 되겠다라는 생각이 들 때까지는 떨게 됩니다. 그러니 저에게 말씀하시는 것보다 그분을 위해, 기도 한 번 더해주시는 게 좋을 것 같습니다."
　오늘 복음에서 안식일에 예수님께서는 여덟 해 동안이나 병마에 시달리는 여자를 치유해 주시고자 하십니다. 하지만 안식일이기에 회당장은 불편하게 여기고 이렇게 말을 합니다. **"안식일에는 안 됩니다."** 법의 가치는 사람을 죽이려는 것이 아니라 살리고자 하는 것입니다. 하지만 법과 법칙에 매몰되어버리면 주님의 뜻을 내 뜻으로 착각하게 되어버립니다. 우리도 신앙생활 하다 보면 주님의 뜻을 생각하기보다는 자신의 오랜 경험과 능력으로 상황을 판단하고 단죄하려고 합니다. 그럴 때 가만히 주님의 뜻이 무엇인지 살펴보고 예수님이라면 어떻게 행동하셨을지 돌아보는 우리 모두가 되기를 성부와 성자와 성령의 이름으로 기도드립니다. 아멘.

나만의 복음밥

- 재   료 :
- 레시피 :
- 고   명 : 매일미사 (   ), 복음묵상 (   ), 성체조배 (   ), 묵주기도 (   )
- 복음밥 :

251028 | 성 시몬과 성 유다(타대오) 사도 축일

📖 재　　료 : 루카 6,13
🥣 레시피 : "그리고 날이 새자 제자들을 부르시어 그들 가운데에서 열둘을 뽑으셨다."

　예전에 라디오 방송을 마치고 다음 진행자로 수녀님이 들어가셨습니다. 수녀님은 프로그램을 시작하시며 이렇게 말씀하셨습니다. "평범을 비범으로 만들 줄 알아야 합니다." 성당 안에서는 많은 단체들이 있고, 그 일들에 따라 역할을 줍니다. 그 사람이 잘나서 그 자리에 있는 것이 아니라, 그 자리가 주어졌을 때 거절하지 않고 순명했기에 그 자리에 있는 것입니다. 모래내 성당에서 사목하며 평범을 비범으로 만든 분들을 많이 보지만 그중에서 본당 사목회 분들이 더욱 그렇습니다. 모래내 성당은 작고 봉사자도 한정되어 있습니다. 그 정해진 봉사자 안에서 대표 봉사자를 뽑는 것은 본당에 와서 경험한 가장 어려운 일 중에 하나였습니다. 많은 사람과 면담했고, 대부분 '자격'과 '오랜 봉사'를 핑계로 자리를 거절했습니다. 그중에서 응답해 주신 분들이 지금의 사목위원입니다. 어떤 일이 주어졌을 때 힘들지만 더 하겠다고 손을 들고, 끝까지 남아서 마무리 짓고, 일 많이 하는 본당신부를 만나 갖은 고생만 시켜 드린 것 같아 죄송하면서도 감사한 마음입니다. 이분들의 노력이 모래내 성당 안에 가득하기에 평범한 공동체가 비범하게 바뀜을 느낍니다.

　주님께서는 오늘 복음에서 밤을 새워 기도하시고, **"그리고 날이 새자 제자들을 부르시어 그들 가운데에서 열둘을 뽑으셨다."** 그런데 뽑은 면면을 보면 잘난 사람은 하나도 없고, 다들 부족한 사람들입니다. 주님께서 우리를 부르신 이유도 이와 같습니다. 우리가 잘나서 당신의 제자로 부르신 것이 아니라 우리가 응답했기에 제자가 될 수 있었습니다. '예'라는 응답이 평범을 비범으로 만드는 열쇠입니다. 오늘 하루도 주님께서는 우리를 당신의 제자로 세워주셨습니다. 그 부르심에 자신의 평계로 뒤로 물러서지 말고, 앞으로 나감으로써 평범을 비범으로 만드는 우리 모두가 되기를 성부와 성자와 성령의 이름으로 기도드립니다. 아멘.

나만의 복음밥

- 재 료 :
- 레시피 :
- 고 명 : 매일미사 (   ), 복음묵상 (   ), 성체조배 (   ), 묵주기도 (   )
- 복음밥 :

251029 | 연중 제30주간 수요일

📖 재　　료 : 루카 13,24

🥣 레시피 : "너희는 좁은 문으로 들어가도록 힘써라. 내가 너희에게 말한다. 많은 사람이 그곳으로 들어가려고 하겠지만 들어가지 못할 것이다."

며칠 전 수도 생활의 아버지인 베네딕토 성인의 규칙서를 읽어볼 기회가 있었습니다. 그 안에서 마음에 와 닿는 내용 중에 하나는 상호순명에 대한 이야기였습니다. 이 말의 뜻을 풀어보면 다음과 같은 말씀이 담겨 있습니다.

'수도승들은 지극히 열렬한 사랑으로 이런 열정을 실천할 것이다. 즉, 서로 존경하기를 먼저 하고, 육체나 품행 상의 약점들을 지극한 인내로 참아 견디며, 서로 다투어 순종하고, 아무도 자신에게 이롭다고 생각되는 것을 따르지 말고, 오히려 남에게 이롭다고 생각되는 것을 따를 것이다.' 저는 이 말씀 중에 이 부분이 와닿습니다. '서로 다투어 순종하고, 아무도 자신에게 이롭다고 생각되는 것을 따르지 말고, 오히려 남에게 이롭다고 생각되는 것을 따를 것이다.' 이 말씀의 의미를 쉽게 풀어보면 다음과 같습니다. 본당에서 일을 하는 데 있어 '내가 좋은 것이 아니라, 상대가 원하고 간절히 바라는 일이 하느님의 나라를 완성하는 일이라면 자신의 사정을 돌보기보다 그를 위해 도움을 주어라.'라는 말씀으로 들립니다.

오늘 복음에서 사람들은 예수님께 다음과 같은 질문을 합니다. "주님, 구원받을 사람은 적습니까?" 이에 예수님께서는 다음과 같이 답을 해주십니다. "너희는 좁은 문으로 들어가도록 힘써라. 내가 너희에게 말한다. 많은 사람이 그곳으로 들어가려고 하겠지만 들어가지 못할 것이다." 구원을 받기 위해서는 좁은 문으로 들어가야 합니다. 그 좁은 문을 들어가기 위해서는 고개를 숙이고, 몸을 굽혀야 들어갈 수 있는 것처럼 자신의 자존심, 권위, 상황을 뒤로 한 채 하느님의 일을 하는 사람을 위해 자신의 마음을 접는 것입니다.

예수님께서는 십자가를 통해 우리에게 이미 하늘 나라에 들어가는 방법을 알려주셨습니다. 주님처럼 내가 하고 싶은 일을 주님의 뜻으로 포장하기보다는 주님의 일을 하고 싶어 하는 이들을 위해 나의 뜻을 봉헌함으로 좁은 문으로 들어가는 우리 모두가 되기를 성부와 성자와 성령의 이름으로 기도드립니다. 아멘.

나만의 복음밥

- 재　료 :
- 레시피 :
- 고　명 : 매일미사 (　), 복음묵상 (　), 성체조배 (　), 묵주기도 (　)
- 복음밥 :

251030 | 연중 제30주간 목요일

📖 재　　료 : 루카 13,33
🥣 레시피 : "오늘도 내일도 그다음 날도 내 길을 계속 가야 한다."

　　코로나가 심했던 때는 제 인생에서 가장 힘든 시기였습니다. 각자 인생의 질곡이 있을 때 모든 것을 내려놓고 그냥 도망가고 싶은 마음이 들기도 합니다. 잠을 자려고 눈을 감으면 드는 생각은 다음 날 '눈이 안 떠졌으면 좋겠다.'라는 생각이었습니다. 그때 그 답답함을 어른 신부님께 토로했었습니다. 신부님께서는 저의 이야기를 아무 질문 없이 끝까지 들으시더니 이렇게 답을 해주셨습니다. "베드로! 내가 보기에 너는 내면에 힘이 가득한 사람이야. 왠지 알아? 너는 그 일을 겪으면서도 너에게 주어진 일을 하나도 놓지 않고 끝까지 하고 있잖아. 묵상 글 쓰는 것도, 유튜브 하는 것도 미사와 기도하는 것도, 그 어려움 가운데서 열심히 하고 있잖아. 그러니 지금 하는 일들을 계속하면서 지내. 그러면 그 어려움도 어느새 다 지나갈 거야." 그렇게 저에게 주어진 일상의 꾸준함은 내적인 힘으로 돌아오게 되었고, 그때 일 이후에 다가오는 웬만한 어려움은 그냥 넘어가게 되었습니다.

　　오늘 복음에서 예수님께서는 주위 사람들이 헤로데가 당신을 죽이러 온다는 소식을 들으시고 다음과 같이 말씀하십니다. **"오늘도 내일도 그다음 날도 내 길을 계속 가야 한다."** 누군가가 자신을 죽인다는 말을 듣고 이렇게 의연하게 답을 하시는 예수님은 얼마나 단단한 내면을 가지고 계신 것일까요? 아마 주님께서는 아버지 하느님께서 주신 사명이 마음속에 있고 어떤 상황 안에서도 그 뜻을 완수해야 한다는 굳은 마음이 있으셨기에 가능하다고 봅니다.

오늘 하루도 각자의 삶을 바라보면 답답한 부분이 있을 것입니다. 그 부분을 바라보기 이전에 주님께서 우리를 통해 무엇을 이루고자 하시는지 무엇을 완성하고자 하시는지 돌아보는 하루가 되었으면 좋겠습니다. 정확하게 우리가 무엇을 해야 하는지 알게 된다면 그 힘으로 우리는 주님 뜻을 이루는 도구가 될 것입니다. 주님의 뜻을 이 땅에 완성하는 우리 모두가 되기를 성부와 성자와 성령의 이름으로 기도드립니다. 아멘.

나만의 복음밥

재 료 :

레시피 :

고 명 : 매일미사 (　), 복음묵상 (　), 성체조배 (　), 묵주기도 (　)

복음밥 :

251031 | 연중 제30주간 금요일

재　　료 : 루카 14,5
레시피 : "너희 가운데 누가 아들이나 소가 우물에 빠지면 안식일일지라도 바로 끌어내지 않겠느냐?"

　신부가 되면서 다짐한 게 있습니다. '미사는 하느님과의 약속이며 신자들과의 약속이니 절대 늦지 말아야 한다.'라는 것입니다. 그 약속을 지키기 위해 새벽 미사가 있는 날이면 일찍 자고 과식이나 늦게 사람들을 만나 실수하는 것을 피하고자 했습니다. 잘 지켜오고 있다고 생각했는데 연달아 계속되는 일로 몸이 극도로 힘들 즈음 새벽 미사 부탁을 받았습니다. 그날도 일찍 잤지만 제 몸이 피곤함을 이기지 못해 잠시 누웠다고 생각했는데 새벽 미사 시간에 임박해서 눈이 떠졌습니다. 불벼락을 맞은 것 같은 느낌에 씻고 성당에 전화하여 15분 늦음을 이야기하고 달려가는데, 마음속으로 부끄러움이 올라왔고 '절대'라는 말은 함부로 하지 말아야 겠다는 생각을 하게 되었습니다.

　각자의 삶에 기준이 있습니다. 나는 절대 늦잠 자는 법이 없어, 나는 절대 아침을 굶지 않아, 나는 절대 잔소리를 하지 않아, 하지만 이 '절대 무엇을 하지 않아.' 라는 말이 계속될 수 없음을 우리는 실수를 통해 알게 됩니다. 찰떡같이 지키려고 해도 상황이 되지 않아 못하기도 하고, 너무나 피곤하여 한두 번 미루다가 결심했던 일들을 영영 뒤로 미루는 경우가 생기기도 합니다.

　오늘 복음에서 율법학자들도 안식일 법에 묶여 '절대~ 하지 않겠다.' 라는 다짐을 합니다. 하지만 그 안식일 법은 하느님은 사랑할 수 있지만 인간은 사랑하기 힘든 법이었습니다. 그러기에 예수님께서는 바리사이들의 마음속에 견고하게 있는 안식일 법이라는 성을 단 한마디로 깨셨습니다. **"너희 가운데 누가 아들이나 소가 우물에 빠지면 안식일일지라도 바로 끌어내지 않겠느냐?"** 우리는 살아가며 '절대~하지 않겠다.'라는 지키지 못할 약속을 하기보다는 나와 한 약속을 지키지 못하더라도 금방 마음을 돌이켜 주님에게로 돌아갈 수 있게 유연한 마음을 주님께 청하는 것이 중요하다고 생각이 듭니다. 주님께 마음을 향하며 그분의 목소리에 귀를 기울이며 살아가는 우리가 되기를 성부와 성자와 성령의 이름으로 기도드립니다. 아멘.

나만의 복음밥

- 재 료 :
- 레시피 :
- 고 명 : 매일미사 (   ), 복음묵상 (   ), 성체조배 (   ), 묵주기도 (   )
- 복음밥 :

251101 | 모든 성인 대축일

재　료 : 마태 5,10
레시피 : "행복하여라, 의로움 때문에 박해를 받는 사람들! 하늘 나라가 그들의 것이다."

지난주 '파티마의 기적'이라는 영화를 보았습니다. 영화의 내용은 파티마의 세 목동 특히, 루치아에게 성모님께서 나타나시고, 루치아가 성모님을 봄으로써 겪는 고난과 극복에 대한 이야기입니다. 사람들은 생각합니다. 성모님을 보고, 그분의 음성을 듣는다면 좋지 않을까? 하지만 성모님의 음성을 들은 사람을 통해 기적을 바라는 사람들이 모여들고, 그들의 모습을 거짓말쟁이로 몰아가며, 기쁨보다는 고난의 시간이 더 길고 크다는 것을 보았습니다. 루치아도 엄마가 동네 사람들에게 거짓말쟁이 딸을 키운다고 모욕 당하고, 루치아를 보기 위해 온 사람들이 아버지의 밭을 망가트려 농사를 망치고, 집에 돈이 없으니 언니를 수양딸로 보내는 장면이 거듭나오며 고민합니다. 그럴 때마다 루치아는 이렇게 성모님의 메시지를 말하고 실천하고자 합니다. "기도해야 합니다. 회개해야 합니다." 결국, 성모님께서는 사람들이 모인 장소에서 "태양의 기적"이라고 불리는 기적을 보여주심으로써 사람들의 마음에 당신을 드러내십니다.

오늘 복음에서 예수님께서는 진복팔단을 이야기해 주십니다. 그 가운데 마음에 와닿는 구절은 다음과 같습니다. **"행복하여라, 의로움 때문에 박해를 받는 사람들! 하늘 나라가 그들의 것이다."** 살아가며 하느님을 모른다고 하고 하느님을 외면하려 하면 할수록, 우리의 삶은 편안해집니다. 주일에 성당에 안 가고 쉬어도 되고, 놀아도 되고, 자기가 하고 싶은 일에 시간을 보낼 수도 있습니다. 하지만 성당에 가서 하느님을 기쁘게 해드리면, 자기 삶에는 양심에 따라 살아가야 하고, 고해성사도 봐야 하며, 죄인 같은 마음을 가져야 할 때도 있습니다. 그런 마음이 들 때마다 오늘 복음 말씀을 기억했으면 좋겠습니다. 의로움 때문에 박해를 받는다면 즉, 주님 때문에 힘든 일이 생긴다면 하늘 나라가 나의 것이 된다는 것을… 각자의 삶의 자리에서 주님을 증거하며 하늘나라를 완성하는 우리 모두가 되기를 성부와 성자와 성령의 이름으로 기도드립니다. 아멘.

나만의 복음밥

재 료 :

레시피 :

고 명 : 매일미사 (   ), 복음묵상 (   ), 성체조배 (   ), 묵주기도 (   )

복음밥 :

251102 | 죽은 모든 이를 기억하는 위령의 날 -둘째 미사-

재 료 : 마태 11,29

레시피 : "나는 마음이 온유하고 겸손하니 내 멍에를 메고 나에게 배워라. 그러면 너희가 안식을 얻을 것이다."

예전에 지리산을 종주하기 위해 짐을 싼 적이 있었습니다. 산에서 잠을 자기 위해 필요한 것을 넣다 보니 이것을 짊어지고 산을 오를 수 있을지 걱정이 되었습니다. 그렇게 등산을 시작하는데 한 걸음 내디딜 때마다 숨이 차고 고통스러웠습니다. 결국, 가지고 있는 것을 '버려야 하나?' 하는 생각이 들었습니다, 그러다 잠시 앉아 쉴 때 내 앞에 한 남자분도 같이 쉬고 있었습니다. 그분의 배낭을 보니 사람 하나 들어갈 정도의 배낭이었는데, 반 정도 비어 있었습니다. 저는 그분에게 저걸 어떻게 짊어지고 올랐는지 물었습니다. 저의 물음에 그는 이렇게 답했습니다. "저는 등산을 위해 짐을 쌀 때 올라가기 위해서이기도 하지만 지금 짊어지고 있는 것을 잘 사용하고 내려올 때의 행복함을 생각하면서 준비해요. 그렇게 등산을 마치고 하산하며 올라가는 사람들을 보면서 각자 짊어진 짐을 잘 짊어지기를 그러므로 정상 정복의 기쁨이 두 배가 되기를 기도합니다."

오늘 복음에서 예수님께서는 다음과 같이 말씀하십니다. **"나는 마음이 온유하고 겸손하니 내 멍에를 메고 나에게 배워라. 그러면 너희가 안식을 얻을 것이다."** 주님께서는 우리보다 먼저 십자가라는 배낭을 메고 골고타라는 산을 오르셨습니다. 그리고 죽음 뒤에 부활의 영광이 있음을 보여주셨습니다. 이것을 우리에게 보여주신 이유는 우리 또한 각자의 삶이라는 산을 오를 때 십자가를 내려놓지 않기를 바라시는 것입니다. 오늘도 우리는 부활을 위한 목표로 신앙의 산으로 오르고 있습니다. 그 산을 오르기 위해 짊어진 배낭에는 불편한 이웃, 괴로운 마음, 힘든 가족, 미운 친구들이 있을 것입니다. 때로는 그들을 내려놓고 포기하고 싶지만 한번 묵묵히 걸어가 봅시다. 주님께서 이미 우리의 죄를 짊어지고 먼저 오르셨고, 부활의 영광을 보여주셨듯이 우리도 끝까지 오른다면 부활할 수 있을 것입니다. 주님의 모습을 따라 묵묵히 걸어가는 우리 모두가 되기를 성부와 성자와 성령의 이름으로 기도드립니다. 아멘.

나만의 복음밥

- 재 료 :
- 레시피 :
- 고 명 : 매일미사 (   ), 복음묵상 (   ), 성체조배 (   ), 묵주기도 (   )
- 복음밥 :

251103 | 연중 제31주간 월요일

📖 재　료 : 루카 14,14
🍲 레시피 : "그들이 너에게 보답할 수 없기 때문에 너는 행복할 것이다. 의인들이 부활할 때에 네가 보답을 받을 것이다."

　예전에 있던 성당에서 학생 미사를 봉헌할 때면 미사를 마치고 교리를 안한 체 도망가는 아이가 있었습니다. 몇 번을 붙잡아 "교리하고 가야지"라고 이야기해도, 귓등으로도 듣지 않고 성당 담을 넘어 도망갑니다. 그런 모습을 반복해서 보다 보니 아이에 대한 불편한 마음이 생겼던 것 같습니다. 그러던 어느 날 학생 미사를 마치고 나오는데 어김없이 그 친구가 나오는 것이었습니다. 그 학생에게 다가가 이렇게 말했습니다. "교리 안 할 거면 학생 미사에 나오지 않아도 될 것 같아. 미사 시간은 많으니 불편하게 학생 미사에 맞춰오기보다는 네가 오고 싶은 미사에 오는 게 좋을 것 같아."라고 말했습니다. 그리고나서 방으로 돌아와 생각해 보니 제가 한 말에 후회되었습니다. 교리를 안 하더라도, "잘 가고 다음 주에도 또 와"라고 하지 못하고, 낮은 목소리로 퉁명스럽게 말한 모습에 혹여나 다음 주에 미사를 안 나오면 어떡하나 하는 걱정이 되었습니다. 걱정스러운 마음으로 기다리는데 다행히 그다음 주 그 학생은 미사에 나왔습니다. 그리고 예전에 강의 들었던 것이 생각났습니다. 싫어하는 사람과 계속 어울려야 한다면 '의도적으로' 좋아하는 척 기뻐하는 척, 하라고 했습니다. 그렇게 하다 보면 좋아하는 척이 정말로 좋게 되고, 기뻐하는 척이 정말로 기뻐하게 된다고 했습니다.

　오늘 복음에서 예수님께서는 보답받을 수 있는 사람 즉, 나를 기쁘게 해주는 사람들에게 잘해주기보다, 나를 힘들게 하고 불편하게 만드는 사람들에게 더 잘해주라고 다음과 같이 말씀하십니다. "**그들이 너에게 보답할 수 없기 때문에 너는 행복할 것이다. 의인들이 부활할 때에 네가 보답을 받을 것이다.**" 자유의지가 있는 인간에게 참으로 어려운 부탁입니다. 하지만 신앙을 가지고 살아가는 우리에게는 안 되는 것을 되게 하는 능력이 있음을 믿어야 합니다. 싫어하고, 괴로운 것이 있다면 의도적으로 기쁘고, 즐거운 척을 한번 해봅시다. 그런 노력이 반복되다 보면 어느 순간 정말 기뻐지고 행복해지는 순간을 만날 것입니다. 주님께서 하느님의 뜻에 순명함으로써 영광을 얻으신 것처럼 우리도 주님 뜻에 순명함으로써 은총을 얻어 누리기를 성부와 성자와 성령의 이름으로 기도드립니다. 아멘.

나만의 복음밥

재　료 :
레시피 :
고　명 : 매일미사 (　), 복음묵상 (　), 성체조배 (　), 묵주기도 (　)
복음밥 :

251104 | 성 가롤로 보로메오 주교 기념일

재 료 : 루카 14,24

레시피 : "내가 너희에게 말한다. 처음에 초대를 받았던 그 사람들 가운데에서는 아무도 내 잔치 음식을 맛보지 못할 것이다."

모래내 성당에서는 큰 대축일을 앞두고 냉담 중인 신자 분들께 손으로 쓴 초대의 엽서를 보냅니다. 지난 성탄 전야 때부터 시작하여 부활에 한 번, 성모 승천 대축일에도 한 번, 이렇게 세 번에 걸쳐 선교분과장 중심으로 한 번에 300개 정도의 초대 엽서를 보냈습니다. 그중에서 몇 분이 오셨을까요? 스무 분 정도 성당으로 발걸음을 하셨습니다. 지난 부활 대축일 미사를 준비하는데 어떤 자매님께서 다가오셔서 이렇게 말씀하셨습니다. "신부님 제가 신앙생활을 하고 있었는데, 남편이 오랜 기간 아파서 15년간 병 수발을 했거든요. 의도치 않게 냉담하고 긴병에 효자 없다고 몸과 마음이 지쳐가고 나는 잊혔나 보다하는 생각이 들었어요. 그런데 지난 부활쯤 성당에서 본당 신부님 이름으로 온 손으로 쓴 카드를 보고 나를 기억하는 곳이 있구나 싶어서 그 길로 성당에 나오게 되었습니다." 그 자매님은 지금도 열심히 나오시며 공동체 안에서 모임과 활동도 함께 하고 계십니다.

오늘 복음에서 예수님께서는 하늘나라에 초대를 받았지만 거절한 사람들과 주님의 초대에 응한 사람에 대해서 다음과 같이 말씀하십니다. **"내가 너희에게 말한다. 처음에 초대를 받았던 그 사람들 가운데에서는 아무도 내 잔치 음식을 맛보지 못할 것이다."** 주님의 부르심은 누구나 받습니다. 하지만 그 부르심에 응답한 사람은 많지 않습니다. 늘 하느님의 일보다는 자기 일을 먼저 생각하느라 주님께 잠시 기다려 달라고 말하지만, 그 일을 마무리할 동안 주님의 일은 지나가 버립니다. 신앙은 그냥 주어지는 것이 아니라, 찾아 구해 얻는 것입니다. 오늘 하루도 주님께서는 우리 모두를 당신의 그늘 아래로 모아 주셨습니다. 그 부르심에 응답하여 기쁘게 앞으로 나아가는 우리 모두가 되기를 성부와 성자와 성령의 이름으로 기도드립니다. 아멘.

나만의 복음밥

- 재 료 :
- 레시피 :
- 고 명 : 매일미사 (   ), 복음묵상 (   ), 성체조배 (   ), 묵주기도 (   )
- 복음밥 :

251105 | 연중 제31주간 수요일

재 료 : 루카 14,27

레시피 : "누구든지 제 십자가를 짊어지고 내 뒤를 따라오지 않는 사람은 내 제자가 될 수 없다."

예전에 주임서리로 있을 때 복사를 참 예쁘게 서는 학생이 있었습니다. 성당에서 누구를 봐도 인사를 공손히 하고, 말도 예쁘게 하는 모습이 '나중에 신부가 되었으면 좋겠다.'하는 마음이 들었습니다. 그 학생의 할머니, 어머니, 동생도 신앙생활을 열심히 하였는데, 아버지만 신자가 아니었습니다. 그런데 어느 날부터 그 학생이 나오지 않았습니다. 이리저리 수소문을 해보니, 시험을 잘 못 봤고, 아버지는 그 원인이 '성당 나가는 데에 있다.'라고 여겨 가족 모두를 성당에 못 나가게 했고, 성당 가면 '너 죽고 나 죽는 것'이라고 말했다고 들었습니다. 그 학생이 걱정되어서 집에 전화를 걸면 아버지는 '남의 일이니 신경 쓰지 말라'라고 말했습니다. 결국, 기다릴 수밖에 없었습니다.

그러던 어느 날 오후 성당에 기도하러 들어갔는데 그 학생이 자리에 앉아 울고 있었습니다. 그리고 저에게 "어떻게 해야 하나요?"라고 물어봤습니다. 그 물음에 저는 이렇게 답해주었습니다. "우리는 누구나 십자가를 지고 살아가, 성당에 나오고 싶은 마음은 알지만 아버지의 마음을 돌리는 것이 우선이니 공부를 열심히 해야 해. 그리고 집에서 잘 지내 그게 안드레아가 짊어져야 할 십자가야. 신부님도 함께 기도할게." 그렇게 6개월의 시간이 흐르고 그 학생은 자신의 십자가를 잘 지고 시험 성적이 올라 다시 성당에 나올 수 있었습니다.

오늘 복음에서 예수님께서는 다음과 같이 말씀하십니다. "**누구든지**

제 십자가를 짊어지고 내 뒤를 따라오지 않는 사람은 내 제자가 될 수 없다." 우리는 느끼지 못하지만, 주님께서는 우리 각자가 질 수 있는 만큼의 십자가를 지워주십니다. 그것을 내려놓지 않는다면 끝까지 지고 갈 힘이 있음을 확인할 것입니다. 오늘도 각자 삶의 자리에서 '가족이라는 십자가, 관계라는 십자가, 자녀라는 십자가, 건강이라는 십자가'가 있을 것입니다. 이것을 등에서 내려 품에 안을 용기를 청한다면 주님께서는 가슴에 안을 수 있게 작게 만들어 주실 것입니다. 각자 주어진 십자가를 지고 묵묵히 걸어가는 우리 모두가 되기를 성부와 성자와 성령의 이름으로 기도드립니다. 아멘.

나만의 복음밥

재 료 :

레시피 :

고 명 : 매일미사 (   ), 복음묵상 (   ), 성체조배 (   ), 묵주기도 (   )

복음밥 :

251106 | 연중 제31주간 목요일

재　료 : 루카 15,10

레시피 : "이와 같이 회개하는 죄인 한 사람 때문에 하느님의 천사들이 기뻐한다."

　교황님을 뽑는 콘클라베가 열리는 시스티나 성당 제단화로 미켈란젤로의 '최후의 심판'이라는 그림이 그려져 있습니다. 1517년 루터의 종교개혁 이후 교리적, 전례적, 정치적인 도전에 가톨릭교회는 뭐 하나, 제대로 대응할 수 없었습니다. 예를 들면, 구멍 뚫린 배가 가라앉기 전에 물을 푸며 노를 젓는 모습과 같았습니다. 시간이 흐르며 가톨릭교회도 '반종교개혁 운동'이라고 해서 내적인 자성의 목소리가 나오기 시작했습니다. 특히, 교황님은 이런 교회의 사정을 큰 그림으로 남겨두고 싶으셨습니다. 그래서 1,514년 천지창조를 그린 이후 수십 년이 지나 1,534년 예순 살이 된 늙은 미켈란젤로를 불러 제단화를 그리게 하였습니다. 최후의 심판은 네 부분으로 구성되어 있는데, 그림을 보며 묵상할 때 항상 하단부를 먼저 보게 됩니다. 그 부분에는 의인들로 인해 천국으로 오르는 사람과 마귀를 통해 지옥으로 끌어 내려지는 사람이 그려져 있습니다. 의인들의 표정을 보면 하나의 영혼을 구원하고 싶은 간절함이 느껴집니다. 그리고 오늘의 복음 말씀이 생각납니다. **"이와 같이 회개하는 죄인 한 사람 때문에 하느님의 천사들이 기뻐한다."**

　회개를 한다는 것은 무엇일까요? 제 생각에 회개는 영적 다이어트를 하는 것이라는 생각이 듭니다. 주님의 나라로 오르기 위해서는 죄를 최대한 줄여야 하는데, 우리가 죄로 마음을 가득 채우고 죽게 되면 천사들이 다가와 우리를 들어 하늘로 올리고 싶어도 무거워서 그러지 못할 것입니다. 대신 우리가 죄에서 마음을 돌이켜 회개하여 죄를 줄인다면 우리의 영혼을 가뿐히 들어 하늘로 올리는 천사들이 기뻐하겠다는 생각이 듭니다. 오늘 하루를 보내며 우리는 주님 보시기에 좋은 영적 아름다움을 지니고 있는지 돌아봤으면 좋겠습니다. 혹여나 죄로 인해 무거워진 부분이 있다면 그 부분을 회개라는 영적 다이어트를 통해 주님의 나라에 들어갈 수 있게 노력하는 우리 모두가 되기를 성부와 성자와 성령의 이름으로 기도드립니다. 아멘.

나만의 복음밥

- 재 료 :
- 레시피 :
- 고 명 : 매일미사 (   ), 복음묵상 (   ), 성체조배 (   ), 묵주기도 (   )
- 복음밥 :

251107 I 연중 제31주간 금요일

재 료 : 루카 16,8

레시피 : "주인은 그 불의한 집사를 칭찬하였다. 그가 영리하게 대처하였기 때문이다."

    교회는 11월 위령성월을 맞아 1일부터 8일까지 묘지 방문, 고해성사, 미사, 영성체, 교황님의 지향에 따라 주님의 기도, 성모송 한 번을 하면 전대사를 주십니다. 전대사는 죄를 짓고 그에 해당하는 보속의 행위를 마땅히 해야 함에도, 충분히 하지 못하고 죽었을 경우, 살아있는 사람이 죽은 사람이 못하고 간 보속을, 전대사를 받아 연옥에서의 생활을 빨리 마치고 천국으로 갈 수 있게 도와주는 교회가 허락한 은총 중에 하나입니다. 그래서인지 우리 성당 고해소는 한동안 성사를 보고자 하는 분들로 북새통을 이루었습니다. 그런데 성사를 받으러 들어오는 분들을 보면 다들 충분한 준비와 성찰도 없이, 전대사라는 의미도 잘 모른 체 연옥 영혼을 구할 수 있다는 것 하나 때문에 들어오셔서 고해성사를 보십니다. 성찰이 잘되지 않았으니 자신이 여기에 와 있는 이유도 정확하게 알지 못하고, 설명을 해 드리면 "아~" 라고 답은 하시지만 결국 전대사라는 이벤트에 고해성사가 소모되는 느낌은 지울 수가 없습니다.

    오늘 복음에서 불의한 종은 곧 자신이 정리된다는 사실을 알고 주인에게 빚진 사람들의 집에 들어가기를 바라며 주인의 재산을 자기 마음대로 처리합니다. 그럼에도 주인은 그런 불의한 종을 향해 이렇게 말씀하십니다. **"주인은 그 불의한 집사를 칭찬하였다. 그가 영리하게 대처하였기 때문이다."** 주인이 불의한 집사의 행동을 몰랐을까요? 아닙니다. 다 알고 있었습니다. 그러면 왜 칭찬했을까요? 그것은 그가 게으른 마음을 돌려 자신이 무엇을 해야 하는지 어떻게 해야 하는지 정확하게 알고 주어진 집사라는 직무를 성실하게 완수하였기 때문입니다. 주님께서는 우리에게도 당신의 직무를 맡기십니다. 우리에게 그런 일이 주어졌을 때 그냥 남들이 다 미사 하니까, 그냥 남들이 다 영성체하니까, 그냥 남들이 다 활동 보고하니까, 따라가듯 하는 것이 아니라, 무엇을 어떻게 해야 하는지 정확하게 알고 했으면 좋겠습니다. 성실한 마음으로 주님의 뜻을 알고자 노력하고, 그 마음으로 주님의 일을 해 나가는 우리 모두가 되기를 성부와 성자와 성령의 이름으로 기도드립니다. 아멘.

나만의 복음밥

- 재 료 :
- 레시피 :
- 고 명 : 매일미사 (   ), 복음묵상 (   ), 성체조배 (   ), 묵주기도 (   )
- 복음밥 :

251108 | 연중 제31주간 토요일

재　료 : 루카 16,13

레시피 : "어떠한 종도 두 주인을 섬길 수 없다. 한쪽은 미워하고 다른 쪽은 사랑하며, 한쪽은 떠받들고 다른 쪽은 업신여기게 된다. 너희는 하느님과 재물을 함께 섬길 수 없다."

　지난번 이런 이야기를 들었습니다. 어느 어르신이 계시는데 매일 미사도 빠지지 않고 나오시고, 여러 가지 본당 신심 활동도 정말 열심히 하셨다고 했습니다. 그러던 어느 날 갑작스런 사고로 하늘나라로 떠나셨습니다. 장례미사를 하고 나가는데 주위의 할머니들이 이런 소리를 하는 게 들렸습니다. "아이고 재산이 그렇게 많은데 눈은 어떻게 감았을까? 성당에서 그렇게 활동하면서 돈도 그렇게 많은데 밥 한 번을 안 샀어." 할머니들의 말이 궁금해서 물어봤더니, "돈을 모으는 것에는 누구보다 훌륭했지만, 돈을 쓰는 데는 누구보다 못했다"고 했습니다. 특히 "주위 사람들에게 나눠주지 못하고 꼭 움켜쥐고 살아가는 모습을 보면서 그의 신앙생활이 안타까웠다"라고 이야기해 주었습니다.

　오늘 복음에서 예수님께서는 하느님과 재물에 대해 명확하게 말씀하십니다. **"어떠한 종도 두 주인을 섬길 수 없다. 한쪽은 미워하고 다른 쪽은 사랑하며, 한쪽은 떠받들고 다른 쪽은 업신여기게 된다. 너희는 하느님과 재물을 함께 섬길 수 없다."** 맞습니다. 하느님과 재물을 함께 섬길 수 없습니다. 왜냐하면, 재물을 쫓다 보면 하느님은 그 재물을 채우기 위한 보조 수단이 되기 때문입니다. 하느님을 통해 영원한 생명을 얻는 게 목표가 아니라, 하느님을 통해 재물을 지키거나, 늘리는 협조 수단으로 사용하게 되는 것입니다. 이렇듯이 '어떻게 기도하고 있는지' 돌아본다면 나는 하느님을 섬기고 있는지, 재물을 섬기고 있는지 보게 됩니다.

　오늘 하루를 보내며 '내가 죽었을 때 사람들에게 어떻게 기억될까?'를 한번 떠올려 봤으면 좋겠습니다. 하느님을 섬긴 사람이면, "정말 신앙생활 열심히 하고 하느님 섬기는 모습이 아름다웠어."라고 기억이 될 것이고, 재물을 섬겼다면 "아이고 그렇게 돈을 모으면서 밥 한 번을 안 사고 죽었어."라는 소리를 들을 것입니다. 재물보다 하느님을 섬기고 사는 사람으로 기억되는 우리 모두가 되기를 성부와 성자와 성령의 이름으로 기도드립니다. 아멘.

나만의 복음밥

재　료 :
레시피 :
고　명 : 매일미사 (　), 복음묵상 (　), 성체조배 (　), 묵주기도 (　)
복음밥 :

251109 I 라테라노 대성전 봉헌 축일

📖 재　　료 : 요한 2,16
🍴 레시피 : "이것들을 여기에서 치워라. 내 아버지의 집을 장사하는 집으로 만들지 마라."

　　라테라노 대성전은 성당의 '어머니 성당'이라는 명칭이 붙습니다. 313년 그리스도교가 콘스탄티누스 황제를 통해 국가 종교로 공인을 받는 과정에서 처음 하느님께 봉헌된 성당이고 324년 그 성당을 시작으로 오늘날의 모든 성당이 나왔음을 기념하는 것입니다. 라테라노 대성전에서 시작하여 먼 인천교구에 처음 세워진 성당은 1,889년 답동성당입니다. 답동성당을 시작으로 2,008년 모래내 성당까지 나왔습니다. 성당이 나와서 일치한다면 그 성당에 다닌 모든 사람들도 하나라고 여겨집니다. 하지만 간혹 이사를 통해 성당을 옮기고도 마음이 편치 않아 예전의 성당을 다니거나 그곳에서 봉사를 계속 하시는 분들이 있습니다. 이사를 간 분들의 마음이 편할 때까지 함께 기다려 주고 인내해 주면 좋을 텐데, 몇몇 사람들은 그들의 모습을 보고 이렇게 말합니다. "이사 갔으면 그곳에서 생활해야지 여기까지 나온 데", "여기서 봉사했어도 이사 가면 내려놔야지, 왜 그런데?"하며 서로의 마음을 부산스럽게 만듭니다. 이 모습은 성전이라는 거룩한 공간에 머물면서 세상의 일을 하는 성전 상인들과 비슷한 모습이라 여겨집니다.
　　그런 이들을 향해 예수님께서는 다음과 같이 말씀하십니다. **"이것들을 여기에서 치워라. 내 아버지의 집을 장사하는 집으로 만들지 마라."** 라테라노 성당부터 시작하여 오늘날의 성당까지 그 안에 머무르는 모든 사람은 어디를 가든 한 형제고 자매입니다. 우리가 언제 어떻게 될지는 아무도 모르고, 주님만이 아십니다. 그러기에 만나는 모든 이에게 하느님 사랑과 이웃사랑을 전해야 하는 것입니다. 내 성당, 내 공동체, 내 가족이라는 생각에서 벗어나 함께 하는 모든 신자들에게 하느님 사랑과 이웃사랑을 전하는 우리 모두가 되기를 성부와 성자와 성령의 이름으로 기도드립니다. 아멘.

나만의 복음밥

- 재 료 :
- 레시피 :
- 고 명 : 매일미사 (   ), 복음묵상 (   ), 성체조배 (   ), 묵주기도 (   )
- 복음밥 :

251110 | 성 대 레오 교황 학자 기념일

📖 재　　료 : 루카 17,4

🥣 레시피 : "그가 너에게 하루에도 일곱 번 죄를 짓고 일곱 번 돌아와 '회개합니다.' 하면, 용서해 주어야 한다."

살아가다 보면 자신과 맞추려고 해도 전혀 맞지 않는 사람이 있습니다. 톱니바퀴처럼 그와 맞물려 살아가기 위해 깎여나가는 고통을 감수하려고 해도, 한계에 다다르면 더이상 견디지 못하고 포기하고자 하는 마음이 듭니다. 그때 이런 생각도 동시에 듭니다. '주님께서는 늘 용서하라고 하시는데 용서 안 하는 건 죄짓는 게 아닐까?' 그리고 이런 생각을 이어서 합니다. '나라면 다가와서 이런 말로 용서를 청할 텐데…', '나라면 그런 말을 하지도 않았을 텐데…', '나라면 저런 행동을 하지 않을 텐데…' 그런데 돌아보면 저는 그가 될 수 없고, 그도 내가 될 수 없는 것이기에, 이런 생각은 처음부터 무의미한 것입니다. 그러면 어떻게 해야 하는 것일까요?

예전에 어느 본당에서 제 속을 뒤집는 신자가 있었습니다. 그런데 하필이면 그는 항상 미사 때마다 맨 앞에서 저를 뚫어져라 봤습니다. 그러다 보니 입당하여 '주님께서 여러분과 함께' 할 때마다 그와 눈 맞춤을 피하게 되고, 자꾸만 미사를 하는 것이 어려움으로 다가왔습니다. 그러다 결심하게 되었습니다. 피하지 말고 마주하자, 그리고 그를 위해 기도하고, 더 크게 반겨주고, 더 친절하게 하자. 의도적으로 사랑하고, 의도적으로 친절하고, 의도적으로 기도하자. 하느님의 섭리란 참 신기한 게 의도적으로 행동하니, 그에게 조금씩 진심으로 대하는 순간을 만나게 되고, 결국 우연한 기회를 주님께서 만들어 주셔서 어려움을 해결할 수 있게 되었습니다.

오늘 복음에서 예수님께서는 다음과 같이 말씀하십니다. **"그가 너에게 하루에도 일곱 번 죄를 짓고 일곱 번 돌아와 '회개합니다.' 하면, 용서해 주어야 한다."** 삶에 있어서 의도적으로 하는 것은 중요하다고 생각이 듭니다. 그 의도 안에 사랑을 넣는다면 사랑하게 될 것이고, 그 의도 안에 용서를 넣는다면 용서하게 될 것입니다. 불가능한 것을 가능하게 하시는 주님께 마음을 향하고, 불가능을 가능으로 만드는 하루가 되기를 성부와 성자와 성령의 이름으로 기도드립니다. 아멘.

나만의 복음밥

재 료 :
레시피 :
고 명 : 매일미사 (   ), 복음묵상 (   ), 성체조배 (   ), 묵주기도 (   )
복음밥 :

251111 | 투르의 성 마르티노 주교 기념일

📖 재　료 : 루카 17,10
🥣 레시피 : "저희는 쓸모없는 종입니다. 해야 할 일을 하였을 뿐입니다."

　지난 영명축일을 맞아 행사를 준비하는데 아무리 생각해 봐도 모래내 성당의 인원과 연령대를 봤을 때는 조금 무리가 되는 행사였습니다. 사목회 회의를 하면서 "행사 규모를 조금 줄이고, 간단하게 함으로써 봉사자들의 힘듦이 줄어들기를 바랍니다."라고 말씀드렸습니다. 저의 이야기를 들은 위원들은 이렇게 말씀하셨습니다. "신부님 저희는 힘들지 않아요. 먼저 하느님을 기쁘게 해드리고 다음으로 저희가 좋아서 하는 것이니, 괘념치 말고 해드리는 대로 받으세요." 하시겠다고 하는 것을 막을 수가 없기에 진행하시라고 말씀드렸습니다. 영명축일 행사 날 아침부터 끝날 때까지 왔다 갔다 하며 주방도 가고, 짐 나르는 곳도 가봤습니다. 신기한 것은 어느 누구도 힘든 표정으로 일하시는 분들이 없었다는 것입니다. 다들 즐거운 마음으로 웃으면서 다가오는 사람을 반기고, 가는 사람을 잘 보내주는 모습을 보았습니다.

　오늘 복음에서 예수님께서는 종으로서 당연히 해야 하는 일을 하면서 인정받으려고 하지 말라고 다음과 같이 말씀하십니다. **"저희는 쓸모없는 종입니다. 해야 할 일을 하였을 뿐입니다."** 남을 위해 무엇인가 할 때 우리는 그 일에 대해 인정받기를 바라곤 합니다. 그런데 이 모습이 하느님의 일을 할 때도 인간이기에 인정받고자 하는 모습이 나올 수 있습니다. 인정받고자 하는 마음은 소금물 같아서 마시려고 하면 할수록 더 목말라지는 것을 체험할 수 있습니다. 그럴 때는 자신에게 주어진 일을 인간의 일이라 여기지 않고 주님의 일이라 생각하는 것입니다. 만나는 이웃을 주님으로 대하고 주님을 섬기는 마음으로 이웃에게 다가간다면 하늘나라의 은총을 충만히 받을 것입니다. 인간이 아닌 하느님을 기쁘게 해드리기 위해 살아가는 우리 모두가 되기를 성부와 성자와 성령의 이름으로 기도드립니다. 아멘.

나만의 복음밥

- 재 료 :
- 레시피 :
- 고 명 : 매일미사 (   ), 복음묵상 (   ), 성체조배 (   ), 묵주기도 (   )
- 복음밥 :

251112 | 성 요사팟 주교 순교자 기념일

📖 재　료 : 루카 17,19
🥣 레시피 : "일어나 가거라. 네 믿음이 너를 구원하였다."

　어려서부터 어머니는 이런 말씀을 자주 하셨습니다. "어디를 가든 누구를 보든 인사를 잘해야 해. 그러면 밥은 굶지 않을 거야." 밥을 어디서 얻어먹으라는 것이 아니라 어머니의 말씀은 누구를 보든 어디를 가든 반갑다는 인사, 고맙다는 인사, 감사하다는 인사를 자주 하라는 것입니다. 그런데 신기한 건 인사를 잘하기만 했는데, 주위에서는 저를 좋은 사람으로 기억하는 이들이 많아졌다는 것입니다.

　오늘 복음에는 열 명의 나병 환자가 나옵니다. 나병, 즉 자신의 살이 문드러지는 병에 걸리면 공동체와 가족과 떨어져 지내며 외로이 죽음을 기다려야 하는 병입니다. 그런 이들의 귀에 예수님이라는 분이 있고, 그분이 병을 치유하는 힘이 있다는 소리를 듣습니다. 그들은 예수님이 지나갈 만한 길목에 서서 예수님을 기다리고 그분을 만났습니다. 하지만 나병이 있기에 가까이 갈 수 없어서 결국 멀리서 자비를 베풀어 달라고 청합니다. 이들의 청에 예수님께서는 "가서 사제에게 몸을 보이라"는 말로 치유의 은총을 허락하십니다. 나병 환자들은 사제에게 가는 동안 몸이 깨끗해졌습니다. 하지만 그것을 알아차리고 주님께로 달려온 이는 한 명뿐이었습니다.

　저는 주님께로 달려온 그의 이런 모습을 바라보며 감사하는 이의 모습이 이와 같지 않을까 생각했습니다. 자신에게 주어진 모든 것이 주님에게서 오는 것이며, 슬픈 것이든, 기쁜 것이든, 괴로운 것이든, 행복한 것이든, 주님께서 주신 이 모든 것에 감사를 봉헌할 수 있는 마음이 있다면 우리 안에 주님이 넣어주신 은총이 있었음을 발견할 수 있을 것입니다. 오늘도 주님께서는 우리의 애원에 응답하시며 이렇게 답하실 것입니다. **"일어나 가거라. 네 믿음이 너를 구원하였다."** 주님께 감사의 기도를 봉헌하며 삶의 모든 발걸음을 주님께로 향하는 우리 모두가 되기를 성부와 성자와 성령의 이름으로 기도드립니다. 아멘.

나만의 복음밥

- 재 료 :
- 레시피 :
- 고 명 : 매일미사 (   ), 복음묵상 (   ), 성체조배 (   ), 묵주기도 (   )
- 복음밥 :

251113 | 연중 제32주간 목요일

재 료 : 루카 17,25

레시피 : "그는 먼저 많은 고난을 겪고 이 세대에게 배척을 받아야 한다."

지난번 동기 신부와 숲을 함께 걷고 있는데 저에게 이런 질문을 했습니다. "지금 바람 소리가 좋은데 바람 소리는 어떻게 해서 나는 걸까?" 그 질문에 이렇게 답을 했습니다. "바람이 부니까 바람 소리가 들리는 게 아닐까?" 라는 답에 동기는 이렇게 말했습니다. "바람만 불 때는 아무 소리가 안 나, 바람은 무엇인가에 부딪혀야 소리가 나는 건데, 산에서 부는 바람 소리가 듣기 좋은 것은 나무들이 휘파람을 불어서 그래." 나무들이 휘파람을 분다는 말이 신기해서 동기에게 물어보니 이렇게 답을 해 주었습니다. "나무는 그냥 자라는 게 아니라 병도 들고, 벌레의 공격도 받고, 아픔을 겪을 때마다 옹이라는 것이 생겨. 그런데 그 옹이를 견디는 나무는 계속 성장하는데, 옹이를 이겨내지 못한 나무는 쓰러져 버려. 그래서 어려움을 잘 견디고 큰 옹이가 있는 나무일수록 바람이 옹이에 닿을 때 더 크고 아름다운 휘파람 소리 같은 것이 나지, 즉 옹이가 있기에 바람이 있음을 느끼는 것으로 생각하면 돼"

오늘 복음에서 하늘나라의 존재를 물어보는 바리사이들을 향해 주님께서는 하느님의 나라는 눈에 보이는 모습으로 오지 않는다고 하십니다. 그러면 어떻게 하느님의 나라를 느낄 수 있느냐에 대해 다음과 같이 답을 하십니다. **"그는 먼저 많은 고난을 겪고 이 세대에게 배척을 받아야 한다."** 예수님께서 십자가의 고통을 통해 예수님의 삶에 옹이가 생겼고, 그 옹이를 통해 주님이 지나가시자 부활이라는 휘파람 소리를 우리가 들을 수 있게 된 것입니다. 이처럼, 우리도 각자 삶의 자리에서 주어지는 어려움을 받아 안음으로써 그것이 우리 마음과 영혼에 옹이를 만들고 바람과 같은 주님께서 그 옹이를 지나실 때 주님이 우리 곁에 계셨음을 느끼게 해 주시는 것입니다. 오늘 하루 각자의 삶에서 마주하는 어려움이 아무 의미 없는 것이 아니라 주님을 느끼기 위한 옹이가 생기는 과정임을 기억하기를 성부와 성자와 성령의 이름으로 기도드립니다. 아멘.

나만의 복음밥

재 료 :
레시피 :
고 명 : 매일미사 (   ), 복음묵상 (   ), 성체조배 (   ), 묵주기도 (   )
복음밥 :

251114 | 연중 제32주간 금요일

📖 재 료 : 루카 17,33
🥄 레시피 : "제 목숨을 보존하려고 애쓰는 사람은 목숨을 잃고, 목숨을 잃는 사람은 목숨을 살릴 것이다."

이탈리아에서 유학할 때 머물던 기숙사에 바티칸에서 행정직으로 계시다가 은퇴하신 주교님이 계셨습니다. 늘 유쾌하고 친절하며 성당에 가면 늘 머물러 계시는 그분의 영성을 보고 주위에 많은 신부들이 모였습니다. 주교님은 밥을 먹을 때마다 입버릇처럼 이런 말씀을 하셨습니다. "주님께서 나를 데려가실 때 자다가 말고, 미사를 마치고 제의를 입은 채로 데려가시기를 간절히 기도해." 그런 말씀을 하실 때마다 주위에 있는 신부들은 건강하시라고 말씀드렸습니다. 그렇게 5년이 지난 어느 날 학교에 있는데 주교님이 돌아가셨다는 문자가 왔습니다. 집에 가서 기도할 때 기숙사 원장 수녀님이 이런 말씀을 하셨습니다. "주교님이 오전에 성당에 가셔서 안 나오길래 가봤더니 제의를 입으신 채로 쓰러져 계셨어요. 응급차를 불렀더니 돌아가셨다고 하더라고요." 그 말을 듣고 거기 있는 신부들은 모두 성호를 그었습니다.

우리에게 있어 멸망은 무엇일까요? 갑자기 홍수가 닥치는 것이 멸망일까요? 아니면 불과 유황이 쏟아지는 것이 멸망일까요? 아닙니다. 우리에게 있어서 멸망은 내가 죽는 그 순간입니다. 그러기에 여기 있는 누구도 죽음을 피해 갈 수 없습니다. 그럼 어떻게 해야 할까요? 주교님은 바티칸이 마지막 근무지였기에, 그 안에서 장례미사를 했습니다. 관을 따라 들어간 경당 입구에 이런 말이 쓰여 있었습니다. Hodie mihi, cras tibi (오늘은 나, 내일은 너)

오늘 복음에서 예수님께서는 다음과 같이 말씀하십니다. "제 목숨을 보존하려고 애쓰는 사람은 목숨을 잃고, 목숨을 잃는 사람은 목숨을 살릴 것이다." 주님께서는 우리에게 많은 죽음을 보여주십니다. 그것은 그 죽음을 통해 너의 멸망, 즉 죽음을 기억하라는 것입니다. 그 기억이 주님께 더욱 마음을 향할 수 있게 할 것이며, 주어진 하루, 최선을 다해 살아가게 할 것입니다. 주님의 말씀에 집중하며 하늘나라로 향해가는 오늘 하루가 되기를 성부와 성자와 성령의 이름으로 기도드립니다. 아멘.

나만의 복음밥

- 재 료 :
- 레시피 :
- 고 명 : 매일미사 (   ), 복음묵상 (   ), 성체조배 (   ), 묵주기도 (   )
- 복음밥 :

251115 | 연중 제32주간 토요일

재 료 : 루카 18,7

레시피 : "하느님께서 당신께 선택된 이들이 밤낮으로 부르짖는데 그들에게 올바른 판결을 내려 주지 않으신 채, 그들을 두고 미적거리시겠느냐?"

성당에 부임했을 때 빚이 있게 되면 신부님들은 자신이 만든 빚이 아님에도 근심하고 그것을 어떻게든 갚으려고 고군분투하는 모습을 보입니다. 4년전 모래내 성당에 부임했을 때 본당에 6억 6천만 원 정도 되는 빚이 있었습니다. 처음에 이 빚을 보고 어떻게 해야 하나 하는 생각이 들었습니다. '외부 본당을 순회하면서 모금하러 다녀야 하나? 아니면 물건을 만들어 팔아야 하나?' 그러다 선배 신부님께 이 고민을 이야기해 보았습니다. 고민을 다 들은 신부님은 이렇게 답을 주셨습니다. "주님의 일인데 주님의 방법으로 해결하려고 해야지 자꾸 인간의 방법으로 해결하려고 하나? 네가 나가서 돈을 모아온다고, 네가 물건을 만들어 판다고, 신자들이 고마워할 것 같아? 차라리 그 시간에 기도해. 하느님의 방법이기도 한 거잖아. 그리고 혼자 기도하지 말고, 같이 기도하는 자리를 만들어, 그러면 신자들의 마음이 자연스럽게 모일 것이고, 빚은 자연스럽게 없어질 거야."

오늘 복음에서 예수님께서는 낙심하지 말고 끊임없이 기도해야 한다는 뜻으로 불의한 재판관에게 청하는 과부의 모습을 보여주십니다. 그리고 이런 말씀을 하십니다. "하느님께서 당신께 선택된 이들이 밤낮으로 부르짖는데 그들에게 올바른 판결을 내려 주지 않으신 채, 그들을 두고 미적거리시겠느냐?" 가끔 우리는 삶에서 다가오는 어려움을 마주할 때 주님의 선택된 자녀들임에도 자꾸 세상의 방법으로 그 어려움을 해결하려고 합니다. 친구를 찾아가고, 인터넷을 검색하고, 어떨 때는 점도 보러 갑니다. 그런 방법을 찾고 있다면 잠시 멈추고, 주님 앞에 나와 부르짖어 봅시다. 우리가 아무리 못나고 부족해도 주님께서는 당신 자녀의 청을 단 하나도 잊지 않으시고, 들어주실 것입니다. 주님의 자녀로, 주님의 방법대로 삶의 어려움을 마주하고, 청하는 우리 모두가 되기를 성부와 성자와 성령의 이름으로 기도드립니다. 아멘.

나만의 복음밥

재 료 :
레시피 :
고 명 : 매일미사 (   ), 복음묵상 (   ), 성체조배 (   ), 묵주기도 (   )
복음밥 :

251116 | 연중 제33주일

재 료 : 루카 21,19
레시피 : "너희는 인내로써 생명을 얻어라."

우리는 살면서 생명을 인내로 기다린 적이 있습니다. 그것은 바로 임신과 출산의 과정입니다. 하나의 생명이 엄마의 자궁에 붙어 뿌리를 내리기 시작한 그때부터 여자는 엄마가 됩니다. 엄마는 생명을 품음으로써 감기약도 제대로 먹을 수 없고 활동도 제대로 할 수 없으며 인내로써 그 시간을 견뎌야 합니다. 그것은 바로 자신이 잘 되기 위해서가 아니라 내 뱃속의 아기가 건강하게 아무 일 없이 나오기를 바라는 간절한 인내의 과정이 있었기에 생명을 얻을 수 있는 것입니다.

이와 같이 우리가 주님을 마음에 품고 세례를 받는 그 순간부터 주님의 말씀은 우리 마음에 깊이 내리기 시작하였습니다. 하느님을 알게 되면서 우리는 인내해야 하는 일이 많아졌습니다. 주말에 하고 싶은 일도, 친구를 만나고 싶은 일도, 취미생활을 하고 싶은 것도 주님을 위해 봉헌해야 합니다. 이렇게 주님의 말씀에서 생명을 얻기 위해 인내하는 우리에게 세상 사람들은 이렇게 말을 할 것입니다. "주님을 믿는다고 밥이 나와? 쌀이 나와?" 그런데 주님을 믿으면 생명의 밥과 쌀이 나오는 것을 우리는 체험합니다. 주님께서는 우리에게 이렇게 말씀하십니다. **"너희는 인내로써 생명을 얻어라."** 주님의 말씀을 품고 인내로써 세상 안에서 큰 열매를 맺는 우리가 되기를 성부와 성자와 성령의 이름으로 기도드립니다. 아멘.

나만의 복음밥

- 재 료 :
- 레시피 :
- 고 명 : 매일미사 (　), 복음묵상 (　), 성체조배 (　), 묵주기도 (　)
- 복음밥 :

251117 | 헝가리의 성녀 엘리사벳 수도자 기념일

재　료 : 루카 18,41
레시피 : "주님, 제가 다시 볼 수 있게 해 주십시오."

　　지난번 저녁 미사를 마치고 차가운 겨울, 몸을 따뜻하게 해 줄 국밥이 생각나서 홀연히 국밥집으로 달려갔습니다. 들어가자마자 "국밥 한 그릇이요."라고 말하고 얼마 뒤 국밥이 나왔습니다. 국물을 한 수저 뜨니 머리 가운데가 뚫리며 몸과 마음속에 들어간 한기가 밖으로 나가는 느낌이 들었습니다. 그런데 잠시 후 앞자리에서 주인과 손님이 다투는 소리가 났습니다. 이유인즉, 고기가 차갑다는 이야기였고, 주인은 그렇지 않다는 말이었습니다. 고기가 차가우면 국물에 조금 담갔다가 먹으면 되는 거고, 차가우면 다시 데워달라고 하면 될 일을 손님은 비아냥거리면서 말했습니다. "내가 돈을 얼마를 내고 먹는데, 손님이 말하면 주인은 들어야 하는 거 아냐?" 이런 상황을 보면 작은 일에 목숨을 걸고 싸우면 마음이 닫히고, 눈이 보이지 않으며 정작 바라봐야 하는 것, '밥 먹어야 한다는 것'을 잊어버리게 됩니다.

　　오늘 복음에서 군중은 눈이 보임에도 예수님을 알아보지 못하고, 소경은 눈이 보이지 않음에도 주님을 봅니다. 그리고 소경은 주님을 향해 이렇게 말합니다. **"주님, 제가 다시 볼 수 있게 해 주십시오."** 우리도 살아가다 보면 작은 감정에 마음이 흔들리고 그런 감정이 커지게 되면 주님이 눈앞에 계심에도 똑바로 바라보지 못하고 눈이 가려지게 됩니다. 이런 우리에게 소경이 보여주는 모습은 무엇을 보려고 노력하는지 돌아봐야 합니다. 주님께서는 오늘도 이웃의 모습으로, 작은 사건으로, 일로 우리 앞을 지나 가십니다. 그때 일상의 어려움으로 마음의 눈을 가리지 말고 주님을 온전히 바라보는 우리 모두가 되기를 성부와 성자와 성령의 이름으로 기도드립니다. 아멘.

나만의 복음밥

- 재 료 :
- 레시피 :
- 고 명 : 매일미사 (　), 복음묵상 (　), 성체조배 (　), 묵주기도 (　)
- 복음밥 :

251118 | 연중 제33주간 화요일

재 료 : 루카 19,5
레시피 : "자캐오야, 얼른 내려오너라. 오늘은 내가 네 집에 머물러야 하겠다."

성당에 있다 보면 여러 가지 일들이 벌어집니다. 특히, 자신이 알고 있는 지식이 많은 분일수록 타인의 틀린 모습을 가르치려고 드는 분들이 계십니다. 자신이 알고 있는 전례 상식과 신심의 방법으로 다른 이의 행동의 옳고 그름을 판단하고, 가서 고치라고 이야기합니다. 예를 들어, '모자를 쓰고 미사를 하는 것은 우리나라의 예의에 맞지 않기에 모자를 벗고 미사를 해야 한다.', '미사 때 정중한 인사는 거양성체와 성혈 때만 해야 하는데, 아멘 할 때마다 하는 것은 옳지 않다.', '거양성체를 할 때 중얼 중얼하며 개인 기도를 드리는 것은 옳지 않다.' 이 모든 것이 틀렸고 바로 잡아야 하는 것일까요? 저는 아니라고 봅니다. 오히려 이것이 불편한 것은 미사를 통해 주님을 바라봐야 하는데 주님은 바라보지 않고 주위 사람들의 모습을 바라보느라 은총을 놓치고 있는 것과 같습니다. 종종 성당에서 이런 것을 나에게 고쳐 달라고 이야기하시는 분들이 계십니다. 그때 나는 이렇게 말씀을 드립니다. "맨 뒤에 앉아서 사람들이 무엇을 하는 것을 지켜보지 마시고, 맨 앞으로 나오셔서 앉으셔요. 그러면 하나도 신경 쓰이지 않아요. 그게 싫으시면 눈을 감아보세요. 눈을 감고 미사를 봉헌하면 그 순간 주님이 보일 거예요."

오늘 복음에서 자캐오라는 세관장이 나옵니다. 그는 예수님께서 오셨다는 이야기를 듣고 그분을 보기 위해 나갑니다. 하지만 키가 작아 그는 주님을 보지 못했습니다. 그는 거기서 포기하지 않고 주님을 만나기 위해 나무 위로 뛰어 올라갑니다. 그의 노력을 바라보신 예수님께서는 그 앞에 가셔서 자캐오를 만나주시고 그에게 이렇게 말씀하십니다. **"자캐오야, 얼른 내려오너라. 오늘은 내가 네 집에 머물러야 하겠다."** 우리도 자캐오와 같은 노력이 필요합니다. 타인에게 불편한 마음을 주지 않으려는 노력도 필요하지만, 타인에게 노력을 강요하지 말고, 자신이 변하고자 하는 노력이 더 필요합니다. 그런 나무에 오르는 노력이 반복된다면 주님께서 자캐오를 찾아가시듯 우리들의 마음에 방문하시어 당신의 은총을 나눠주실 것입니다. 각자의 자리에서 주님을 만나고자 애쓰는 우리 모두가 되기를 성부와 성자와 성령의 이름으로 기도드립니다. 아멘.

나만의 복음밥

- 재 료 :
- 레시피 :
- 고 명 : 매일미사 (   ), 복음묵상 (   ), 성체조배 (   ), 묵주기도 (   )
- 복음밥 :

251119 | 연중 제33주간 수요일

재　　료 : 루카 19,26

레시피 : "내가 너희에게 말한다. 누구든지 가진 자는 더 받고, 가진 것이 없는 자는 가진 것마저 빼앗길 것이다."

　　지난번에 어떤 분이 미사를 마치고 나가시면서 이런 말씀을 하셨습니다. "신부님 교회에서 봉사하고 싶은데, 용기가 나지 않습니다. 젊어서는 돈 벌러 다니느라 바빴고, 나이가 들어서는 건강이 허락해 주지 않아서 힘들고, 요즘에 조금 시간이 나서 봉사하고 싶은데 어떻게 해야 할까요?" 물어보시는 그 질문에 본당 봉사 단체를 소개해 드렸습니다. 그분은 한참 듣고 있으시더니 이렇게 답하셨습니다. "시간이 도저히 맞지 않네요. 죄송합니다." 반면에 성당에서 봉사하시는 분들의 모습을 곰곰이 보면 없는 시간을 쪼개서 활동하심을 봅니다. 남편이 비신자이기에 눈치가 보이면, 남편이 출근한 뒤에 예비자 방문 교리, 불우한 이웃들을 위해 음식을 해서 나르고, 구역 일을 위해 최선을 다하십니다. 그리고 저녁에 남편이 집에 오면 그를 위해 최선을 다하십니다. 가끔 그분께 이런저런 일에 대해서 도와주실 수 있는지 여쭤보면 그분은 늘 이렇게 답을 하십니다. "제가 부족하지만 되는 데까지 해보겠습니다."

　　오늘 복음에서 예수님께서는 하느님의 나라가 당장 나타나는 줄로 착각하는 사람들을 향해 비유를 들어 주시고, 다음과 같은 말로 마무리 지으십니다. "내가 너희에게 말한다. 누구든지 가진 자는 더 받고, 가진 것이 없는 자는 가진 것마저 빼앗길 것이다." 주위를 둘러보면 주님의 일은 응답하는 이에게 더 주어집니다. 저라도 할 수 있다는 사람에게 더 일을 부탁하지, 싫다는 사람에게는 부탁하지 않기 때문입니다. 주님께서도 늘 우리를 당신의 품 안으로 부르시며 이런저런 일을 맡기십니다. 그때 자신의 사정을 말하며 피한다면 가진 것마저 빼앗기는 상황을 만나게 될 것입니다. 반면에 주님의 부르심에 응답하여 앞으로 나아간다면 주님께서는 더 많은 일을 맡기실 것이며, 그 일을 통해 하늘나라를 만들어 갈 수 있을 것입니다. 오늘 하루 주님께서 우리에게 주신 일이 있다면 피하지 말고 기쁘게 마주하며 응답하는 우리 모두가 되기를 성부와 성자와 성령의 이름으로 기도드립니다. 아멘.

나만의 복음밥

- 재 료 :
- 레시피 :
- 고 명 : 매일미사 (   ), 복음묵상 (   ), 성체조배 (   ), 묵주기도 (   )
- 복음밥 :

251120 | 연중 제33주간 목요일

재 료 : 루카 19,42
레시피 : "오늘 너도 평화를 가져다주는 것이 무엇인지 알았더라면…"

가톨릭 성가(44번) 중에 '평화를 주옵소서'가 있습니다. 가사와 멜로디가 훌륭하여, 가끔 기도 중에 혼자 흥얼거리며 부릅니다. 특히 제일 좋아하는 부분은 2절입니다. "날 이끌어 주옵소서. 내 가는 길 힘드오니, 내 주님의 크신 힘에, 나 굳게 의탁하리, 평화. 평화 평화를 주옵소서. 그 영원한 참 평화를 우리게 주옵소서."

마음에 평화가 무너져 있을 때를 살펴보면, 우리가 하고 싶은 대로 하기 위해 마음에 힘을 무리하게 줄 때입니다. 그렇게 하면 힘을 내려놓지 못하니 힘든 상황이 생기며, 결국, 마음 근육에 알이 배어서 영적 근육통에 시달리게 됩니다. 분명 주님께서는 각자 들 수 있는 삶의 무게를 알려주셨음에도 무리하게 되니 평화가 깨질 수밖에 없는 것입니다.

이런 우리들의 마음을 아시는 주님께서는 다음과 같이 우리가 각자에게 질문을 던져 보기를 바라며 말씀하십니다. **"오늘 너도 평화를 가져다주는 것이 무엇인지 알았더라면…"** 평화를 가져다주는 것은 주님께서 바라시는 것을 생각하고 실천하며 욕심을 내려놓는 것입니다. 그것을 쉽게 이야기하면 '주제를 안다.'라고 말할 수 있습니다. 그렇게 주님께서 말씀하시는 만큼의 삶의 무게를 들고자 노력하고, 그렇게 영적 근육이 생기면 더 큰 삶의 무게도 들 힘이 생길 것입니다. 오늘 하루를 살아가면서 분명 주님께서 가르쳐 주셨음에도 주위의 말에 귀 기울여 우리가 할 수 있는 이상의 일을 무리하게 하려고 하지 맙시다. 꼭 주님께 물어보고 주님의 뜻을 실천하며 그 뜻을 완성하는 우리 모두가 되기를 성부와 성자와 성령의 이름으로 기도드립니다. 아멘.

나만의 복음밥

- 재 료 :
- 레시피 :
- 고 명 : 매일미사 (　), 복음묵상 (　), 성체조배 (　), 묵주기도 (　)
- 복음밥 :

251121 | 복되신 동정 마리아 자헌 기념일

📖 재   료 : 마태 12,50

🥄 레시피 : "하늘에 계신 내 아버지의 뜻을 실행하는 사람이 내 형제요 누이요 어머니다."

　식구는 무엇일까요? 식구는 다 같이 한 공간에서 밥을 먹는 사람들을 식구라고 합니다. 밥을 먹다 보면 서로의 삶을 바라봅니다. 저 사람은 어떤 반찬을 먹는지, 저 사람은 어떤 식습관을 가졌는지, 저 사람은 어떤 행동을 하는지, 어떤 이야기를 하는지 알 수 있습니다. 그런 것들을 잘 바라보면 상대를 이해할 수 있는 눈이 생기고, 이해하지 못할 상황에도 이해하게 만드는 열쇠가 됩니다. 그러면 미사를 봉헌하는 이유는 무엇일까요? 우리가 성당에 나와서 미사를 봉헌하는 것은 단순히 머물다 가기 위해 하는 것이 아닙니다. 미사는 주님께서 차려주신 식탁에 나와 있는 것과 같습니다. 그 앞에 있는 신부의 모습을 바라보는 것도 중요하지만 주님 앞에 나와 있는 형제, 자매의 모습을 바라보는 것도 중요하다는 생각이 듭니다. 그것은 상대의 잘못한 점을 찾으라는 것이 아니라 상대를 이해하고 품을 수 있는 모습을 발견하라는 것입니다.

　오늘 복음에서 예수님께서는 말씀 선포 중에 가족들이 밖에서 기다리고 있다는 이야기를 듣자, 당신의 제자들을 가리키시며 이르십니다. **"하늘에 계신 내 아버지의 뜻을 실행하는 사람이 내 형제요 누이요 어머니다."** 이번 주일 미사를 봉헌하러 성당에 가면 자신의 자리에서 자신만의 기도를 드리는 것이 아니라, 주위를 둘러보고 함께 하는 형제, 자매의 모습을 바라보며 그들의 기도가 함께 이루어지기를 청해봤으면 좋겠습니다. 우리의 마음을 내려놓고 상대를 품고 이해하려 하는 순간,

우리는 주님을 품게 될 것이며, 교회 공동체의 만나는 모든 사람과 형제, 자매의 일치를 맛보게 될 것입니다. 주님을 아버지로 모시고 미사라는 식탁에 모여 은총의 시간을 보내는 우리 모두가 되기를 성부와 성자와 성령의 이름으로 기도드립니다. 아멘.

나만의 복음밥

- 재 료 :
- 레시피 :
- 고 명 : 매일미사 ( ), 복음묵상 ( ), 성체조배 ( ), 묵주기도 ( )
- 복음밥 :

251122 | 성녀 체칠리아 동정 순교자 기념일

재 료 : 루카 20,38

레시피 : "그분은 죽은 이들의 하느님이 아니라 산 이들의 하느님이시다. 사실 하느님께서는 모든 사람이 살아 있는 것이다."

사제로 살아가다 보니 어느 순간 깨달은 것이 하나 있었습니다. 그것은 바로 '저에게 싫은 소리하는 사람이 없다는 것입니다.' 제가 하는 것이 다 옳지 않고, 제가 하는 것이 바르지 않은 것이 있음에도 주위에서는 제가 신부라는 이유로 싫은 소리 하는 사람이 없다는 것을 발견하게 되었습니다. 그러면 제가 스스로 좋은 길로 가고 있는지 살펴봐야 하는데 인간인지라 어떨 때는 제가 가는 길이 옳은지 아닌지 헷갈릴 때가 있고, 길을 잃고 헤맬 때도 있었습니다.

그렇게 경험이 한정되어 있고, 스스로를 돌아볼 소리를 듣지 못할수록 언제부터인가 제가 전하는 하느님이 살아 있는 하느님이 아니라 죽은 하느님을 전하는 것 같았습니다. 마치 물이 흐르지 않고 고여서 썩은 것 같은 느낌이었습니다. 그런 마음이 든 다음부터는 늘 이런 생각을 합니다. '내가 하는 것이 다 옳지는 않다. 내가 하는 말이 다 바르지는 않다. 같이 있는 사람들의 말을 더 듣고 또 듣자, 늘 먼저 행동하고, 내가 먼저 하는 것을 당연한 것으로 여기자. 만나는 모든 사람에게서 배울 점을 찾자. 그리고 이 모든 것을 글로 남기자.' 그렇게 시간이 흐르고, 저는 삶의 어디쯤엔가 서 있습니다.

오늘 복음에서 예수님께서는 부활이 없다고 주장하는 사두가이들을 향해 다음과 같이 말씀하십니다. "그분은 죽은 이들의 하느님이 아니라 산 이들의 하느님이시다. 사실 하느님께서는 모든 사람이 살아 있는 것이다." 하느님을 믿는 우리는 자주 돌아봐야 합니다. 특히 사제로 살아가는 저는 신자 분들보다 더 자주 돌아봐야 합니다. '내가 전하는 하느님이 죽은 이들의 하느님인지? 산 이들의 하느님인지?' 고인 물은 반드시 썩습니다. 주님을 담기 위해 마음을 깨끗이 정리하고 살아있는 주님을 모시고, 전하는 우리 모두가 되기를 성부와 성자와 성령의 이름으로 기도드립니다. 아멘.

나만의 복음밥

재 료 :
레시피 :
고 명 : 매일미사 (   ), 복음묵상 (   ), 성체조배 (   ), 묵주기도 (   )
복음밥 :

251123 | 온 누리의 임금이신 우리 주 예수 그리스도왕 대축일

📖 재   료 : 루카 23,40-41

🍳 레시피 : "같이 처형을 받는 주제에 너는 하느님이 두렵지 않으냐? 우리야 당연히 우리가 저지른 것에 합당한 벌을 받지만, 이분은 아무런 잘못도 하지 않으셨다."

보좌신부 생활을 하면서 너무나 행복하고 감사한 시간은 강론할 때였습니다. 하느님께서 저를 당신의 말씀을 선포할 도구로 삼아주셨다는 게 강론을 할 때마다 벅차올라 저를 행복하게 했습니다. 그런데 성당에서 강론을 할 때마다 신자들은 좋아하시는 것 같은데, 저는 말하는 것이 참 힘들었습니다. 그것을 주임신부님께 말씀을 드렸더니 신부님께서는 성당 제대 위에 자기가 말하는 것을 들을 수 있는 모니터와 스피커가 없기 때문이라고 말씀하셨습니다. 주임신부님은 생각난 김에 제대 위에 모니터와 스피커를 놓으셨고, 제가 한 말이 제 귀에 잘 들리니 강론을 하는 게 한결 수월했습니다.

우리 각자의 마음에도 모니터와 스피커가 필요하다는 생각이 듭니다. 자신이 잘 살고 있는지, 자신의 가는 길이 올바른 길인지, 자신이 주님을 잘 따르고 있는지, 마음속 모니터와 스피커가 없으면 자신이 한 말을 듣지 못하고, 잘못한 지도 모르고 살게 되는 것입니다. 그러면 어떻게 마음속에 모니터와 스피커를 설치할 수 있을까요? 그것은 주님의 십자가 앞에 머무는 시간을 갖는 것입니다.

그것을 쉬운 말로 성찰이라고 합니다. 살면서 십자가형까지 당할 정도의 큰 죄를 지은 우도가 예수님 옆에서 다음과 같이 성찰합니다. "같이 처형을 받는 주제에 너는 하느님이 두렵지 않으냐? 우리야 당연히 우리가 저지른 것에 합당한 벌을 받지만, 이분은 아무런 잘못도 하지 않으셨다." 이런 우도의 성찰에 예수님께서는 다음과 같이 답해주십니다. "너는 오늘 나와 함께 낙원에 있을 것이다." 우도는 자신의 부족함을 성찰했기에 자신의 모자란 점을 바라볼 수 있었고, 주님께 자신의 죄를 고백할 수 있었던 것입니다. 주님께서는 우리의 모니터와 스피커이십니다. 세상의 어떤 고급스러운 모니터와 스피커보다 우리의 모습을 바라보게 해 주십니다. 주님을 통해 자신을 돌아보는 한주가 되기를 성부와 성자와 성령의 이름으로 기도드립니다. 아멘.

나만의 복음밥

- 재 료 :
- 레시피 :
- 고 명 : 매일미사 (   ), 복음묵상 (   ), 성체조배 (   ), 묵주기도 (   )
- 복음밥 :

251124 | 성 안드레아 둥락 사제와 동료 순교자들 기념일

📖 재 료 : 루카 21,3
🥣 레시피 : "저 가난한 과부가 다른 모든 사람보다 더 많이 넣었다."

작년 이맘때 '맛있는 복음밥3'을 출판했습니다. 이 책을 통해 일상에서 복음을 밥처럼 먹으며 영적으로 건강해졌으면 하는 마음이 있었습니다. 그런데 생각보다 책이 많이 나가지 않았습니다. 이 상황을 출판사 사장님과 이야기를 나눴는데, 사장님은 이런 말씀을 하셨습니다. "신부님, 10권씩 다량으로 주문하는 것을 기대하기 보다 1권씩 나가는 게 쌓여서 천 권을 판매하는 것이 속도가 더 빨라요. 한 권, 한 권, 주문이 쌓이게 되면 어느 순간 다 판매할 수 있을 거예요."

이 말씀을 듣고 보니 이 생각이 났습니다. 작년 성탄 즈음해서 구유를 꾸밀 때 힘들게 태어나신 예수님과 같은 아기들을 위해 분유로 구유를 만들었습니다. 한 분 한 분께 분유를 봉헌 받으며 구유를 만들어 가고 있었는데 어느 날 어떤 할머니가 검은 비닐봉지를 저에게 주셨습니다. 뭔가 하며 보니 분유였습니다. 할머니는 분유를 주시며 이렇게 말씀하셨습니다. "신부님! 제가 사는 게 녹록지 않아서 하나밖에 못 했어요. 죄송합니다." 그 말씀에 나는 이렇게 답해드렸습니다. "어르신 겨울이라 여기저기 돈 들어갈 때도 많으실 텐데 이 비싼 분유를 어떻게 사 오셨어요. 눈으로 보기에는 한 개지만 주님 보시기엔 천 개와 같을 거예요."

오늘 복음에서 예수님께서는 부자들과 과부의 봉헌을 유심히 바라보십니다. 그리고 과부의 봉헌을 보시며 다음과 같이 말씀하십니다. "저 가난한 과부가 다른 모든 사람보다 더 많이 넣었다." 부자가 낸 돈에 비하면 무척 적은 돈이지만 왜 예수님은 과부의 봉헌을 칭찬하셨을까요?

왜냐하면, 과부는 자신이 가진 모든 것을 주님을 위해 봉헌했기 때문입니다.

주님께서는 많은 것을 원하시는 것이 아닙니다. 우리가 진심을 다해 봉헌하시는 그 하나를 더 기뻐하시는 것입니다. 이처럼 중요한 건 우리가 진심으로 봉헌하는 마음인 것입니다. 자신의 것을 먼저 챙기는 것이 아니라 주님의 것을 먼저 챙기는 것, 그 마음의 시작이 주님 보시기에 좋은 모습일 것입니다. 오늘 하루 나를 위해 준비한 것을 주님을 위해 봉헌해 보는 우리 모두가 되기를 성부와 성자와 성령의 이름으로 기도드립니다. 아멘.

나만의 복음밥

재 료 :
레시피 :
고 명 : 매일미사 (   ), 복음묵상 (   ), 성체조배 (   ), 묵주기도 (   )
복음밥 :

251125 | 연중 제34주간 화요일

재 료 : 루카 21,8

레시피 : "너희는 속는 일이 없도록 조심하여라. 많은 사람이 내 이름으로 와서, '내가 그리스도다.', 또 '때가 가까웠다.'하고 말할 것이다. 그들 뒤를 따라가지 마라."

사람이 절망할 때가 여러 가지 있겠지만 가장 힘든 시간은 병이 생겨 수술하고 그것을 견딜 때입니다. 제가 경험한 것으로 예를 들면 손가락 끝이 예초기에 의해 절단된 적이 있었습니다. 병원에 가서 수술하고 난 뒤에 밤새 마주해야 했던 온몸이 덜덜 떨리는 통증은 이루 말할 수가 없었습니다. 온몸이 다 연결되었기에 기침을 해도 수술 부위가 아프고 심지어 방귀를 뀌어도 수술 부위가 아팠습니다. 잠을 잘 수도 없고, 어쩌다 수술 부위가 부딪히기라도 하면 머리끝부터 발끝까지 안 아픈 곳이 없을 정도로 고통스러웠습니다. 시간이 가면 분명 좋아진다는 것을 알면서도 수술하고 회복될 때까지의 시간은 더디 갔습니다. 그러다 보니 기도하기보다는 하느님을 원망하는 시간이 컸고, 고통을 잊기 위해 친구와 통화를 하거나 핸드폰을 보거나, 진통제를 먹고 잠자곤 하였습니다. 그래서 주님이 아닌 다른 것으로 어려움을 해결하려 할 때는 주님께서 제 옆에 계셨음을, 저와 함께해 주셨음을 깨닫지 못하게 됩니다.

오늘 복음에서 주님께서는 세상의 종말 때 즉 우리가 고통 가운데 있을 때 벌어질 일을 말씀해 주십니다. "너희는 속는 일이 없도록 조심하여라. 많은 사람이 내 이름으로 와서, '내가 그리스도다.', 또 '때가 가까웠다.'하고 말할 것이다. 그들 뒤를 따라가지 마라." 주님을 가장 빠르게 만날 수 있는 순간은 기쁠 때가 아니라 고통 가운데 있을 때입니다. 대부분의 사람은 고통 가운데에 있을 때는 주님을 찾지 않습니다. 하지만 신앙인인 우리는 세상 사람들이 따라가는 길을 걷지 말고, 주님을 찾는 길을 걷기를 바라봅니다. 주님의 때를 만났을 때 피하지 않고 마주하는 우리 모두가 되기를 성부와 성자와 성령의 이름으로 기도드립니다. 아멘.

나만의 복음밥

- 재 료 :
- 레시피 :
- 고 명 : 매일미사 (   ), 복음묵상 (   ), 성체조배 (   ), 묵주기도 (   )
- 복음밥 :

251126 | 연중 제34주간 수요일

📖 재　　료 : 루카 21,17-19

🥣 레시피 : "그리고 너희는 내 이름 때문에 모든 사람에게 미움을 받을 것이다. 그러나 너희는 머리카락 하나도 잃지 않을 것이다. 너희는 인내로써 생명을 얻어라."

　옛날에 상인이 장사를 끝내고 집으로 돌아가는 길에 선비를 만나서 길동무가 되었습니다. 길을 함께 걸으며 상인은 선비에게 인생살이에 꼭 필요한 지혜 한 가지만 알려 달라고 부탁했습니다. 선비는 잠시 생각한 끝에 "참을 수 없을 정도로 화나는 일이 있을 때 '앞으로 세 걸음, 뒤로 세 걸음' 걸으며 생각한 다음 행하시오."라고 알려주었습니다. 상인이 집에 도착하니 깊은 밤중인데 방문 앞에 신발 두 켤레가 있었습니다. 하나는 마누라 신발이고 다른 하나는 낯선 남자 신발이라 문구멍으로 들여다보니 아내가 까까머리 중을 꼭 껴안은 채 잠을 자고 있었습니다. 화가 난 상인은 부엌칼을 들고 방으로 들어가다가 선비가 한 말이 생각이 나서 뒤로 세 걸음 물러서는데 그때 잠에서 깬 부인이 "여보!" 하면서 달려 나오고 뒤따라 나오던 젊은 중이 이렇게 말했습니다. "형부! 오랜만이네요."

　오늘 복음에서 예수님께서는 박해의 그날, 즉 어려움이 찾아왔을 때 어떻게 해야 하는지 말씀하십니다. "그리고 너희는 내 이름 때문에 모든 사람에게 미움을 받을 것이다. 그러나 너희는 머리카락 하나도 잃지 않을 것이다. 너희는 인내로써 생명을 얻어라." 신앙을 가지고 살아가다 보면 사회에서 이야기하는 것과 반대되는 행동을 해야 할 때를 만납니다. '양심에 어긋나는 일을 강요받았을 때 다른 사람과 시시비비를 가려야 할 때, 나의 억울함을 이야기해야 할 때.' 그런 순간이 다가왔을 때 우리는 세상의 방식으로 해결하기 위해 '앞으로 세 걸음' 걸어 나갈 때가 있습니다. 그런 순간을 만났을 때 급하게 '앞으로 세 걸음' 달려나가서 후회하는 상황을 만나기보다는 '뒤로 세 걸음' 물러나는 인내를 청해 보기를 바랍니다. 오늘 하루 뒤로 세 걸음 물러나는 인내 안에서 주님을 만나는 우리 모두가 되기를 성부와 성자와 성령의 이름으로 기도드립니다. 아멘.

나만의 복음밥

📖 재 료 :
🥣 레시피 :
🍱 고 명 : 매일미사 (   ), 복음묵상 (   ), 성체조배 (   ), 묵주기도 (   )
🔔 복음밥 :

251127 I 연중 제34주간 목요일

📖 재   료 : 루카 21,28

🥄 레시피 : "이러한 일들이 일어나기 시작하거든 허리를 펴고 머리를 들어라. 너희의 속량이 가까웠기 때문이다."

묵상을 하다 보니 계속 어렸을 적 고등학교 때가 떠올랐습니다. 선생님께서 매번 숙제를 내주시면서 "이것을 안 해오면 너희들 큰일 난다."라고 말씀하셨습니다. 그럼에도 숙제 검사를 안 하셨기에 숙제를 한 사람도 있고, 안 한 사람도 있었습니다. 그러던 어느 날 선생님께서 화가 난 얼굴로 들어오셔서 "숙제한 것 책상 위에 올려놔"라고 말씀하셨습니다. 저는 다행히 숙제를 꾸준히 했기에, 넘어갔지만 그날 교탁 위로 올라간 친구들이 절반이 넘었습니다. 선생님께서는 지금은 상상도 안 되지만 '사랑의 매'를 들고 이렇게 말씀하셨습니다. "맞을 때 허리 펴고 머리는 정면이야. 그래야 허리를 다치지 않는다."

돌아보면 오늘 복음과 유사합니다. 예수님께서 세상의 멸망을 예고하시며 여러 가지 말씀을 하십니다. 특히 마지막 말씀에 **"이러한 일들이 일어나기 시작하거든 허리를 펴고 머리를 들어라. 너희의 속량이 가까웠기 때문이다."** 주님께서는 매일 복음과 미사를 통해 우리가 회개의 삶을 살기를 간절히 바라실 것입니다. 하지만 우리는 각자 삶의 목표를 향해 나가면서 주님께서 주신 숙제를 하지 못하고 자신의 삶에 집중하곤 합니다. 주님께서 우리에게 내어주신 숙제를 검사하는 순간이 올 것입니다. 그때 놀라서 부랴부랴 하려고 하지 말고 우리의 삶이 주님께로 향하고 있는지? 아니면 나에게로 향하고 있는지 늘 돌아봐야 할 것입니다. 주님의 말씀에 집중하며 하루를 살아가는 우리 모두가 되기를 성부와 성자와 성령의 이름으로 기도드립니다. 아멘.

나만의 복음밥

- 재 료 :
- 레시피 :
- 고 명 : 매일미사 (　), 복음묵상 (　), 성체조배 (　), 묵주기도 (　)
- 복음밥 :

251128 | 연중 제34주간 금요일

재   료 : 루카 21,31
레시피 : "하느님의 나라가 가까이 온 줄 알아라."

　성당에서 아이들이 노는 모습을 보고 있으면 다칠 것 같은 순간이 있습니다. 물건들 사이를 마구 뛰어다니거나, 서로 잡는 것이 기뻐서 앞뒤를 안 보고 달리거나, 칼을 가지고 무엇인가를 만드는데 너무 위험해 보일 때입니다. 그런 과한 모습이 눈에 들어오면 그 행동이 계속되면 다칠 것을 알기에 한마디 합니다. "조심해, 그러다 다친다." 아이들은 그 위험한 행동 안에 재미가 있음을 알기에 이런 말이 귀에 들어오지 않습니다. 결국, 잠시 후 큰 소리가 나서 가보면 넘어져 있거나, 부딪혔거나, 손이 베어서 울고 있는 모습을 봅니다. 그러면 아이들은 다친 상황에 대해 이렇게 말합니다. "쟤 때문에 그렇게 되었어요." 그런데 정말 '쟤 때문에 그렇게 된 것일까?' 아닙니다. 주위에서 말해주는 위험 신호에 귀를 기울이지 않았기에 벌어진 일입니다.
　오늘 복음에서 예수님께서는 세상의 마지막 때에 이런 징후가 있으면 **"하느님의 나라가 가까이 온 줄 알아라."** 라고 말씀하십니다. 아이들의 모습에서 위험한 부분을 어른들이 볼 수 있는 것처럼, 주님께서는 우리들의 모습 안에서 위험한 모습을 발견하실 수 있습니다. 그때 주님께서는 삶의 여러 가지 징후를 통해 그 모습은 주님에게서 멀어지는 일이며, 결국 영적 생명이 사라질 수 있는 마지막 때가 왔음을 알려주십니다. 하지만 각자 삶의 즐거움에 빠져 주님의 목소리를 듣지 못하고, 몰입하다 각자 종말의 날을 마주하게 됩니다. 그때, 그 순간 남의 탓을 한들 무슨 소용이 있을까요? 오늘도 주님께서는 우리의 삶 안에서 바른길로 향할 수 있게 도와주십시오. 주님의 목소리에 귀를 기울이며 기쁘게 앞으로 나가는 우리 모두가 되기를 성부와 성자와 성령의 이름으로 기도드립니다. 아멘.

나만의 복음밥

- 재 료 :
- 레시피 :
- 고 명 : 매일미사 (   ), 복음묵상 (   ), 성체조배 (   ), 묵주기도 (   )
- 복음밥 :

251129 | 연중 제34주간 토요일

재　료 : 루카 21,36
레시피 : "사람의 아들 앞에 설 수 있는 힘을 지니도록 늘 깨어 기도하여라."

　　본당 발령을 받은 뒤로 운동을 안 한 지 꽤 되었습니다. 예전에는 가벼운 아령이라도 꾸준히 들어서 팔에 잔 근육이 많이 있었고, 그 근육들을 통해 생활하는 데 큰 어려움이 없었습니다. 하지만 바쁘다는 핑계로 꾸준하던 운동의 횟수가 줄어들고, 결국 운동을 멈추게 되는 상황이 생겼습니다. 이번에 책을 출판하고 업체에 부탁했던 책 박스가 도착했습니다. 탁송 기사로 오신 분은 거의 팔십은 다 되어 보이는 할아버지셨는데, 도착해서 아무 어려움 없이 그 박스를 내리고 나르시는 것이었습니다. 그 모습을 보면서 별거 아닌가 싶어 들어 보는데, 힘이 안 들어가고 박스를 혼자 들었다가는 다칠 것 같다는 생각이 들었습니다. 겨우겨우 여차여차하여 박스를 나르고 난 뒤 탁송 기사 어르신께 여쭤봤습니다. "제가 혼자 들기에도 꽤 무거운 데 이걸 어떻게 드셨어요?" 저의 질문에 어르신은 이렇게 답을 하셨습니다. "매일매일 이 일을 하다 보면 근육이 생기고, 그 근육이 적재적소에서 쓰이게 되더라고요. 운동하세요."

　　오늘 복음에서 예수님께서는 세상의 마지막 때에 대해서 다음과 같은 말씀을 남기십니다. **"사람의 아들 앞에 설 수 있는 힘을 지니도록 늘 깨어 기도하여라."** 이 말씀을 들으면서 우리가 주님 앞에 설 수 있는 힘을 지니는 것도, 그 앞에서 우리가 움직일 수 있는 것도 '영적 근육'에 의해서라는 생각이 들었습니다. 살아생전 우리가 매일 기도하고, 멈추지 않고 미사에 나오는 것은 그런 영적 근육을 키우기 위한 것이고, 그래서 주님께서는 "늘 깨어 기도하여라."라고 말씀하시는 것입니다. 기도를 하고 안 하고에 대해서 세상 어느 누구도 뭐라고 하지 않습니다. 왜냐하면, 기도의 힘을 통한 영적 근육의 성장은 이 세상에서 보다 하느님 나라에서 더 잘 쓰일 것이기 때문 입니다. 오늘 하루 먼지 쌓인 성경을 꺼내 읽음으로써 영적 시력을 키우고, 책상 위에 놓인 묵주를 꺼내 돌림으로써 영적 근육을 키워봅시다. 이 모든 것이 하나가 되어 우리 모두를 하늘나라로 이끌기를 성부와 성자와 성령의 이름으로 기도드립니다. 아멘.

나만의 복음밥

재 료 :
레시피 :
고 명 : 매일미사 (   ), 복음묵상 (   ), 성체조배 (   ), 묵주기도 (   )
복음밥 :

Nihil Obstat:
Presbyter Raphael Jung
Censor Librorum

Imprimatur:
Ioannes Baptista JUNG Shin-chul, S.T.D., D.D.
Episcopus Incheonensis
die VII mensis Maii, anno Domini MMXXV

매일 새롭게
- 맛있는 복음밥 네 번째 이야기 -

교회인가　　2025년 5월 7일

1판 1쇄 발행　2025년 5월 23일

지은이 | 이용현

펴낸곳 | 인디콤
등록 | 제 2004-000320호
주소 | 서울시 마포구 양화로 157, 파라다이스텔 3층
문의 | 02-3141-9706
팩스 | 02-3141-9702
메일 | indecom@hanmail.net

값 19,000원

- 이 책의 저작권은 저자에게 있으므로 무단 전재 및 복제를 금합니다.
- 잘못 인쇄된 책은 바꾸어 드립니다.

매일 복음으로 갓지은 맛있는 복음밥
말씀을 묵상하고 실천할 수 있게 돕는
영적 요리책.